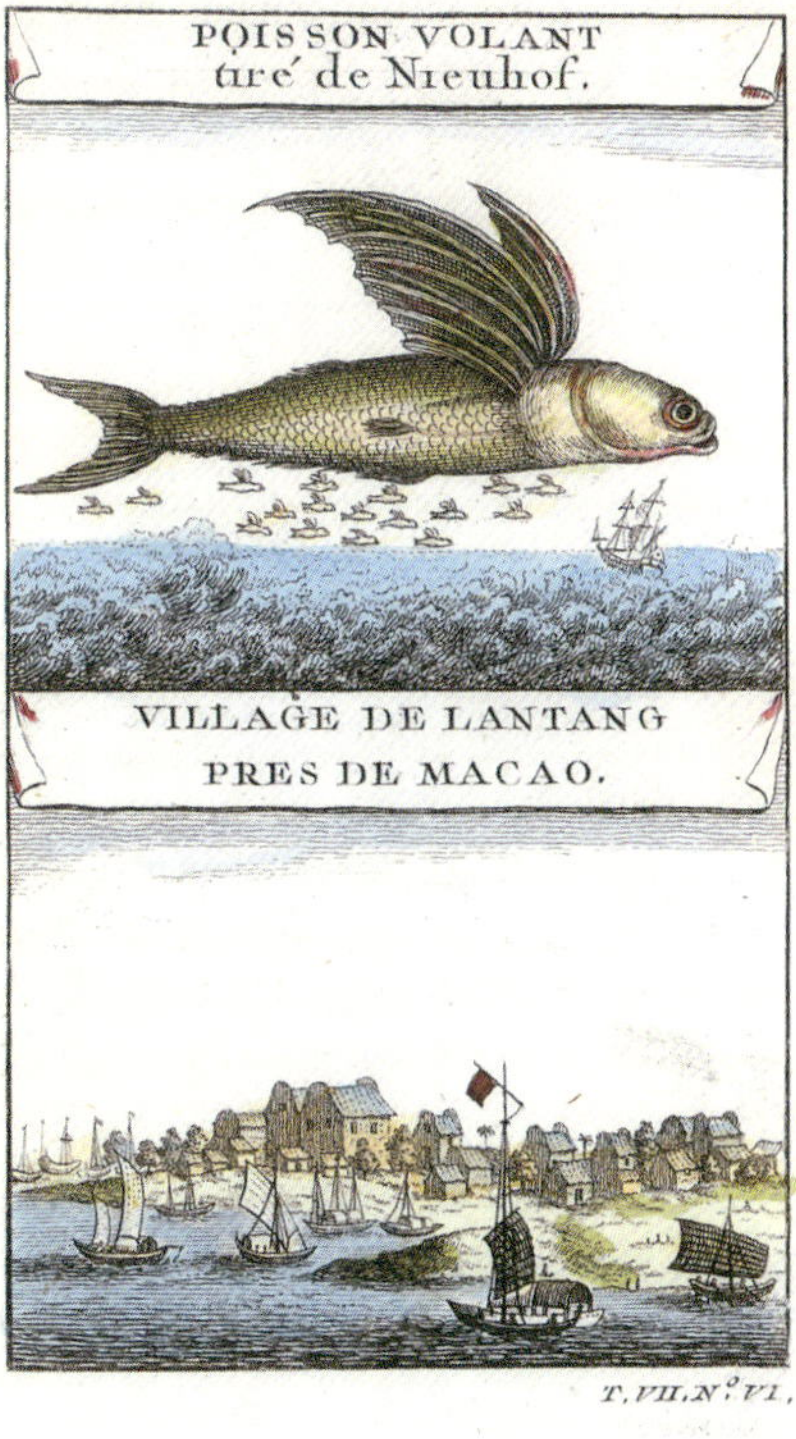

香港歴史漫郵記

◆1（上） 1886年に建てられた香港上海銀行の２代目の社屋（82ページ参照）

◆2（下） ランタオ島の様子を描いたイラストの表題は、“マカオの近くのランタン村”となっており、島の対岸にある香港のことは一言も触れられていない。フランスの作家、プレヴォーの大著『旅行記集成』の一頁（17ページ参照）

◆3（上） 白人の住宅街を通るピーク・トラム（19世紀末の絵葉書より。92ページ参照）
◆4（下） 路面電車の車輌の変遷（2004年発行の“香港電車百年”の切手。141ページ参照）

◆5（上）　開校当初の香港大学（当時の絵葉書より。151ページ参照）
◆6（下）　1911年から1976年までの中央郵便局（当時の絵葉書より。138ページ参照）

◆7（上）　1994年の香港切手展に際して発行された記念の小型シートには当時の香港の超高層ビル群が取り上げられている。画面の左の一番高い建物がセントラルプラザ（301ページ参照）

◆8（下）　中性切手。各額面の切手を並べると、九龍側から見た香港島のウォーターフロントの風景が再現されるデザインになっている。（313ページ参照）

香港歴史漫郵記

内藤陽介

大修館書店

香港歴史漫郵記　目次

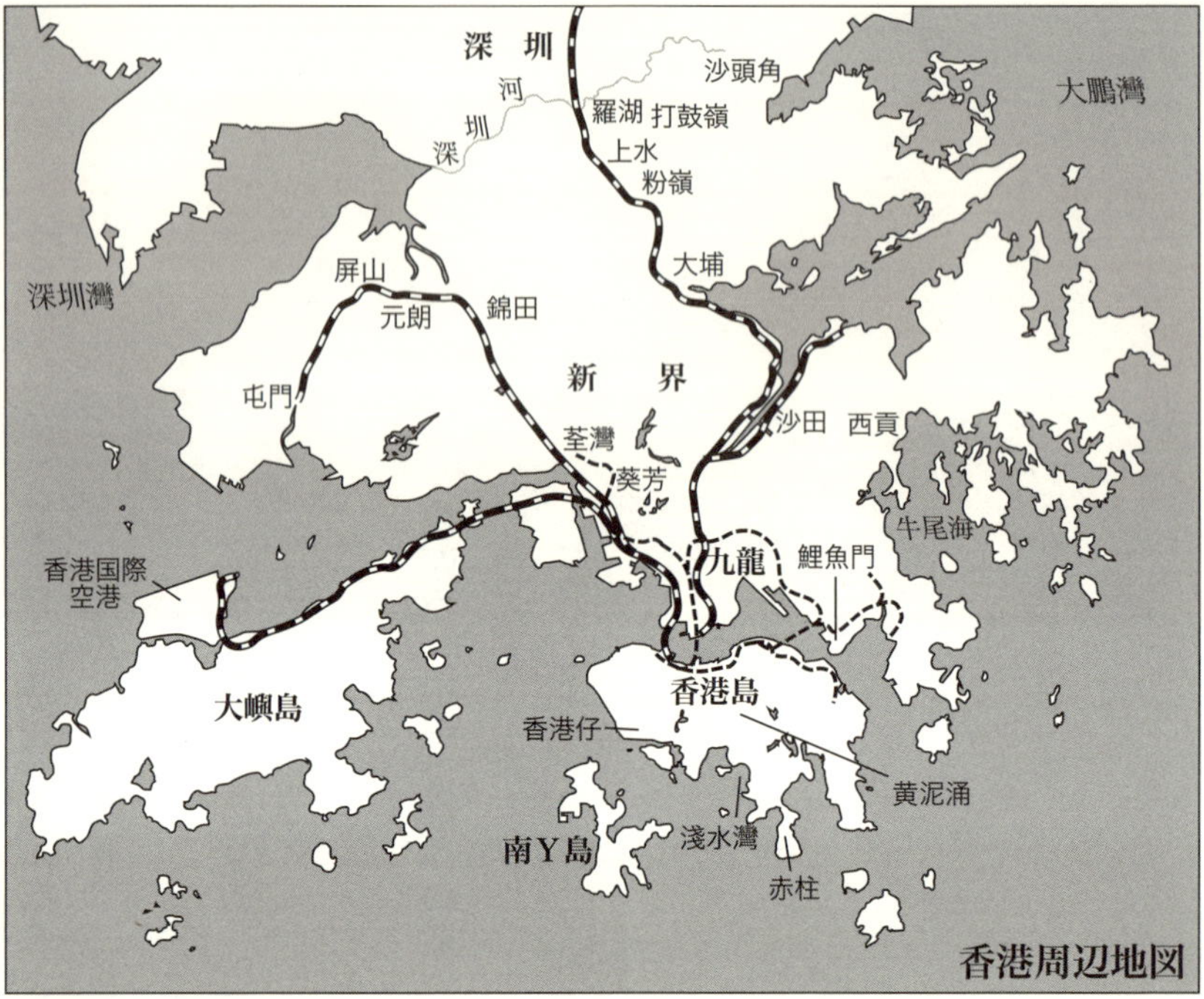
深　圳
沙頭角
大鵬灣
河
圳
深
羅湖
打鼓嶺
上水
粉嶺
深圳灣
屏山
大埔
元朗
錦田
新　界
屯門
沙田
西貢
荃灣
葵芳
牛尾海
香港国際
空港
九龍
鯉魚門
大嶼島
香港島
香港仔
黄泥涌
淺水灣
南Y島
赤柱
香港周辺地図

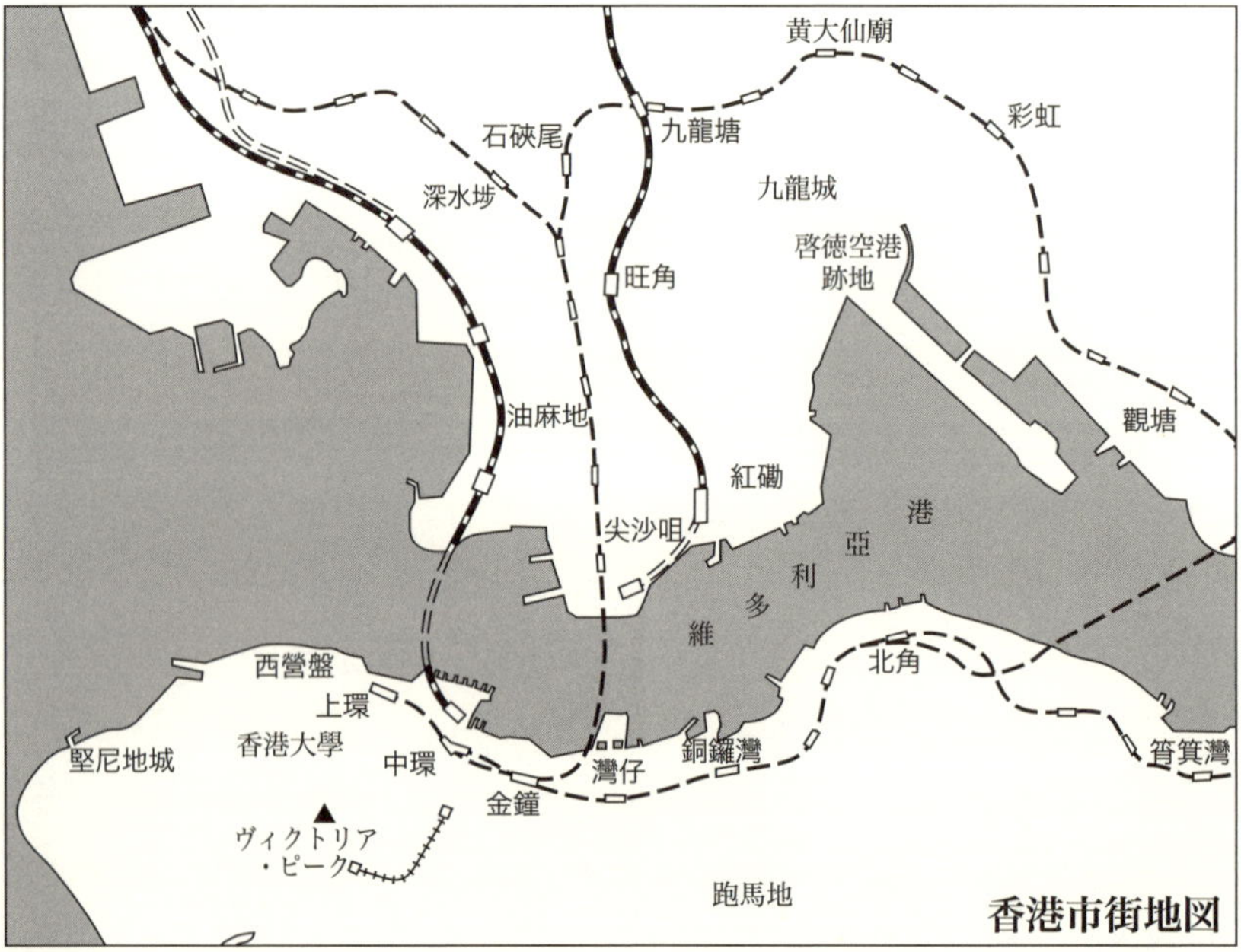
黄大仙廟
彩虹
石硤尾
九龍塘
九龍城
深水埗
啓徳空港
跡地
旺角
油麻地
觀塘
紅磡
港
尖沙咀
亞
利
多
維
北角
西營盤
上環
香港大學
中環
銅鑼灣
筲箕灣
堅尼地城
灣仔
金鐘
ヴィクトリア
・ピーク
跑馬地
香港市街地図

◆1　珍寶海鮮舫を取り上げた“香港夜景”の５ドル切手

プロローグ

「香港仔《アバディーン》へ行かれるなら、中環《セントラル》の交易広場《エクスチェンジ・スクエア》から七〇番のバスに乗っていくのがわかりやすいですよ。珍寶《ジャンボ》は五月七日まで改修中で湾内にはいないのですが、太白《タイパ》の方でもよろしかったら、予約を入れときましょうか？」

そうか、改修中か。そうすると、あの切手（図1）の水上レストランの実物を拝むことはできないわけだ。もっとも、僕の懐具合からすると、もともと珍寶海鮮舫で食事などできるはずもなく、そもそも、外観を眺めに行くのが関の山なのだが……。

とはいえ、正直に「珍寶に行くような金はないよ」というのも癪なので、バスの路線を教えてくれたコンシェルジュの女性には「いや。あそこは観光客向けで値段の割にはあまり美味くないからね。同じ金を払うのなら、福臨門でフカヒレでも食うことにするよ。」と応えてホテルを後にした。

香港仔へ行きたかったのは、〝香港〟の発祥の地とされることが多い港町の風景を見ておきたかったからだ。だから、〝蛋民《ダーバン》〟などと呼ばれる水上生活者の小船、舢板《サンパン》に乗って湾内をひと回りできれば良い。珍寶の姿が見られないのは、ちょっと残念だけど。

石器時代から洪聖まで

〝香港〟という地名は、香港島の南西部にある、広東省東莞《とうかん》県付近で産する香木の積出港の〝香港仔《ホンコンチャイ》〟がいつしか島全体の呼称となった説が有力とされており、多くのガイドブックにはそう記載されている。しかし、この説も必ずしも確証があるわけではなく、ほかにも、香姑という名の仙女に由来するとの説、明末の海賊・劉香に由来するとの説、孫文の出身地である広東省香山県（現・中山県）に由来するとの説、石排灣《セッパイワン》（現・香港仔）の滝の水が甘くて香ばしく、飲料水に用いられたことによるとする説、などが唱えられているという。

ちなみに、〝香港村〟や〝九龍《カオルン》〟、〝沙田村〟といった地名が文献上に登場するのは、清朝・康熙《こうき》帝の時代の一六八八年に編纂された『新安県志』が最初とされている。しかし、現在の香港の地域に人間が住むようになったのは、それよりもずっと前のことで、香港島や大嶼島《ランタオ》などで、一九三〇年代に主として外国人宣教師（アイルランド人のフィン、イタリア人のマリオーニなど）を中心に行われた発掘調査では、いまから約五〇〇〇年前の新石器時代の遺物（図2）が出土している。

司馬遷の『史記』によれば、古来、華中・華南の地域には百越と呼ばれる幾多の〝蛮族〟が生活していたが、紀元前二二一年、秦の始皇帝が大軍を南下させて珠江下流域を平定して南海郡を設置し、紀元前二一三年には五〇万人を送り込んで広州以南の土地を開墾させたという。このとき、香港地区は現在の広州に置かれた番禺《ばんぐう》県の管轄とされている。

秦の滅亡後、珠江の下流域は南越国が支配するものの、紀元前一一一年には漢の武帝によって支配され、ふたたび、中国中央がこの地を支配することになった。第二次大戦後の

◆2　英領時代末期の1996年に発行された“香港出土文物”の切手。デザインは、１ドル20セント：紀元前4500～3700年頃の彩陶盤。２ドル10セント：屯門湧浪（新界地区のランタオ島対岸）出土の石鉞（まさかり）、２ドル60セント：南Ｙ島出土の石戈、５ドル：深水埗の李鄭屋邨古墳から発掘された陶器の鼎

一九五五年、九龍地区西北の深水埗《シャムシュイポ》でアパート建設中に発見された後漢（東漢）時代の遺跡、李鄭屋邨《リチェンオクトン》古墳は、漢代から、香港周辺と中国中央との交渉がそれなりにあったことを物語る資料といえる。

二二〇年に後漢が滅亡した後も、香港は三国時代の呉が引き継いだ南海郡番禺県の支配下に置かれていたが、東晋時代の三三一年、南海郡の一部が東莞郡とされ、以後、唐代の七五六年まで、現在の香港は東莞郡寶安《ほうあん》県の管轄となった。

唐代の七三三年、屯門《テュンムン》軍鎮が設置され、現在の新界屯門山一帯がその管轄下におかれたほか、七五七年には寶安県が東莞県と改名される。この間、唐代半ばの七四一年には、海上貿易関係の事務を所管する官署として最初の市舶司《しはくし》が広州に設置され、南海貿易の交易港として繁栄した。また、唐代にこの地を治めた官吏、洪熙《こうき》は、天文地理に詳しく、観象台（気象観測所）を作って、漁民たちを中心に住民の信望を集めたという。このため、彼は死後、〝広利《こうり》洪聖《こうせい》大王〟ないしは〝洪聖〟として人々の信仰を集め、いくつかの洪聖廟が建てられた。

香港仔にもちゃんと洪聖廟はあって、舢板での三〇分程度の湾内周遊が終わった後で、僕も参拝してみた。道教寺院での作法なんか知らなかったから、管理人（?）のオバサンに作法を教わりながら、三礼して線香を上げるという動作をこなすだけで精一杯で、願いごとらしい願いごとなんてほとんどできなかった。そんな僕のことを見透かすかのように、参拝が終わるとオバサンはお経を上げて、健康やら家族の安泰やら、一般的なお祈りごとを祈願してくれた。〝お布施〟の相場がわからなかった僕は、とりあえず、二〇ドル置いて、島の中心部に戻るバス停の方へと歩いていった。

◆3　灣仔の洪聖古廟（1985年発行の“香港歴史建築物”の切手より）

日本に帰ってきてから思い出したのだが、一九八五年、香港郵政が発行した〝香港歴史建築物〟の切手には、灣仔《ワンチャイ》の洪聖古廟（図3）が取り上げられている。こちらの廟は島の中心部、皇后大道東《クイーンズ・ロード・イースト》の合和中心《ホープウェル・センター》から金鐘《アドミラリティ》方向へ約一〇〇メートルのところにあるから、アクセスは簡単だ。もともとは、浜辺の岩の上にあった小さな祠だったものが、アヘン戦争後の一八四七年に建物として建てられ、一八六〇年と一八六七年の改築を経て現在の姿になったものという。どうせなら、こっちでも拝んできた方が、僕にとってはご利益も大きかったのかもしれないが、それはこの本が売れて〝お礼参り〟（というものが道教にもあるのかどうか知らないが）に行く時の楽しみに取っておくことにしよう。

宋から清へ

香港の歴史物語は、唐代の洪聖の次に、南宋滅亡の時代にジャンプする。

南宋末期の一二七八年、最後の皇帝・端宗《たんそう》はモンゴル軍によって南へ追われ、九龍半島に落ち延びた。このとき、彼は香港の九の峰が全て見えれば王朝再興の夢がかなうと願をかけて期待していたが、ヴィクトリア・ピークが雲に隠れて見えなかったため、落胆して自害したという。ここから、皇帝が亡くなった土地には、九の峰と皇帝を意味する龍を組み合わせた〝九龍〟の名がつけられたといわれているが、真偽のほどはかなり怪しい。

宋代までには、現在の新界地区に当たる元朗《ユンロン》・錦田《カムティン》に客家《はっか》の鄧一族が定着したが、一族から北宋の進士になった鄧符協《とうふきょう》は一〇七五年に香港最古の教育機関として力瀛《りょくえい》書院を建て、みずから講義を行ったほか、広東省の文士と交流を深め、また経典を収めた書室を立てていた。

◆4　老圍（1995年発行の“香港郊区伝統建築物”の切手より）

こうしたこともあって、南宋の王女の一人とされる女性が、後にモンゴル軍に追われてこの地に逃れ、鄧一族の長男と結婚し、その長男・鄧松嶺《しょうれい》が龍躍頭に〝五圍六村〟（老圍・麻笏圍・永寧圍・東閣圍・新圍の五圍と麻笏村・永寧村・祠堂村・新屋村・小杭村・覲龍村の六村。図4）を築いたという。集落は小高い丘を利用してつくられており、圍（外壁）には門が一つあるだけで、北側には見張り台があって、外敵の侵入を防ぐ工夫がされている。いまでも集落では人々が実際に生活しており、歴史的な建造物である外壁の中に現代的な家が建っているようすを見ると、何とも不思議な感じがする。

一方、後に鄧一族と並ぶ新界の有力者として、この地に君臨することになる鄭一族が福建から元朗・屏山《へいざん》（現在の新界地区西北部）に移住したのは、一一〇〇年ごろのことといわれている。鄭一族は、後に屏山一帯の大地主として君臨することになるのだが、その七代目の当主が明代の一四八六年に建立したのが、元朗郊外の聚星樓《しゅうせいろう》（次項図5）である。

聚星樓は香港に現存する最も古い塔で、緑色の煉瓦と花崗岩でできており、六角形の三層構造（もともとは七層だったものが、上の四層は台風で吹き飛ばされたのだそうだ）をしている。塔の高さは約一三メートルで、各層には、上から順に「凌漢」「聚星樓」「光射斗垣」という吉祥の文字が掲げられており、水害の回避を祈念して建てられたものと考えられている。

さて、一五六三年になると、明は香港地区の南頭に水軍基地を設置して南頭寨と称し、一五六五年には参将を置いて南頭寨を統括させた。また、一五七三年には新安県（当初の人口は三万四〇〇〇人）が新設され、県治は南頭に置かれている。

一六四四年、漢民族の王朝である明が滅び、満州族の清が天下を取ると、明の再興を目

◆5　聚星樓（1980年発行の“郊区古老建築物”の切手より）

指す鄭成功《ていせいこう》は、台湾を拠点に、日本やインドシナとの交易で力を蓄え、中国沿岸の計略を続けた。これに対して、一六六一年、清朝は福建、広東など沿岸の五省に遷海令を発し、香港島を含む該当地域の全住民を内陸に強制移住させ、穀物・財産の破壊を命じた。いわゆる〝大撤退〟と呼ばれる焦土戦術で、住民が退去した後の九龍は七三名の兵士が駐留する軍事基地となり、敵を発見した際に烽火を上げる〝台〟としての役割を担っていた。

南海の寒村にすぎなかった香港地域の人々にとって、大撤退は有史以来の大事件として、その後何世代にもわたって民話の中で語り継がれていったという。

今年四〇歳になった僕の祖父が生まれたのが一九〇六年だからほぼ百年前。家族で話題に出るのは祖父の上の代の曽祖父（つまりは父の祖父）の代のことまでだから、せいぜい一二〇～三〇年前の出来事だ。宗族意識の強い中国社会のことだから、記憶の距離が少しは延びて、もう一世代上、一五〇～六〇年前くらいまでは、何かのはずみに身近な話題として取り上げられることもあるかもしれないが、それ以上になると、さすがにリアルな実感を持った話とはならないんじゃないか。

台湾の鄭氏政権が清朝に降伏したのは一六八三年。それに伴い、大撤退政策も完全にその必要性を失い、香港とその周辺にも村人たちが戻り始める。ということは、ファミリーの体験としての大撤退の記憶が消えかかっていくのは、僕の勝手な目測によれば一八三〇～四〇年代という計算になる。

その頃、香港島にはイギリス軍が上陸し、英領香港の新たな物語が開幕。香港はようやく歴史の表舞台に姿を現していく。

第一章

英領香港のできるまで

1844年ごろのウォーター・フロント（1996年発行の「アジア国際切手展・香港' 97」の紀念小型シートより。41ページ参照)

◆1　1968年のアメリカのクリスマス切手

アヘン戦争

切手が好きな僕は、切手に取り上げられた美術作品の実物を見るのも好きだ。だから、旅先では、切手に取り上げられた美術品などの実物を拝みに、必ずといってよいほど美術館・博物館などへは足を運ぶようにしている。

もっとも、僕の脳内世界では美術品は切手と連動したイメージで把握されているから、ワシントンＤＣのナショナル・ギャラリーに行った時も、同館自慢のダヴィンチの作品（切手に取り上げられたことはないと思う）にはあまり興味が持てず、一九六八年のクリスマス切手（図1）に取り上げられた『受胎告知』の全体像（切手では天使の部分のみがトリミングされている）を目の当たりにしたことの方がはるかに印象に残っているという始末だ。

そんな僕だから、「十九世紀香港畫像」の切手に取り上げられた林呱《ラムクワー》（啉呱、林官とも）の自画像（図2）が尖沙咀《チムサチョイ》の香港芸術館にあると聞けば、さっそく行ってみたくなる。

香港芸術館に入ると、一八～一九世紀の香港と中国の風景・風俗を描いた作品を集めたトレード・ペインティングのコレクションは三階に展示されていると案内が出ている。お目当ての林呱の自画像もそこに展示されているに違いないと思った僕は、真っ先に、エス

◆2（右）「十九世紀香港畫像」の切手より、林呱の自画像
◆3（左） 同じく、女性像（モデルの名は不明）

カレーターで三階まで上ってそのコーナーに直行した。

ところが、陳列されている風景・風俗画を一つずつチェックすること一五分で展示の順路の最後に到達したものの、肝心の林呱の自画像はどこにもない。「まぁ、このスペースは風景画が中心に展示されているのだから、肖像画なんかは別のスペースにあるんだろう」と思い直して、館内を一通り回ってみることにした。ところが、他のフロアには陶磁器だとか書だとか、水墨画だとか、そういったものは展示されているものの、肝心の肖像画はどこにもない。展示室の監督のオバチャンに聞いてみても、要領を得た返事は帰ってこない。どうやら、僕のお目当ての作品は倉庫に納められていて展示されていないのだということがわかってガックリと肩を落とし、スーベニア・ショップに足を踏み入れたところ、同じく「十九世紀香港畫像」の切手に取り上げられている女性像（図3）の複製ポスターが貼られているのが目に入って妙に癪に障った。

広州発イギリス行き

香港芸術館で対面かなわなかった林呱は中国輸出画（チャイナ・エクスポート・ペインティング）の第一人者とされる人物だ。

一八世紀後半以降、中国から西洋へはさまざまな商品が輸出されたが、そのなかには、中国人の画家が中国の風物を西洋画風に描いた〝中国輸出画〟と呼ばれる絵画もあった。中国輸出画は欧米で珍重され、中国茶と並ぶドル箱商品となっていたらしい。僕なんかの感覚からすると、せっかく中国から輸入するのなら、中国の伝統技法で描かれた作品の方が良いように思うのだが、当時の欧米人は平面的な中国画を好まなかったのだという。

◆4　18世紀末から19世紀初頭にかけて活躍した中国人商人、潘有度（1755－1820）の肖像画。当時の広州貿易は、潘を含む“十三行商”と呼ばれる特許商人とイギリス東インド会社を軸に展開されていた。（「十九世紀香港畫像」の切手より）

ここで、すこし香港ならびにその周辺の歴史を踏まえつつ、近代以前の中国とヨーロッパの関係をまとめておこう。

いわゆる大航海時代の一五一三年、明との交易に乗り出したポルトガル人は、翌一五一四年、屯門《テュンムン》を占拠した。このため、一五二一年に明の広東海道副使・汪鋐《おうこう》がこれを駆逐。その後、ポルトガル人は寧波《ニンポー》沖のリャンポー(双嶼島)に移ったが、一五五七年、倭寇の討伐で明朝に協力した代償としてマカオの永久居留権を認められた。

一六八五年、清朝の康熙帝は中国人の出海貿易を認め、外国船の来航通商を許可した。このとき開かれた港は、広東（広州）、福建（漳州）、浙江（寧波）、江蘇（松江）の四ヵ所で、それぞれに海関（貿易事務を取り扱う官署）も設置された。中国人のジャンクは東南アジアを中心に各地に出かけ、外国船の来航も増加し、一六八九年には東インド会社のディフェンス号に乗ってイギリス人が香港島の沖合にまでやってきた。そして、一七一一年には広州にイギリス商館が開設されるが、この時点では、イギリス人たちはまだ香港島に上陸していない。

一七五七年、清朝は西洋人相手の貿易を広州一港に限定し、中国側の特許商人、行商（図4）が対外貿易を一手に引き受ける公行制度がスタートする。

この制度の下では、清朝はイギリス東インド会社をはじめ限られた外国の商人に恩恵として通商を認めるというのが建前であったから、恩恵を受ける側の西洋人たちにはさまざまな制約が課せられていた。

貿易の期間は毎年一〇月から五月までに限られており、その間、外国人たちは、広州城の西約二〇〇メートルの、珠江沿いの外国人居留地（沙面）のファクトリーと呼ばれた洋館での生活を義務づけられていた。ファクトリーは女人禁制で、妻子の同伴も不可。武器の持ち込みはもちろん禁止されており、中国人を召使として雇うことや中国語の学習、さらには外出にも制限があった。このため、貿易が許されない夏の間、外国人たちはマカオに生活の基盤を移すのが常となっており、マカオを本拠地とする商社も少なくなかった。

口絵2は、一八世紀フランスの作家、アントワーヌ・フランソワ・プレヴォー(一六九七―一七六三)の大著『旅行記集成』(*Histoire générale des voyages*)の一頁で、フランスの水路学者ベランの手になる大嶼島の想像図だが、挿絵の表題は〝マカオ近くのランタン村〟となっている。現在であれば、大嶼島は香港島の西側、あるいは九龍の対岸と説明されるのが一般的となっているが、この時代のヨーロッパ人にとって香港は全く未知の地名であって、あくまでも華南地域の重要都市は広州やマカオである。

こうした不便を耐え忍んでまで、西洋人たち、なかでも、イギリスの東インド会社が好んで買い付けたのが茶であった。

一七七六年にアメリカ合衆国が独立を宣言したことで、イギリスは最大の植民地を失った。このため、かれらは東インド会社を通じてインド経営を強化し、海外貿易なかでも対清貿易を拡大することで窮地を脱しようとしたのである。

現在の我々は、茶ならインドで買えば良いではないかと考えてしまいがちだが、インド北部のアッサム州で、軍人にして植物学者のロバート・ブルースが野生の茶樹を発見したのは一八二三年のことで、インド総督であったウイリアム・ベンティンクの下に茶業委員会が組織され、アッサム地方での茶の栽培・製茶の研究が始められたのは一八三八年のことである。さらに、中国から種子や苗、労働者が送られ、調査・実験の末に最初のアッサ

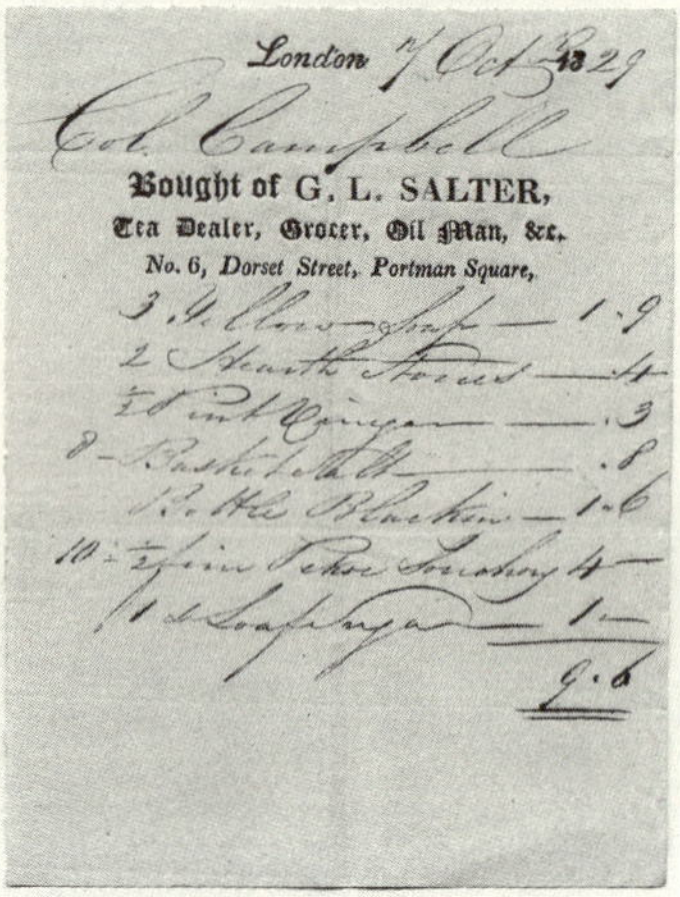
London 7 Oct 1829
Col. Campbell
Bought of G. L. SALTER,
Tea Dealer, Grocer, Oil Man, &c.
No. 6, Dorset Street, Portman Square,

◆5　1829年のロンドンの雑貨商の勘定書には、“茶葉取扱”（Tea Dealer）の文字が見える。中国からの輸入品であろう。

ム紅茶八ケースがロンドンで競売にかけられたのは一八三九年のこと。以後、ようやくイギリス人はアッサムでの製茶事業に乗り出すことになる。セイロン島や現在のパキスタン東部での紅茶製造が行われるようになるのは、さらにその後のことであった。

したがって、一八四〇年にアヘン戦争が勃発した時点では、イギリスにとっての茶の供給源は中国しかなかったわけで、図5のように〝茶葉取扱〟（Tea Dealer）の文字が印刷された勘定書を使っていたロンドンの雑貨商は中国茶を扱っていたと考えて良い。

こうして、対清貿易の拡大に伴い、中国からの茶の輸入量は激増し、その結果、イギリスの貿易赤字は膨らんでいく。

三角貿易

清朝との貿易が始まった当初、イギリスは輸出商品として毛織物とインド綿花を重視していた。これらは、東インド会社が独占的に扱い、インド綿花は長江のデルタ地帯に送られてそれなりの利益を上げたものの、毛織物は全くといってよいほど売れず、銀はイギリスから中国へと流れていた。

ところで、一七〇四年にインド綿花の中国輸出が本格的に始まると、その後を追うようにして、インド・東南アジアと中国との貿易を担っていた地方商人たちは中部インドのマルワ産アヘンを中国に持ち込んで、中国の銀と交換し始める。

もともと、薬用として用いられていたアヘンに〝嗜好品〟の側面が出てきたのは、清朝

◆6　清末のアヘン吸煙のようす（19世紀末の絵葉書より）

に入ってからのことであった。また、アヘンを吸煙するというスタイルは、一七世紀頃、ジャワのオランダ人が中国に持ち込んだもので、それ以前は、アヘンの常用者はアヘンの葉を食べていた。この時代は、薬用というイメージが強かったせいか、健康のためという動機でアヘンの吸煙を始め、そのまま中毒になる患者が少なくなかったという（図6）。

広州貿易が盛んになると、沿海地域ではアヘン吸引の習慣が急速に広まり、早くも一七二九年には清朝はアヘンの禁令を発している。

しかし、その後もアヘンの密輸は続けられ、一七七三年には東インド会社はアヘンの吸引を勝手に〝公認〟。さらに、ベンガル産のアヘンの生産拡大に乗り出し、マルワ産アヘンとともに会社の専売として、地方貿易商人に販売していた。

こうして、イギリスは中国から茶を買い、その代金をインドのアヘンで支払う、イギリス・中国・インドの三角貿易体制が構築された。そして、アヘン輸出の急増によって、一八二〇年代には中国の銀がイギリスへ流れ始めるのである。

こうした三角貿易体制を象徴する郵便物が図7（次頁）である。

この郵便物は、一八三七年四月二日、広州から差し出されたものである。

対清貿易の拡大に伴い、イギリスは東アジアとの通信を本格的に扱うべく、一八三四年に広州とマカオに収信所（郵便局）を設置し、本国やインドとの通信を取り扱った。なお、後に中国大陸の各地には列強諸国が進出の拠点として郵便局を開設していくが、このときの収信所が中国に置かれた列強の郵便局のルーツになる。ただし、アヘン戦争以前の一八三四年時点では、収信所の設置はイギリスが清朝に圧力をかけて認めさせたものというよりは、大国としての矜持から、清朝がイギリスに恩恵を施したという性格が強い。

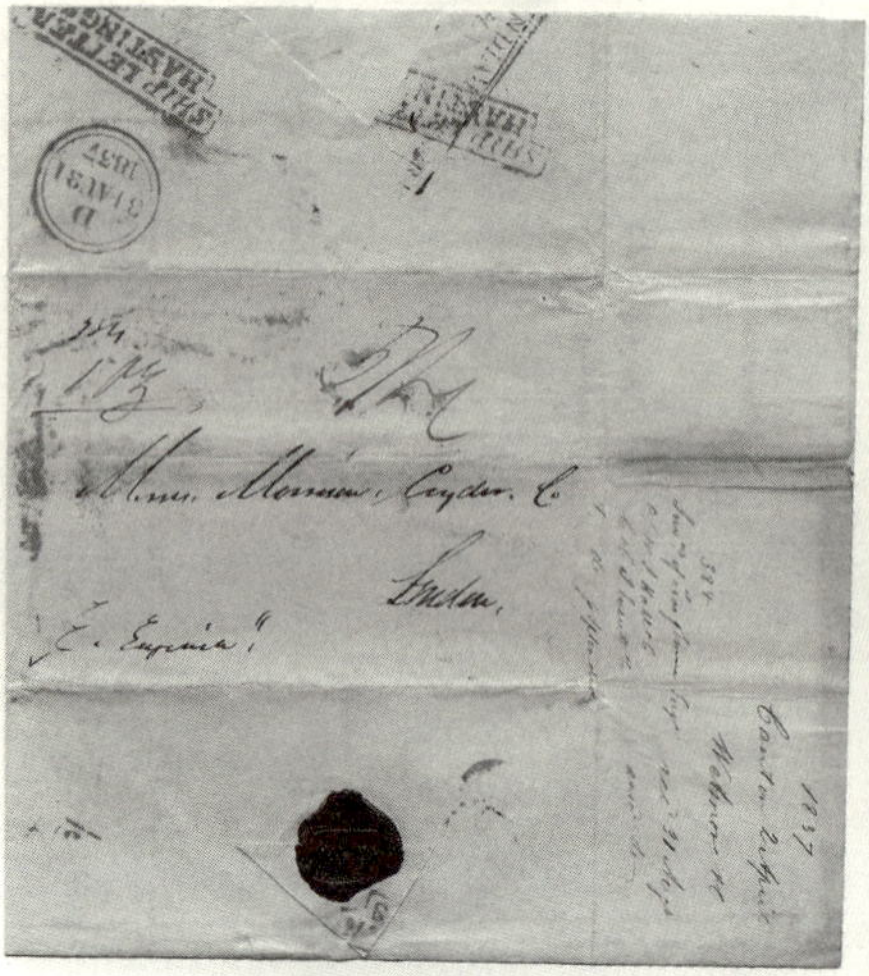

◆7　1837年、広州からイギリス宛に差し出された郵便物

さて、図7の郵便物は、広州から差し出された後、一八三七年八月三一日にイギリスのヘイスティングスに到着した。当時、イギリスとインドの間の郵便料金は割安に設定されていたが、ヘイスティングスの郵便局員はこの郵便物がインドから送られてきたものと誤解したらしい。このため、郵便物には、「ヘイスティングス　船便」(SHIP　LETTER　HASTINGS) という印と同時に、「インド (から) の郵便物」(INDIA LETTRE) という印が押されて、割安の料金を徴収するように指示されている。

イギリスで郵便料金前納の証紙として、世界最初の郵便切手 (図8) が発行されたのは一八四〇年のことであったが、図7の郵便物が差し出された一八三七年当時の郵便は、受取人が料金を支払うシステムになっていた。このため、郵便物を配達するにあたって、郵便局では、受取人から徴集すべき金額等を郵便物の表面に記載する習慣があったのである。

このため、ヘイスティングスの郵便局員はインドからの割引料金を受取人から徴収するようこの郵便物に印を押して配達先のロンドンに送ったわけだが、その後、ロンドンではこの郵便物が広州から差し出されたものであることを見抜き、最終的には、受取人から正規の広州＝イギリス間の料金を徴収している。

こうした経路をたどってみると、図7の郵便物には、イギリス・清朝・インドの三者を結ぶ流通網の一端が影を落としていることがお分かりいただけるだろう。

◆8　世界最初の切手が貼られた郵便物

ジャーディンとマセソン

一方、一八二〇年代はイギリス国内でも社会構造が大きく変容していった時代であった。当時、産業革命を経て急成長を遂げた綿業資本家は、一八二〇年にマンチェスター商業会議所を結成し、急速に政治的な発言力を強めていた。特に、一八三〇年代に入って国内市場が飽和状態になると、彼らは中東、インド、そして中国市場への期待を高めていく。

そんな彼らの合言葉は、貿易に対する国家の統制を最小限にする〝自由貿易〟であった。すでに、資本家たちは一八一三年に東インド会社によるイギリス＝インド間の貿易の独占を廃止させていたが、一八三三年には、ついに、東インド会社による対清貿易の独占を撤廃させることにも成功する。

こうした時代の潮流に乗って表舞台に登場してきたのが、アヘン商人のウィリアム・ジャーディンであった。

ジャーディンは、一八七四年にスコットランドの南西部に生まれた。九歳で父親と死別し、兄の援助を受けてエディンバラで医学を学んで、一八〇二年にイギリス東インド会社のボンベイ＝広州航路の船医として就職する。

船医時代のジャーディンは、副業として、アジア各地に駐在している東インド会社のスタッフのために本国商品のブローカーのようなことをやって、一五年間にわたって、商売人としてのノウハウを体得するとともに、各地のインド系ならびに中国系の商人とのコネクション作りに精を出していた。

こうして、一八一七年、ジャーディンは東インド会社を退職。いったんはロンドンに戻ったものの、一八二二年には広州に乗り込み、船医時代に培ったボンベイのイラン系商人

◆9　ジャーディン・マセソン商会が1839年に差し出した郵便物。上はその封蠟

とのコネクションを活かしてアヘン貿易に手を染めて巨額の利益を得て、マグニアック商会のパートナーになっていた。

一方、ほぼ同じ時期にアヘン商人として派手に売り出していた人物に、ジェイムズ・マセソンがいる。

マセソンは、ジャーディン同様、スコットランドの出身で、ジャーディンよりも一二歳若い一七九六年の生まれだ。エディンバラ大学で学んだ後、一八一五年に叔父の会計事務所を手伝うためにカルカッタへ渡り、その後、広州で貿易に携わるようになった。一八二一年には広州駐在のデンマーク領事の肩書きを手に入れ、一八二三年には、福建沿岸で清朝官憲の監視をかいくぐってアヘンの直接密輸を成功させ、広州のアヘン商人の間ではちょっとした有名人になっていた。

二人は、一八二七年頃からビジネス・パートナーとして活動していたが、一八三二年、マグニアック商会の破産に伴い、広州にジャーディン・マセソン商会を設立する。

図9は、そのジャーディン・マセソン商会が一八三八年一〇月二五日（封の内側に日付の書込がある）にロンドン宛に差し出した郵便物で、裏面には同商会のマークの入った封蠟が押されている。郵便物の具体的な差出地を示す表示などはないが、カバーには〝INDIA〟の表示があるから、アヘンの仕入先であるインドから差し出されたものであろう。この郵便物の場合は、差出地からボンベイなどの港までは民間の信書便業者であるレミントン商会（その印が封筒の右上に押されている）が取り扱い、そこから先は、イギリスの郵便船でロンドンまで運ばれたものと考えられる。

さて、ジャーディン・マセソン商会の設立からほどなくして、一八三三年には東インド会社による対清貿易の独占が撤廃されたため、新たな対清貿易のお目付け役として、イギリス政府はウィリアム・ネーピアを貿易監督官として広州に派遣した。

極東のことなど何も知らないネーピアが、当時のヨーロッパでは一流の中国通であったジャーディンに取り込まれるのは時間の問題で、自由貿易の実現のためには清朝に対して強硬措置を取るべきだと確信するにいたったネーピアは、清朝とのトラブルを解決するための手段として広州に軍艦を呼び寄せて清朝の役人を威嚇するという砲艦外交を展開した。

しかし、ネーピアの砲艦外交は結果的に、清朝側の反発を招いただけで、なんら得るところなく終わり、彼は失意のうちに、広州到着からわずか三ヵ月後に憤死してしまう。

〝同志〟ネーピアの死を受けて、ジャーディンら広州のイギリス商人は「ネーピアの死を無駄にするな」という大義名分を掲げて、軍艦三隻をつけた全権団を北京に派遣し、厦門・寧波・船山の開放、公行（特許商人）による貿易独占の廃止などを求める請願状を作成した。一方、ジャーディンが広州のイギリス系商人をまとめている間、マセソンはネーピア未亡人とともにロンドンに戻り、〝暴虐非道な仕打ち〟で大英帝国の貿易監督官を死に至らしめた清朝に対して武力制裁を発動すべしとイギリス中を説いて廻っていた。

ジャーディンとマセソンの努力の甲斐あって、彼らの主張は、イギリス国内でも一定の支持を集め、ジャーディンらが北京でつくった請願状は、マンチェスター商業会議所をはじめ、グラスゴーやリバプールでも商工業者の支持を集めることになった。

しかし、この時点では、イギリス政府は動かなかった。

このため、ジャーディンは、ロンドンで直接本国政府に働きかけて、清朝との自由貿易を実現させすべく、一八三九年一月三〇日、広州を去ってイギリスへ戻っていく。

◆10　香港沖合のジャンクを描いた油絵

林呱、チネリー、ボルジェ

ところで、ジャーディンやマセソンが〝やり手〟のアヘン商人として売り出す頃になると、香港島にもさまざまなヨーロッパ人が上陸するようになった。

ヨーロッパ人が香港島に上陸したのは、一八〇六年に中国沿岸の測量を開始した東インド会社のホースバーグが最初のことと考えられている。

また、香港の名がヨーロッパ人にも知られるようになるのは、いわゆる三跪九叩頭《さんききゅうこうとう》の礼をめぐって清朝とひと悶着を起こしたイギリスの外交使節、アマースト一行が一八一六年に香港に寄港した際、随員のエリスが香港についての記録を残し、軍医のオムレットが香港を題材に水彩画を描いて、それが本国にもたらされてからのことであった。

図10は、当時のジャンク（中国式の帆船）を描いた油絵で、裏側には、〝Carl Erichen Hong Kong 8/ 9 18〟との署名もある。

この時期、広州とマカオを往復していた外国人商人たちの中には、絵を描くことで無聊を慰める者も少なからずあったようで、そうした日曜画家の作品が少なからず残されている。この絵もそうしたものの一枚だろう。ロンドンの骨董品のオークションで売りに出されていて買ったのだが、僕にも手が出る程度の値段だから、絵としての価値なんかたかがしれている。林呱の作品なんて僕の財力では絶対に買えっこないのだが、まぁ、彼よりも古い時代の作品ということだけはちょっと自慢できるかもしれない。

さて、林呱についてもここで簡単にまとめておこう。

林呱は一八〇一年に広州で生まれた。本名は関喬昌《かんきょうしょう》。林呱というのは、西洋人から呼ばれていた名前、Lam Qua の音訳である。一八二五年に広州に渡ってきたイギリス人画家ジョージ・チネリーの下で西洋画の技法を学び、一八三〇年に広州の十三行同文街に自身のアトリエを開設したことがわかっている。

林呱の師匠にあたるチネリーは、一七七四年、ロンドンの出身。一八〇二年にカルカッタに渡り、彼の地のイギリス人社会で最も人気のある肖像画家としての地位を確立。収入も相当多かったのだが、浪費がたたって借金まみれになり、一八二五年に広州に逃れ、林呱との縁が出来たというわけだ。

最初のうちチネリーと林呱の師弟関係は良好だったのだが、後に林呱が肖像画制作をチネリーよりも安い値段で受けるようになったことで、二人の関係はこじれてしまう。多額の借金を抱えて生活のために絵をかきまくらなければならなかったチネリーにしてみれば、林呱の行為は商売の邪魔でしかなかった。かくして、チネリーは林呱を破門する。

その後、林呱は一八三六年から一八五五年にかけて、アメリカから派遣された医師団の下で腫瘍や瘤のある患者の病状を記録した〝医学絵画〟の作品を多数残している。もっとも、かなりグロテスクな作品なので、切手には取り上げられないだろうけれど……。

ちなみに、彼が香港島に渡ってきたのはアヘン戦争後の一八四六年のことで、以後、一八六〇年に亡くなるまで、香港最初の中国人西洋画家として活躍する。僕の見たかった自画像は、一八五三年、彼が五二歳の時に香港で制作した作品である。

一方、林呱を破門したチネリーはマカオに拠点を移し、一八三〇年代末にはフランスの画家、オーギュスト・ボルジェとスケッチ旅行に出かけている。

ボルジェは、一八〇八年に中部フランスの地方都市、イスーダンの出身。二一歳のときにパリに出て、作家のバルザックと親交を結び、一八三三年にスイス・イタリア旅行を題

◆11　アヘン戦争以前の香港の風景を描いたボルジェの作品。右は1838年の香港島内の村落の様子を描いたもの、左は同じく1838年の九龍灣の船上生活者たちの生活を描いたものである。(1987年発行の"香港舊日風貌"の切手より)

材とした作品で評価を得る。そして、一八三六年から四年間に渡る世界周遊の旅に出て、各地の風景を題材とした作品を数多く残している。

このときの旅行では、ボルジェは、南北アメリカの各地を廻った後、当時はサンドイッチ諸島と呼ばれていたハワイを経て、一八三八年七月三日までにマカオに到着。以後、少なくとも一八三九年六月二〇日までは、広州、香港、マカオなどに滞在している。

その後、ボルジェはマニラ、シンガポール、インドを経て一八四〇年夏にパリに戻っている。帰国後、彼は、華南旅行を題材とした作品集を出版し、大いに評判を得たが、残念ながら、一八四三年の火災で、その原画は大半が焼失してしまった。

図11は、そうしたボルジェの作品で、いずれも一八三八年八月に制作されたものである。このうち、五〇セント切手に描かれているのは、香港島内の集落の風景である。

イギリスが香港島を領有した一八四一年当時の人口は七四五〇人。その内訳は、島内の各村落に四三五〇人、海岸の広東バザールに八〇〇人、水上生活者が二〇〇〇人、九龍から通ってくる人々が三〇〇人であったという。

当時の香港島は岩だらけで湿気がひどく、現在は高層ビルが建ち並ぶ島の北側はほとんど無人の地で、人々は主に島の南側に集落を作っていた。この絵に描かれているのも、そうした集落の一つで、木陰を作ってくれるガジュマルの樹を中心に、何軒かの小さな家が建てられている様子がわかる。

一方、一ドル三〇セント切手に描かれているのは九龍の海岸風景である。船の上で暮らす水上生活者たちとその船が画面の中心を占めており、船のマストに翻る洗濯物など、彼らの生活の様子がしのばれる。なお、背景には、対岸の香港島も見えている。現在の香港

◆12　林則徐を描いた禁煙節の記念切手。ここでいう“禁煙”とは、アヘンの禁止の意味で、日本語の禁煙とは少し違う

からは想像もつかないほどのどかな風景だ。

アヘン戦争の開幕

しかし、ボルジェがマニラに向けてマカオを後にした一八三九年、香港と密接な関係にある広州の情勢は風雲急を告げていた。いよいよ、アヘン戦争へ向けて時代が動き出したためである。

自由貿易を求めるイギリス人たちに対して、清朝は依然、恩恵として通商を認めているという姿勢を崩さなかった。特に、アヘン問題が深刻さを増している状況の中では、アヘンの流入増大をもたらす自由貿易など論外である。

一八三八年、清朝はアヘン取締りを断行するため、林則徐（図12）を欽差大臣（特定の事柄について皇帝の全権委任を得て対処する臨時の官・欽差官のうち、身分が三品以上の者）に任命する。

一八三九年三月、広州に赴任した林は、まず、中国人に対する取締りを強化し、貿易を停止して武力で商館を閉鎖した。さらに、イギリス商人には、アヘンを持ち込まない旨の誓約書の提出を要求し、二万二〇〇〇箱のアヘン（一四〇〇トン）を没収し、同年六月三日、これを廃棄処分とした。

イギリスの貿易監督官だったチャールズ・エリオットは、林の厳しい措置に抗議して在留イギリス人全員を率いてマカオへ退去する。ところが、英国船籍のトマス・カウツ号がマカオで誓約書を書いて広州に入ってしまったことから、林則徐はエリオットの指導力が弱まったものと考え、強硬姿勢に転じ、イギリス人にマカオ退去を命じた。

◆13　1839年10月、香港沖で船上生活を送っていたイギリス人が差し出した手紙

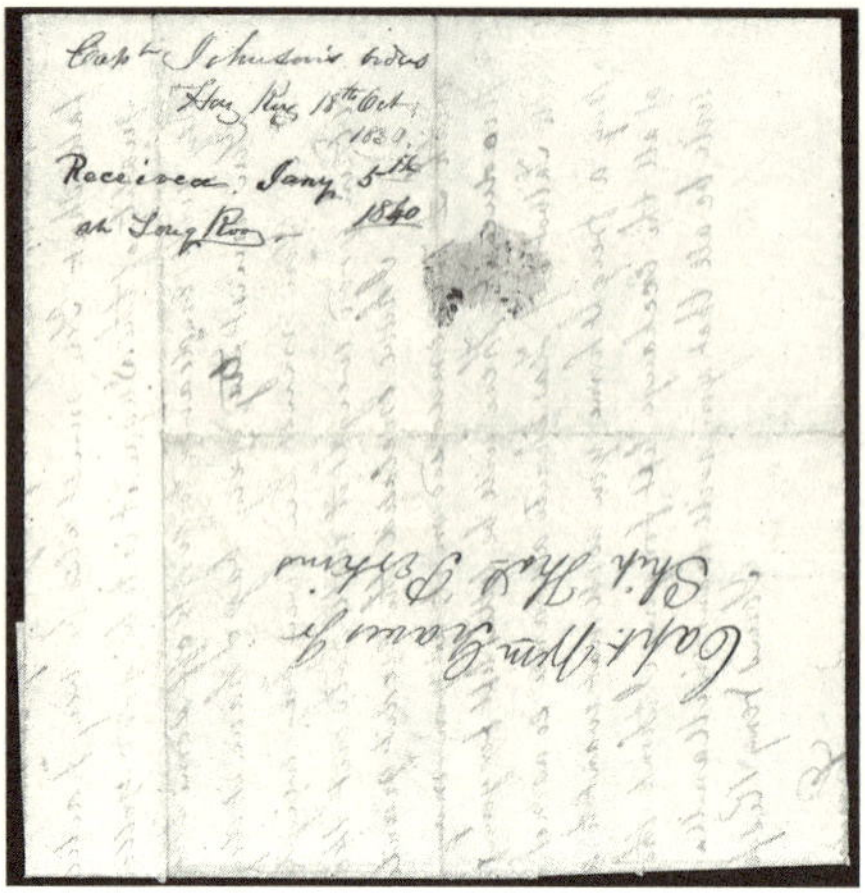

この結果、イギリス人五〇家族あまりがマカオを追われて香港沖での船上生活を余儀なくされる。もちろん、林は二度とアヘンを持ち込まないと誓約書にサインするまで、彼らの広州上陸を認めないとの強硬姿勢を崩さない。

こうして、緊張が高まる中、一八三九年七月、泥酔したイギリス人水夫たちが中国人を嬲り殺すという事件が発生。犯人の身柄引き渡しを求める清朝に対してイギリス側がこれを拒否すると、林は商船への食糧供給を断ち、外国人商人たちの生活の拠点となっていたマカオを武力で閉鎖した。

図13は、一八三九年一〇月一八日、香港沖で船上生活を送っていたイギリス人が、ボストンの貿易商、トーマス・パーキンス社の船に託して差し出した商用の手紙である。

一八三四年に開設された広州とマカオの収信所は、マカオの封鎖に伴い閉鎖され、船上のイギリス人たちは外部との交通・通信手段を失った。このため、彼らは近くを通過するアメリカ船に託して、手紙や品物のやり取りを行ったほか、アメリカ船の関係者に用件を依頼することがしばしばあった。プラグマティックなアメリカ商人たちは、林則徐のアヘン取締政策に従い、ただちにアヘンを持ち込まない旨の誓約書を清朝側に提出していたため、従来同様、交易を続けることが可能だったためである。

この手紙もそうしたアメリカ商人に託されたものの一例で、広州のジャーディン・マセソン商会との商品の決済を代行するよう、トーマス・パーキンス社の船の船長に依頼したもので、一八四〇年一月五日に手紙を受け取ったとの書き込みがある。

さて、アヘンの密輸という決して褒められたものではない行動が原因ではあったにせよ、

ともかくも、少なからぬイギリス人が居住地を追われて経済的損失を被っていることは事実である。イギリス国内では「同胞を救え」という世論が起こるのも無理からぬことであった。清朝との自由貿易の実現に執念を燃やしていたウィリアム・ジャーディンは、この事件を、イギリス政府に清朝への武力制裁を発動させるための絶好の機会と捕らえた。

かくして、一八三九年九月二七日、既にロンドンに戻っていたジャーディンは、外務大臣のパーマストンと会見し、中国の地図や海図を持参して、中国周辺の軍事情報を説明しながら、中国派兵を求めた。

その後、同年一一月三日、イギリスは林則徐による貿易拒否の返答を口実に中国沿岸で清国船団を攻撃し、きたるべき本格的な戦争の発動に向けて動き出す。同年一二月、パーマストンは再びジャーディンを呼び、派遣すべき遠征軍の詳細な編成についてレクチャーを受けているが、このとき、ジャーディンが提案した、賠償金の支払いや広州・厦門・福州・寧波・上海の開港などの要求は、後にアヘン戦争の講和条約となる南京条約によって実現されることになる。

着々と開戦への準備を進めたメルボーン内閣は、一八四〇年二月、ついに開戦を閣議決定し、議会に戦費の支出の承認を求めた。議会では、後に首相となる若きグラッドストーンは、「これほど不正な、恥さらしな戦争はかって聞いたことがない。大英帝国の国旗ユニオン＝ジャックは、かつては正義の味方、圧制の敵であり、民族の権利、公正な商業のために戦ってきたのに、いまやあの醜悪なアヘン貿易を保護するために掲げられることになった。国旗の名誉はけがされた。」と反対演説を行ったものの、結局、賛成二七一票・反対二六二票の僅差で戦費の支出を可決。こうして、アヘン戦争が正式に開幕する。

◆14　1840年8月27日にホーンキャッスルからシェフィールド宛に差し出されたマルレディ・カバー

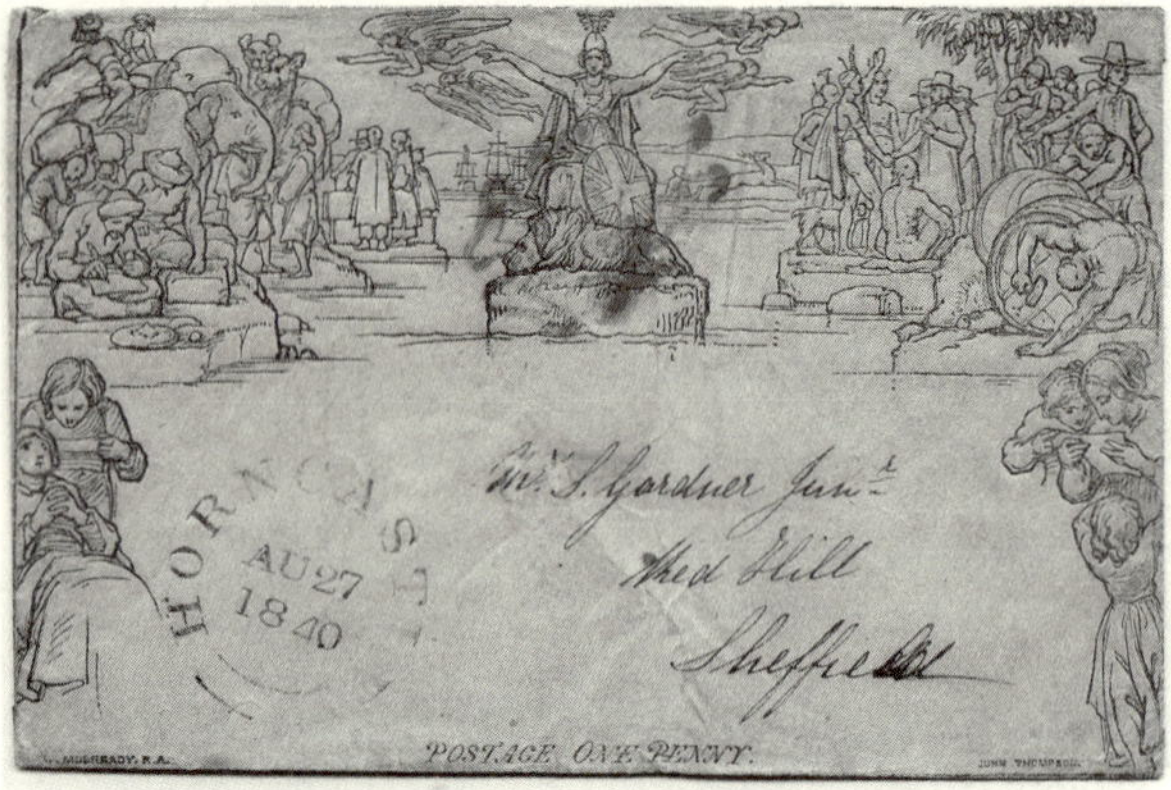

アヘン戦争の大義

ところで、一八四〇年という年は、アヘン戦争勃発の年であると同時に、イギリスで世界最初の切手が発行された年でもある。

一八世紀以降、近代国家としての基盤を固めたヨーロッパ諸国では、国家規模での郵便事業が展開されるようになった。もっとも、初期の郵便は、受取人が料金を支払うシステムになっていたほか、料金も高く、一般人には利用しにくいものだった。

このため、イギリスのローランド・ヒルは、便箋の枚数と距離制によって複雑に計算されていた従来の料金体系を全国均一の重量制とし、料金の支払方法も受取人でなく差出人が支払う前納制に変えるなどの、合理化・単純化を骨子とした郵便改革を提案。政府に対して誰もが容易に利用できる低料金の郵便制度の実施を求めた。

このヒルの提案が受け入れられ、一八三九年八月、一ペニー郵便料金法が公布され、その結果、一八四〇年一月一〇日から、二分の一オンス以下の書状基本料金を全国一律一ペニーとする一ペニー郵便がスタートする。そして、同年五月、この新たな郵便の料金前納の証紙として世界最初の切手が発行されたのである。

さて、世界最初の切手発行にあわせて、イギリス政府は、マルレディ・カバー(Mulready Cover)と呼ばれる封筒（図14）も発行している。

マルレディとは、封筒のデザインを担当したウィリアム・マルレディ（一七八六―一八六三）のことで、カバーはここでは封筒の意味。この封筒は、すでに一ペニーの料金込みで販売されたので、切手を貼らなくとも、切手を貼った封筒と同様に料金納付済の扱いで差し出せるようになっている。

マルレディは、貧しいアイルランドの移民の子で一二歳から絵を描き始め、一四歳で王立美術院に入学。風景画家として評判を得た後、イギリスの田園に取材した作品を数多く残し、当時のイギリス画壇で確固たる地位を築いていた。また、油彩のみならず、銅版画やレタリングの技術にも習熟していた。たとえば、一八〇七年に出版されたウィリアム・ロスコーの『ちょうちょうの舞踏会とバッタの宴会（*The Butterfly's Ball and the Grasshopper's Feast*）』には、若き日のマルレディの手になる挿絵が一三枚収められているが、彼の絵が評判となり、一八〇七年一年間で四万部を売るベストセラーとなった。

こうしたキャリアが見込まれて、マルレディは新たに発足する一ペニー郵便のための封筒のデザインの制作を依頼されたのである。

マルレディ・カバーのイラストでは、大英帝国を示す女神ブリタニアを中央に、インド、アラビア、中国、南米など、一八四〇年までにイギリスが進出していった地域の風俗が取り上げられている。このイラストは、イギリスが発足させた近代郵便制度が、全世界のイギリス人を結びつける情報ネットワークとなるという、イギリスの意気込みを表現したものであることはいうまでもない。当然、ここで描かれているイギリス人は自由貿易体制の発展・拡大を担う尖兵として描かれているわけで、彼らの行為は、なんら恥ずべきものではないものというのが、カバーの発行者であるイギリス政府の認識である。そして、そのなかに、（ブリタニアの左側に）辮髪の中国人と交易を行うイギリス商人の姿、すなわち、当時の状況から考えれば、茶とアヘンの交易の場面が描かれているということは、グ

◆15　マルレディ・カバーを模して作られたパロディ封筒。辮髪姿の中国人に追い立てられるアヘン商人の姿が描かれている。

ラッドストーンがどれほど獅子吼しようとも、イギリス政府としてはアヘンの交易は正当な商取引であることを公式に宣言していることにほかならない。

このロジックを敷衍していけば、必然的に、アヘン商人を〝不当に〟弾圧し、自由貿易を拒否しつづける清朝と戦うことは、イギリスにとって、充分、大義名分が立つものだという結論が導き出されることになる。

ところで、近代郵便の創業に際して、イギリス政府は切手よりもマルレディ・カバーの方が良く売れると予想していた。ところが、実際にはマルレディのデザインは一般国民には不評で、しかも、カバーの代金には郵便料金の一ペニーに封筒代が上乗せされていたため、売れ行きは芳しくなかった。

この結果、マルレディ・カバーは皮肉屋のイギリス人たちの格好の餌食となり、このカバーを模したさまざまなパロディ封筒が作られ、郵便に使用されることになる。

その中には、図15のようなものもあった。

この封筒でまず目に付くのは、左側の、辮髪の中国人に追い立てられるアヘン商人の姿（商人の手元には〝OPIUM〟と書かれた箱が置いてある）の姿であろう。これが、英清間のアヘン問題を戯画化したものであることは一目瞭然である。

ついで、封筒中央の女神ブリタニアはライオンの上に不機嫌そうな顔で君臨しており、そのライオンの下の台座には、ブラーニー・ストーン（Blarney Stone）の文字がある。ブラーニー・ストーンとは、アイルランド南西部のブラーニー城内にある石で、これにキスをした者には幸運がもたらされ、人を説得する力が与えられるといわれている。また、ラ

◆16　川鼻の戦いの場面を描いた版画。戦闘に参加したイギリス海軍のホワイト大尉のスケッチを元に、トーマス・アロンが制作した1843年の作品、「広東近郊、川鼻の攻撃と占領」を、アドラードが1850年代に彫刻凹版画としたもの

イオンの尻尾には Erin go bragh、すなわち「アイルランドよ永遠なれ」というフレーズが書かれているほか、右下にライス・ペーパーを詰め込まれて苦しんでいるジョン・ブル（イギリスの擬人的イメージ）のイラストも描かれている。

当時のアイルランドはイギリスの支配下に置かれており、カトリックが大多数を占めるアイルランド系住民に対してはさまざまな社会的な差別があった。このパロディ封筒の作者は、そうしたアイルランドに対する差別を批判すると同時に、イギリス（イングランド）の理不尽な行動を象徴するものとしてアヘン貿易を批判的に表現しているものとみてよい。

なお、民間で作られたパロディ封筒は、マルレディ・カバーとは異なり、それじたいには郵便料金は含まれていないから、郵便に使用するためには、別途、料金を納入する必要があった。この封筒の場合には、中央に大書されている1の文字が、料金一ペニー支払済みであることを示している。

図15のカバーは、グラッドストーンのみならず、アヘン戦争の大義に対して疑義をさしはさむ世論が（決して多数派ではないかもしれないが）イギリス国内にもあったということの証拠となっている。

イギリス軍の香港上陸

さて、中国への派兵が決まると、海軍少将のジョージ・エリオット（チャールズ・エリオットの従弟にあたる）を司令官として、インドで編成した東洋艦隊を派遣する。

同年七月、イギリスの主力艦隊は広州を避け、寧波沖の舟山に攻撃を加えて占領した。艦隊はさらに天津にまわり、両エリオットは直隷総督の琦善《きぜん》に、没収されたアヘンの弁

◆17　イギリス軍による香港島の領有場面を描いた油絵（19世紀末の複製）

償、駐清商務総督への侮辱に対する謝罪、英国人の商業活動の場所の保証などを要求するパーマストンの書信を手交する。

　琦善は交渉の場所を広東に移し、皇帝を動かして林則徐を解任し、自分が欽差大臣になった。しかし、広東での交渉は不調に終わり、一八四一年一月七日、イギリス軍は珠江河口の川鼻《チュンピー》（穿鼻）を攻撃し（前頁図16）、一月一九日、香港島の割譲などを求めた川鼻仮条約を清朝に対して突きつけた。

　かくして、一八四一年一月二五日、イギリス艦サルファーから海軍士官のエドワード・ベルチャーがヴィクトリア・ピーク北麓に上陸。翌二六日にはゴードン・ブレーマーが上陸地点にイギリス国旗を立て、「女王陛下万歳」を唱えて香港島の領有を宣言する（図17）。

　その後、琦善は香港割譲を条件に和議に持ち込もうとしたが、北京もロンドンも硬化し交渉は難航し、同年二月、イギリス軍は靖遠《せいえん》砲台を攻撃したほか、五月には広州に上陸。広州城は風前の灯火というときになって和議が成立した。

　アヘン戦争の影の主役ともいうべきウィリアム・ジャーディンは、香港島北側の水深が深く、干潮差が少ないうえに、南北の山が風をさえぎるために波が静かであるということを見抜き、天然の良港としての香港に早くから注目していた。

　すでに、一八三四年には、ジャーディンの薫陶よろしきを得た貿易監督官のウィリアム・ネーピアも「わずかの武力をもってすれば香港島を占領することができる。この島は珠江の東の門戸をなし、いかなる目的にもかなっている」と述べていた。

もっとも、香港島の領有は、ジャーディンにしてみれば予定通りの結果であったといえるのだろうが、彼のレクチャーを受けてアヘン戦争を発動したロンドン政府は、香港島のことを家ひとつない不毛な島としか認識していなかった。じっさい、特命全権大使の資格で清朝との和平交渉に当たっていたチャールズ・エリオットは、〝不毛の土地〟である香港島しか領有できない弱腰を攻められて、一八四一年八月に更迭されてしまう。

後任の特命全権大使に就任したヘンリー・ポッティンジャーは香港が自由港であることを宣言し、ようやく香港の植民地建設が開始されることになった。

南京条約

その後も、清朝政府は川鼻仮条約の批准を拒んだため、イギリス軍は厦門を越えて舟山に攻め上ってきた。定海を占領し、乍浦《さほ》城を攻め、呉淞《ウースン》要塞を陥落させたばかりか、揚子江を遡航して南京の玄関である鎮江を攻め落とした。

ここにいたり、ようやく清朝も敗戦を受け入れざるを得なくなり、一八四二年八月、アヘン戦争の講和条約として「江寧《こうねい》条約（南京条約）」が結ばれた。

その主な内容は、①香港島の割譲、②広州・厦門・福州・寧波・上海の開港、③賠償金の支払い（没収アヘンの代金としてメキシコ銀で六〇〇万ドル、公行負債三〇〇万ドル、遠征費用一二〇〇万ドルなど）、公行商人による貿易独占の廃止、などであった。

この条約のうち、香港に関して取り決めた第三条の条文を引用しておこう。


大ブリテン国臣民が必要の場合その船舶の損傷を修理し、かつこれに要する資材を保存する港を有することは極めて必要にして、かつ望ましいことにかんがみ、清国皇帝陛下は大ブリテン国女皇陛下に香港島を譲与し、大ブリテン国女皇陛下およびその後継者は永久的にこれを占有し、大ブリテン国女皇陛下の適当と認めたる法律規則をもってこれを統治する。

この条文では、香港島割譲の名目が「船舶の修理のため」となっているのが目を引く。ちなみに、治外法権、関税自主権の放棄、最恵国待遇条項の承認などが清朝に押し付けられたのは、一八四二年の南京条約によるものではなく、翌一八四三年に締結された虎門《こもん》寨《さい》追加条約によるもので、これに便乗したアメリカやフランスも同種の不平等条約を清朝と結んでいる。

かくして、中国にとっての苦難の近代史が幕を開け、辺鄙な寒村だった香港は、大英帝国の極東における拠点として、いきなり、近代世界の荒波の中に放り込まれることになったのである。

生まれたての植民地

香港滞在中、友人の関係した映画が香港映画祭で上映されるという話を聞いて、見に行くことにした。チケットを分けてもらうため、昼過ぎに友人と落ち合ったら、監督夫妻（ニューヨーク在住の日本人）も一緒だったので、自然と、昼飯でも一緒に食おうかということになった。

監督夫妻は初めての香港ということだったので、定番の飲茶で遅い昼食にするのがよかろうと思って中環《セントラル》の陸羽茶室にご案内。ところが、これから注文をというときになって監督夫妻はベジタリアンであることが判明した。

もちろん、彼らは「僕たちに気にしないで肉のモノも頼んでください」と言ってはくれたのだが、やはり、焼売とか叉焼の類は頼みづらい。結局、監督夫妻もシーフードならOKということで、エビを使ったものを中心にオーダーした。もちろん、さすがは老舗の名店、陸羽のことなので何を頼んでも美味いのだが、どうしたって欲求不満が残ってしまうのは致し方ない。

まぁ、監督を責めるわけにもいかないので、三時過ぎに彼らと別れた後、店から歩いて一〇分位のところにある香港公園内の茶具文物館へ行って、茶聖・陸羽の銅像に愚痴を聞

◆1　1846年当時の總部大樓（1987年発行の“香港舊日風貌”の切手より）

いてもらうことにした。

茶具文物館は、もともとは一八四六年に完成したイギリス軍司令部（總部大樓）、すなわちフラッグスタッフハウスで、最初の主は総督代理のダギュラーであった。一九三二年には司令部機能を除いた純然たる住居として三軍司令官邸となり、日本の占領時代には日本海軍の提督が利用したほか、第二次大戦後も一九七八年までイギリス香港軍司令官の官邸として用いられた。

その後も、旧三軍司令官邸の白亜の建物はギリシャ復興様式の歴史的建造物として保存され、一九八四年以降は、旧羅桂祥《らけいしょう》コレクションを中心に茶具や茶文化の資料を展示する茶具文物館として一般に公開されている。入場が無料なのも嬉しいところだ。

總部大樓の景観は何度か切手にも取り上げられていて（図1）、僕には非常になじみがある。館内をぶらぶら歩いていたら、図1の切手の元になったとおぼしき絵が壁にかけられていたので近寄ってみたら、オリジナルではなく〝複製〟だったので、これまたガッカリした記憶がある。

クイーンズ・タウンの誕生

フラッグスタッフハウスが完成した一八四六年には、すでに、英領香港の基本的な骨格は作られつつあった。

一八四一年一月、香港島の領有を宣言したイギリスは、早速、翌一八四二年の南京条約締結を待たずに植民地建設に着手した。

すでに述べたように、アヘン戦争以前の香港の中心は、香港島の南部と新界地区であっ

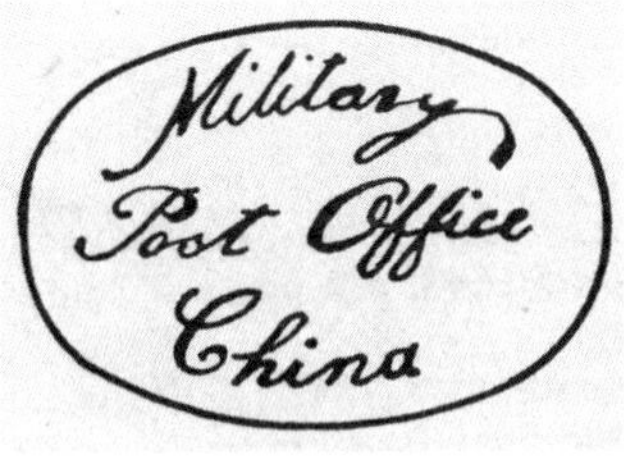

◆2（右） 中国遠征軍が1842年1月から4月にかけて郵便物に押していた印（N. C. Yang *Yang's Postage Stamp and Postal History Catalogue of Hong Kong* 7頁）

◆3（左） 中国遠征軍は1842年6月以降、郵便物に押していた印（同上）

て、香港島の北岸には人口もまばらであったが、はやくも、一八四一年二月にはマカオから一団のイギリス商人や宣教師が香港に到着し、三月には仮小屋、倉庫、露店などが建ちはじめた。現在、維多利亞《ヴィクトリア》と呼ばれている島の北岸、現在の地名でいう銅鑼灣《コーズウェイベイ》から西營《サイイン》盤《ブン》あたりの海岸沿い約四・八キロの区間の五〇区画が売りに出され、ジャーディン・マセソン商会が銅鑼灣東方、〝一番地〟の海岸に倉庫と商館を建設したのもこの頃のことである。なお、当時、この一角はクイーンズ・タウンと呼ばれていた。

人間が集団で生活し始めれば、当然、通信手段も必要になるが、当時の香港島には整備された通信網は何も存在していなかった。

このため、イギリス軍は、マカオの収信所長であったA・R・ジョンストンを指名し、イギリスのインド総督府との連携の下に郵便物を取り扱わせている。

当初、イギリスの中国遠征軍では、現地の将兵たちが差し出す郵便物に〝中国軍事郵便局〟(Military Post Office/ CHINA) と表示された図2のような印を押していた。この印は、〝中国〟との表示の通り、必ずしも香港島のみで使うことを想定したものではなく、寧波《ニンポー》から差し出された郵便物にも押されており、一八四二年一月三一日から同年四月二〇日にかけて使用されたことが実際の郵便物で確認されている。

その後、一八四二年六月になると、図3のように〝香港軍事郵便局〟(MILITARY/ HONG KONG/ POST OFFICE) の文字が使われるようになった。もっとも、同年八月には南京条約が締結されたため、遠征軍の役割は終わってしまい、この印もごく短期間使用されたただけで終わってしまった。じっさい、この印が押されている郵便物は、現在までのところ確認されている例がきわめて少ない。

◆4（右）1841年から1842年にかけて、香港から差出の民間人の郵便物に押されていた印（Yang前掲書8頁）
◆5（左）1842年9月から1844年2月までの期間、香港からの郵便物に押されていた印（同上）

一方、民間人も利用できる一般の郵便局は一八四一年八月以降に開設され、この局を経て差し出された郵便物には、図4のように〝香港郵便局〟(POST OFFICE/ HONG KONG)の文字と花の絵の入った印が押されている。この印の下部には郵便物の取扱時期を示す年号が入っており、一八四一年の表示があるものが一点と、一八四二年の表示のあるものが数点知られている。

イースタン・セントラル・ウェスタン

こうして始まった植民地の建設は、一八四二年八月の南京条約調印で、香港島が正式にイギリスに割譲されたことを経て、さらに加速されていく。

植民地としての基本的な制度は、ジャマイカやバミューダ、モーリシャスなどの先例に倣ったもので、事実上の全権大使・全権公使であった総督を、三人の補佐官が支え、駐屯軍の司令官や海軍の提督、布政司（行政長官）、財務長官、総牧師（司祭）、漢文正使（中国長官）、按察司（司法長官）、考数司（会計検査官）、律政司（法務長官）などがそれぞれの職務を担当する体制になっていた。なお、南京条約調印時のイギリス側全権代表のヘンリー・ポッティンジャーが初代香港総督に就任するのは一八四三年六月のことである。

正式に英領植民地となったことを受けて、香港からの郵便物に押される印も図5のように、イギリス王室の紋章と香港郵便局（HONG KONG POST OFFICE）の文字が入った現地製の印が押されるようになった。残されている郵便物（二〇通程度が知られている）から、この印は一八四二年九月一四日から一八四四年二月一四日まで使用されたことが確認されている。なお、当時の香港とイギリス本国との間の通信の所要日数は、およそ九〇日

◆6　王冠にヴィクトリアの表示がある印（Yang 前掲書 8 頁）

程度だった。

また、香港北岸に建設が始まった街区、クイーンズ・ランドは、一八四三年に維多利亞と改称されるが、これに伴い、王冠とヴィクトリアの文字を組み合わせた図6のような印も用いられた。この印も、いままでのものと同様、現地製で、一八四三年五月一日から一八四四年四月一九日までの期間に使用されたことが確認されている。ただし、この印の押された郵便物は現在までに数点のみ確認されているが、いずれも、香港宛ないしは香港を経由して広州に届けられたもので、香港から差し出された郵便物に押されている事例はない。

さて、この頃の香港の風景については、一八四四年ごろに制作されたという絵画（中扉）を見てみよう。

香港島北岸は、すでに、イースタン（東）、セントラル（中央）、ウェスタン（西）の三地区がそれぞれ異なった相貌を持つようになっていた。この絵に取り上げられているのはイースタン地区からセントラル地区にかけての風景で、茶色い丘に向かって白い建物が点々と建ち並んでいる様子が良くわかる。このうち、イースタン地区はジャーディン・マセソン商会の建物を中心とした彼らの王国で、セントラル地区は、役所やオフィス、イギリス軍の駐屯地などが並ぶテリトリーであった。

南京条約の調印を受けて、イギリスの香港駐屯軍は、一八四二年、銅鑼灣から西側へ灣《ワン》仔《チャイ》の間の谷地に駐屯地を設けたが、マラリアの流行で多くの死者が出たため、一八四五年までにイギリス軍は現在の金鐘《アドミラルティ》駅の近く、香港公園の場所に移転し（これに伴って建てられたのがフラッグスタッフハウスである）、旧駐屯地は縁起直しの意味を込めて〝ハッ

◆7 ハッピー・ヴァレーの墓地（1866年3月5日付の『ロンドン絵入り新聞』より）

ピー・ヴァレー〃と改称された。その一部は墓地となった（図7）ほか、一八八四年には皇家香港賽馬會《ロイヤル・ホンコン・ジョッキーズクラブ》の競馬場が建設され、以後、跑馬地の名前で知られる娯楽の地となった。

一方、ウェスタン地区は、アヘン戦争後、この地に渡ってきた中国人の居住地域で、全長一・六キロ、幅八〇〇メートルほどの空間の中に、裁判所や監獄をはじめ、あらゆる種類の建物が三〇〇軒ほどひしめき合って建ち並び、細い通りがその間を迷路のように走っていた。陸羽茶室のある士丹利街《スタンレー・ストリート》をはじめ、雲咸街《ウィンダム・ストリート》、徳己立街《ダギュラー・ストリート》、威霊頓街《ウェリントン・ストリート》、砵甸乍街《ポッティンジャー・ストリート》など、初期の香港の重要人物にちなんで名づけられた通りは、既にこの時代には存在しており、香港の街の骨格が出来上がっていたとみてよい。なお、一八四四年の調査では、香港には三一軒の売春宿、八軒の賭博場、二〇軒のアヘン窟があったといわれているが、その大半はこのウェスタン地区に集中していたことも付記しておこう。

香港にて支払済み

さて、一八四二年に南京条約が結ばれると、広州・厦門《アモイ》・福州・寧波・上海の五ヶ所が開港地となり、各地に設けられた領事館内には郵便取扱所が置かれて、極東とヨーロッパを結ぶ本格的な郵便業務が行われるようになる。これらの郵便物の多くは、中継地点として香港を通過していた。

植民地として割譲された香港はともかく、（敗戦国とはいえ）独立国であるはずの清朝の開港地でイギリスの郵便局が堂々と活動をしていたことについては、奇異に思われる読者もあるかもしれない。

一九世紀から二〇世紀にかけて、イギリスに限らず、列強諸国は進出していったアジ

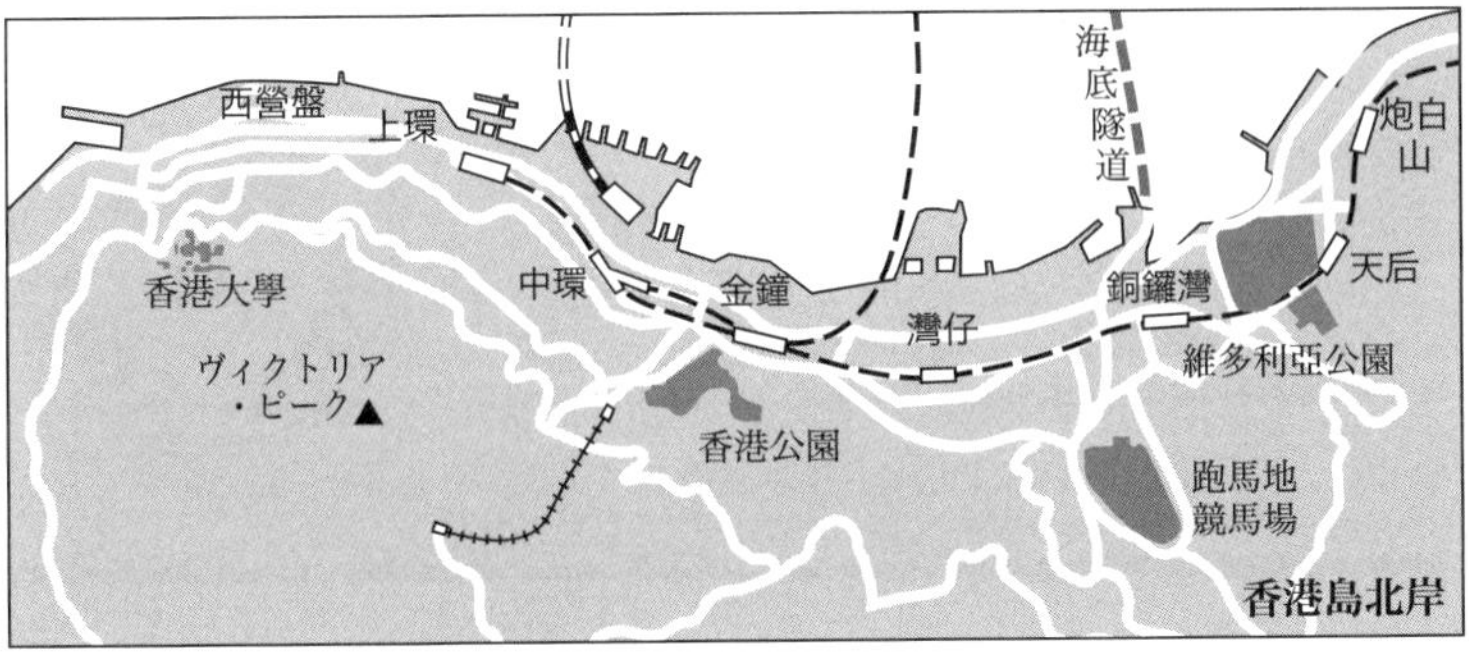

ア・アフリカなどの各地に自国の郵便局を開設した。その規模は、領事館の一角で細々と業務を行うものから、独自の局舎を持つ本格的なものにいたるまでさまざまであったが、いずれにせよ、それらの郵便局は外交官や商人などのニーズに応えて、欧米各地との通信業務を取り扱うところから出発した。

このように、他国に郵便局を開設し、勝手に外国郵便を取り扱うのは、現代の観点からすれば郵便主権の侵害といわれてもしかたのないことである。しかし、近代郵便制度が確立していない国や地域においては、域外との通信をその土地の主権者にゆだねることは現実の問題として不可能であったという面は否定できない。

ただし、そうした列強の郵便局が、その後、アジア・アフリカ地域の植民地化の尖兵になっていたことも事実であり、その歴史的な評価には微妙な問題がつきまとうことは避けられまい。

なお、しばしば誤解されがちなことだが、そうした地域に列強諸国の郵便局が複数存在している場合、多くの利用者は、所要日数や料金、便の都合などを勘案して、自分のニーズに最適な郵便局を選択するのが一般的であって、イギリス人ならイギリスの郵便局を、フランス人ならフランスの郵便局を、それぞれ、固定的に利用していたわけではない。このことは、現在でも、日本人だからといって、誰もが日本航空や全日空の飛行機で海外旅行をするわけではないのと全く同じことである。

さて、植民地としての体制が整い始めたことを受けて、イギリス本国も香港における郵便の管理を強化する必要に迫られ、一八四三年一〇月一七日、それまで現地で暫定的に作られ、使われていた印に代えて、王冠と「香港にて支払済み（PAID AT HONG KONG）」

◆８　イギリス本国で制作され、香港の郵便局で使用されていた印（Yang 前掲書８頁）

の表示の入った印（図８）を本国で制作し、香港に向けて発送。この印は一八四四年以降、香港の郵便局で郵便物に押されるようになる。

おなじく一八四四年には、香港政庁は中国各地の開港地に置かれていた郵便取扱所を公式に認可し、この結果、中国各地のイギリスの郵便局から差し出された郵便物には、香港を通過する際に、料金が支払済みであることを示す印が押されることになった。

図９はその実例で、一八四八年に上海からフランス宛に差し出されたカバーである。裏面に押されている各種の印などから判断すると、このカバーは、差出の日付は不明だが、上海から差し出された後、一八四八年一一月二九日に中継地の香港に到着し、そこで「香港にて支払済み」の印を押されている。その後、スエズを経て翌一八四九年一月一九日にマルセイユに到着し、宛先地のパリまで届けられた。

もっとも、「支払済み」との表示とは裏腹に、このカバーは着払いで送られているため、英仏郵便交換条約（一八四三年、英仏両国が郵便物の交換と料金精算に関して取り決めた条約）に基づいて、二分の一オンスにつき三〇デシーム（一シリング相当）の料金が到着時に徴収されている。

当時の最先端の情報伝達の手段であった郵便ネットワークの結節点として香港を育成しようとしていたイギリスにとっては、まずは、中国各地の開港地から差し出された郵便物が香港を経由する体制を構築するということが重要であった。その意味では、香港を通過時にはまだ料金が回収されていない郵便物であっても、きちんとチェックをしたという意味で事前に「支払済み」の印を押し、最終的に料金の精算を済ませればそれで十分と考えられたのだろう。

◆9　1848年、上海から香港経由でフランスに運ばれた郵便物

ジェイムス・レッグの意味

もっとも、一八四〇年代のイギリスにとって、香港を極東の拠点として育成していくことは容易ならざることであった。

その最大の要因は植民地政府の深刻な財政難である。

すなわち、当時の香港はアヘン貿易の拠点として急成長を遂げつつあったが、自由港であるがゆえに、どれほど巨額のアヘン貿易が行われようとも、植民地政府には関税収入は全く入ってこない。このため、たとえば、一八四四年の数字を見てみると、植民地政府の歳出が七万二八四一ポンドであったのに対して、土地のリース代などからなる歳入は二万二四二二ポンドしかなく、不足分の約五万ポンドは本国政府が補填するという構造になっていた。

そこで、一八四四年、植民地政府は、まず、アヘンの独占権をイギリス人のジョージ・ダデルに販売したが、密貿易の横行によりこれは上手くいかなかった。そこで、一八四七年には法令を改正してアヘン関連事業を免許制にして、業者からライセンス料を徴収したが、それとて、植民地建設の初期投資がかさむ財政状況を劇的に改善させることにはならなかった。

こうした財政状況のゆえに、植民地政府の住民に対する行政サービスは限定的なものとならざるを得ず、教育などはアヘン戦争以前から赤柱《スタンレー》、石排灣、黄泥涌《ウォンナイチュン》、香港仔《アバディーン》などに設けられた私塾が細々と四書五経などをテキストとした中国の伝統的な授業を行うのみであった。

一方、イギリス支配の開幕とともに、香港には少なからぬキリスト教の宣教師たちがや

◆10　レッグを顕彰した1994年の切手。背景に描かれているのは、レッグと三人の中国人学生

ってきたが、彼らもまた、当時の香港の教育に大きな足跡を残している。

その嚆矢となったのが、モリソン教育教会による馬禮遜書院《モリソン・カレッジ》である。モリソン教育教会は、ロンドン伝道教会のロバート・モリソンによって設立された組織で、一八三九年、マカオに馬禮遜書塾を創設した。この馬禮遜書塾が、一八四二年に香港に移転して、馬禮遜書院となった。

その後、アメリカのバプテスト教会、ロンドン伝道会、アメリカ公理会、イギリス国教会（聖公会）などの宣教師が続々と香港島に上陸。彼らは、香港政庁の支持を得て教会学校を次々と設置し、布教と牧師・神父養成に主眼を置いた教育を行っていた。

こうした宣教師たちの中でも、特筆すべき存在が、ロンドン伝道教会のジェイムス・レッグ（図10）であった。

レッグは、一八一五年一二月、スコットランドの出身。一八三九年に布教のため中国に渡ったが、アヘン戦争のため、マラッカの英華書院で終戦までの三年間を過した。英華書院は、一八一八年、ロンドン伝道教会のモリソンによってマラッカに設立された、中国人宣教師の養成のための教育機関で、アングロ・チャイニーズ・カレッジとも呼ばれている。

アヘン戦争後の一八四三年、英華書院は中国への布教の最前線として香港島に移転し、中環《セントラル》地区の荷李活道《ハリウッド・ロード》と士丹頓街《スタントン・ロード》の交差点に校舎を構える。香港では、英華書院は教育機関としての役割だけではなく、旧・新約聖書の印刷も行っていたほか、最初期においては実質的に香港で最も大きな教会の機能も担っていた。ちなみに、イギリス国教会が、極東最古のゴシック様式の英国式教会として一八四七年から建設を開始したセントラル地区のセント・ジョンズ大聖堂（聖約翰座堂。図11）が完成したのは、一八四九年のことである。

レッグは、英華書院の香港移転とともに香港に赴任し、以後およそ三〇年にわたって香港に滞在する。この間、彼は布教と教育のかたわら、西洋社会に中国文化を紹介するため中国古典籍の英訳に取り組んだ。

レッグの翻訳作業をインフォーマントとして支えたのは、一八六〇年、太平天国の混乱を避けて香港に渡ってきた王韜《おうとう》である。王は一八二八年に蘇州郊外の甫里《ほり》で生まれた。一八四八年に上海に出て英語を学び、父親の死後、生活の糧を得るために彼の地のロンドン伝道教会による新約聖書の漢訳を手伝っていたというキャリアを持つ。

二人は四書五経の英訳をはじめ多くの業績を残し、*The Sacred Books of China. The Text of Confucianism*、*Lao Tsu*、*The Chinese Classics : Confucian Analects, the Great Learning, the Doctrine of the Mean, the Works of Mencius* などは、イギリスにおける中国研究の古典として高い評価を得ている。また、こうした業績のゆえに、レッグは一八七六年には、オックスフォード大学の初代中国語教授にも就任し、その門下からはイギリスの中国研究を担う逸材が多数輩出することになった。

英領香港のことを東洋と西洋の出会う場所であるというとき、われわれは、香港が中国にとって西洋文明に触れるための窓であったという側面にばかり目が行きがちである。しかし、レッグの事例は、香港が、決して西洋から東洋への一方通行の交差点ではなく、西洋社会が〝中国〟を学ぶ上での窓にもなりうるのだということを再認識させてくれるものとして、記憶にとどめておいてよいだろう。

◆11　セント・ジョンズ大聖堂。切手に描かれているのは一八六五年に拡張された現在の姿である。（1985 年発行の“香港歴史建築物”の切手より）

黒船の時代

東京では珍しくないことだが、香港で不味い中華料理を食うというのはかなりレアな経験だろう。じっさい、僕の乏しい香港経験の中でも、彼の地で本当に不味いと思った食事は、後にも先にも、二〇〇四年の切手展にA History of Hong Kongという作品を出品した際、主催者側の開いた会費制のパーティに呼ばれて行った時のことしか記憶にない。

あまり思い出したくないのだが、ガムのようになった白身魚の蒸し物（らしきもの）とかリゾットのようにベショベショした炒飯（らしきもの）とか、そういった類のモノが次々と出てくる。立食ならマシなものを選んでつまんでいれば良いのだが、あいにく、パーティは着座式だったので次から次へと拷問のような皿が運ばれてくる。そういう料理でも大陸からの参加者は文句を言わずに食べていたが、僕たち日本人組五人はそこまで人格者にはなれなかったので、とりあえず〝はずれ〟のない瓶ビールを何本か飲み、空腹でお腹がキュルキュル鳴りながらも、一生懸命サーブしてくれるボーイには「御免、お腹いっぱいでもう食べられないんだ」というしかなかった。

パーティが終わった後、みんなでとにかく何かマトモなものを食いに行こうということになったのはいうまでもない。もっとも、その時点ではそれなりに遅い時間になっていたのであまり選択の余地はなく、一〇分くらい街を徘徊した後、ともかくも五人がすぐに座れる店を見つけて、そこに入ることにした。

その店（名前は忘れたが）は、地元の連中でにぎわっていたから、おそらく、味の面では問題はないだろうというのが皆の一致した読みだった。しかし、地元の連中ばかりの店ということで、メニューは広東語のモノしかない。

もちろん、マトモな店なら、何を食ってもそれなりに美味い香港のことだから、何か適当に頼んでしまえばそれでも良いのだろうが、やっぱり、なんだかよくわからないものを頼むのはそれなりに度胸がいる。結局、メンバーの中で一番年少だった僕が代表して、店の中で英語のできるスタッフとお互い片言の英語で交渉して注文をまとめることになったのだが、こういうときに、多少の広東語（特に料理関係の用語）をおぼえておけばよかったと悔やまれるのは毎度のことである。同時に、長年の研鑽を積んで地元の事情に通暁した通訳がそれなりの高い金を取るのも、無理からぬことと素直に思えてしまう。

通訳のいた街

外国人との交渉ごとに際して、いかに有能な通訳を確保するかは、外交やビジネスの問題ではまさに死活問題だ。それは、僕のような旅行者が鶏のローストと蒸し物を間違えて注文するのとは次元が違う。

しかし、現実の問題として、あらゆる国の言語に対応する通訳を一通りそろえるということは不可能だから、お互い、ネイティヴではない言語を介してコミュニケーションを取らざるを得ないというケースはままある。

◆1　琉球王朝要人とペリーとの会見場面。当時の琉球郵政の公式の説明では、ペリーと琉球国王との会見場面とされているが、ペリーが琉球を訪問した際、国王の尚泰はわずか11歳で、実際には、国王に代わって摂政の尚大謨がペリーと会見している。（アメリカ施政権下の沖縄で1953年に発行された「ペルリ来琉100年」の記念切手より）

幕末の日本にやってきたマシュー・C・ペリーの黒船と徳川幕府の交渉も、アメリカ側に日本語の通訳がおらず、日本側に英語の通訳がいなかったため（ただし、若干の英語の知識を持った者はいたらしい）、オランダ語と中国語（北京語）を介して行われたという。

ところで、ペリーが浦賀にやってきた一八五三年の時点では、太平洋航路はまだ確立されていなかった。

このため、ペリーの艦隊は、一八五二年一一月二四日にバージニア州のノーフォークを出航した後、大西洋を渡ってマデイラ島（一二月一一日～一五日）、セントヘレナ島（一八五三年一月一〇日・一一日）、喜望峰（一月二四日～二月三日）、モーリシャス（二月一八日～二八日）、セイロン（三月一〇日～一五日）、マラッカ海峡からシンガポール（三月二五日～二九日）、マカオ・香港（四月七日～二八日）を経て、五月四日に上海に到着。その後、さらに琉球王朝下の沖縄（五月二六日～六月九日）と小笠原諸島を経由し、七月八日に浦賀に到着するというルートをたどっている（図1）。

艦隊は、各寄港地で燃料や食糧などの生活物資を補給して航海を続けたが、香港でしか調達できないものもあった。それは、最終目的地である日本の情報と通訳である。

最初に香港に寄港した際、一行は広州にいたアメリカ人の宣教師、ウィリアムズを中国語の通訳としてスカウトした。ただし、日本語と中国語との間のコミュニケーションに関しては筆談も重要であったが、ウィリアムズも日常会話には不自由しなかったとはいえ、やはり、筆談は苦手である。

このため、一八五四年のペリー二度目の来航の際には、やはり香港で、英語に堪能な中国人の羅森《らしん》が通訳として雇われて、一行に同行した。

ここでも確認しておかねばならないのだが、一八五三年にいったん、日本からの退去を求められたペリー一行は、そのまま、アメリカに帰国したわけではない。大西洋からインド洋を廻っての当時の航海では、一年間のうちに日米間を往復するのは困難である。このため、彼らは浦賀を退去した後、琉球を経て、香港に戻って情報収集などをしながら機会をうかがっていたのであった。

さて、香港に戻ったペリーは、太平天国の乱に伴うアメリカ人保護の作業に駆り出され、多忙な日々を送ることになる。

太平天国の乱は、一八四七年、広西省桂平県金田村《きんでんそん》で組織された宗教結社、拝上帝会の洪秀全《こうしゅうぜん》が一八五一年に清朝に抗して太平天国を号して始まった。一八五三年には、太平天国側は南京を攻略して天京と改称して首都とし、指導者の洪は天王と称した。一八五六年以降は内紛により弱体化し、一八六四年に清朝側に立った外国人の指揮する義勇軍に攻め込まれ、鎮圧されるが、ペリーが香港に滞在していた時期は彼らの全盛期にあたる。

このため、ペリー艦隊が保護の対象としたアメリカ人以外にも、多くの中国人たちが混乱を逃れて香港に押し寄せていた。この時期の香港の人口の推移を見てみると、一八五三年の三万七五三六人が、一八五四年には五万五七一四人になり、さらに一八五五年には七万二六〇七人に膨れ上がっている。その大半は、アヘン貿易に関わる商人や彼らをあてにした出稼ぎ労働者たちではなく、家族を連れて逃れてきた一般人であった。このため、生活の場としての香港に定着する人が増え、市街地の雰囲気は活気に満ち溢れていた。

ペリーの日本遠征記には、一八五三年当時の香港市街の様子について、次のような記述がある。

ミシシッピ号が香港に滞在したのは僅の間であった。けれどもその期間は、商業的繁栄の兆候を悉く看取するには十分であった。…(中略)…同町の景色には絵のような美しさがない。そこは忙しい活動の姿を呈している。海岸には支那の小船が連り、港にはあらゆる国の船が群がり、営々たる支那人が道路作業や、この日進月歩の土地が必要とするその他の労働に従事せしめられている

このように活気あふれる街の中から、ウィリアムズは羅森を選び出し、ペリー艦隊に通訳として加えた。一行が、蒸気船三隻・帆船四隻の陣容で再び香港を後にしたのは、一八五四年一月一四日のことである。

さて、条約交渉のために一行が日本に滞在している間、羅森は日本側から特に歓迎された。漢籍の伝統的な教養を身につけた羅森の文と書は日本側から高い評価を受けたし、なにより、当時の日本側関係者がおぼろげにしか知らなかったアヘン戦争や太平天国の乱などの大事件を間近に体験している男の体験談が彼らの興味をひかないわけはない。

羅森のもとには、本来の業務である条約交渉とは無関係に、日本人がひっきりなしに訪れ、彼の日記は太平天国の乱の資料として借り出され、筆写されて日本の知識人の間に流布したという。

◆2　幕末の横浜から香港経由でフランスに送られた郵便物

香港経由で伝えられた日本情報

さて、一八五四年三月二三日、日米和親条約が無事調印の運びとなると、正式な条約締結の前に、ペリーは大統領への報告のため、サスケハナ号をただちに香港に送り出した。サスケハナ号が香港に到着したのは四月二日。そこではじめて、西洋社会は日本の開国を知り、香港発のニュースとして欧米に届けられることになる。

ちなみに、『ニューヨーク・デイリー・タイムズ』(現在の『ニューヨーク・タイムズ』の前身)が、日本開国のニュースを一面トップ記事で掲載したのは一八五四年六月一三日であった。当時の極東からアメリカ東海岸までニュースが伝わるまでには、二ヵ月以上もの月日が必要だったことになる。

日米和親条約に続き、イギリス・フランス・ロシア・オランダの各国が日本との和親条約を締結。さらに、一八五八年には安政の五ヵ国条約が結ばれ、日本は本格的に開国し、横浜を中心とした開港地には外国人商人が訪れるようになる。

このため、一八六〇年七月、イギリスは開港直後の横浜に郵便局を設置し、本国との通信を取り扱い始めた。なお、これに先立つ同年五月、先述の英仏郵便交換条約が改定され、日本発着の郵便物にも同条約が適用されることになり、日本からフランス宛の郵便物も香港経由で取り扱われるルートが作られていた。

図2はその実例で、一八六四年七月二六日、横浜にあったイギリスの郵便局で引き受けられ、香港、スエズ(ただし、まだ運河は開通していない)を経

◆3　1847年の香港島西部。一獲千金を夢見る商人たちが続々と訪れたが、彼らの期待は多くの場合、裏切られた。

てマルセイユまで届けられた郵便物である。

封筒の表面にはGBの文字の入った菱形の印が押されている。これは、英仏郵便交換条約に基づいて料金を精算するためのもので、印の下に$1^{F}62^{4}/_{10}{}^{C}$の数字が入っている。これは、「イギリスは三〇グラム（＝一オンス）ごとに一フラン六二・四サンチーム（＝一シリング四ペンス）をフランスから受け取る」という意味である。そして、この計算式に基づいて算出されるこの郵便物の料金、九デシームが封筒の中央に大きく表示されており、受取人はこの金額を配達時に支払っている。なお、経由地の香港を通過したのは、封筒に押されている消印によれば、一八六四年八月二〇日のことであった。

幕末の横浜からフランスにあてられた郵便物が、このようなかたちで香港を経由していたということは、香港が、イギリスのみならず、他の列強諸国にとっても極東の窓口として機能していたことのあらわれといってよい。

なお、当時のフランスは、イギリスと共同歩調を取り、イギリスに追随することでアジアへの進出を果たそうと考えていたわけだが、そうした彼らの姿勢がはっきりと現れたのが一八五六年にはじまるアロー戦争であった。

アロー戦争

一八四二年に南京条約を締結し、上海以下の五港を開港させたとき、イギリスの綿業資本家たちは中国貿易に関してバラ色の未来を夢想していたが、その期待はあっさりと裏切られた（図3）。

綿製品の輸出は、開港当初こそ順調に伸びたものの、すぐに頭打ちになったからである。その一方で、一八五〇年には太平天国の乱が始まったが、中国産の生糸や茶のイギリス向け輸出は増大し、イギリスの対清貿易収支は悪化した。

このため、資本家たちは「より内陸に入る権利」、すなわち、清朝の完全なる開国を求めて、イギリスが清朝に対して武力行使に踏み切ることを求めるようになっていた。

こうした状況の下で、一八五六年一〇月八日、広州港外に停泊中のイギリス船籍を名乗る帆船、アロー号に対して、清朝の官憲が臨検を行い、船員一二人を海賊容疑で逮捕した。事件当時、アロー号の船籍登録は期限切れとなっており、清朝による容疑者の逮捕も不当なものではなかったが、当時のイギリス広東領事ハリー・S・パークスは、両広総督・欽差大臣である葉名琛《しょうめいちん》に対してイギリス船籍の船に対する清官憲の臨検は不当であると主張。さらに、容疑者の逮捕に際して清朝側がイギリス国旗を引き摺り下ろしたのは(ただし、葉名琛は事件当時、アロー号に国旗は掲揚されていなかったと証言している)、イギリスに対する侮辱だとして抗議した。いわゆるアロー号事件である。

事件が起こると、香港総督のバウリングは現地のイギリス海軍を動かして広州付近の砲台を占領したが、広州の住民は憤激し、イギリス人の居留地を焼き払い、イギリス軍は虎門に退かざるをえなくなった。

このため、イギリスの首相パーマストンは本国軍の派遣を決定。出兵に反対する議会を解散し、総選挙で勝利を収めた後、前カナダ総督のエルギンと兵士五〇〇〇名を派遣するとともに、フランスのナポレオン三世に対して共同出兵を要請する。

英仏両国は一八五四年にクリミア戦争でロシアの南下を共同で食い止めたことで、当時は良好な関係にあったこともあり、フランスとしては、イギリスとの協力関係を維持する

◆4　アロー戦争の時期に香港に停泊していた英軍艦ニジェール号宛に差し出されたカバー

ことで、インドシナを中心にアジアでの拠点を確保したいという思惑があった。

そこで、フランスは広西省（現・広西チワン族自治区）でフランス人宣教師が殺害された事件を口実に、イギリスの誘いを受けいれ、出兵に踏み切ったのである。

なお、アメリカとロシアも極東の権益には関心を持っていたが、今回は武力行使には加わらなかった。ただし、英仏両国と共同歩調をとって、清朝との交渉には加わっている。

さて、こうして始まったアロー戦争だったが、イギリス本国からの遠征軍は、途中、一八五七年五月にインドで発生したシパーヒー(セポイ)の反乱のために足止めされ、香港に到着したのはアロー号事件から一年以上が経過した一八五七年一一月のことで、英仏連合軍が広州への攻撃を開始したのは翌一二月のことであった。

図4は、一八五七年一一月五日、イギリス本国から香港に停泊していたイギリス海軍の軍艦、ニジェール号の艦長、アーサー・コシュレイン（Arthur A. Cochrane）宛に差し出された公用便である。裏面には、一八五七年一二月二三日に香港に到着したことを示す印が押されているから、配達までに約五〇日間かかったことがわかる。なお、この時代は、すでにイギリス本国では切手も発行されていたが、このカバーの場合には、料金無料の公用便であるため、切手は貼られていない。

このカバーが香港に到着した一八五七年一二月は、まさに英仏連合軍による広州攻撃の真最中であったが、連合軍は短期間のうちに広州を占領して葉名琛を捕らえ、一八五八年二月、香港に控えていたイギリス・フランス・ロシア・アメリカの四国代表は北京政府に対して、一八四二年に締結した南京条約の改正交渉を行うことを要求している。

しかし、清朝がこれを拒否したため、英仏連合軍は北上して天津を征圧。一八五八年六月、先の四国が共同して、清朝と天津条約を調印した。その主な内容は、①公使の北京駐在、②キリスト教布教の承認、③新たに一〇ヵ所の条約港（牛荘《ニューチャン》：営口、登州：開港時に芝罘《チーフ》に変更、漢口、九江、鎮江、台湾府、淡水、潮州：汕頭《スワトウ》、瓊州《けいしゅう》、南京）の開港、④内地河川の商船の航行の承認、④英仏に対する賠償金六〇〇万両、などである。またこの条約による関税率改定により、アヘン貿易が正式に公認された。

しかし、条約が締結され、連合軍が撤退すると、北京では天津条約の内容に対する不満が強まり、一八五九年六月一七日、条約の批准のために天津を訪れた英仏の連合艦隊に対して、清朝が砲撃するという事件が発生する。

このため、激怒した英仏両国は、いったん、上海へ引き揚げた後、一万七〇〇〇人を動員して再度進軍。連合軍が北京に迫ると狼狽した咸豊《かんぽう》帝は熱河に避難した。その際、連合軍は、北京の円明園を略奪し、最後には放火して証拠を隠滅した。

その後、ロシア公使ニコライ・イグナチェフの調停の下、一八六〇年にアロー戦争の講和条約として北京条約が締結された。北京条約は、先の天津条約の内容に加えて、新たに天津の開港と中国人の海外渡航を清朝に対して認めさせるものであった。

また、今回の戦争で、香港は、英仏連合軍の前進基地として重要な役割を果たし、その軍事的な価値が証明された。これを踏まえて、イギリスは北京条約により香港島対岸の九龍市街地（九龍半島先端の界限街《バウンダリー・ストリート》の南側）を香港植民地の付属地として獲得する。ちなみに、九龍市街地の割譲を定めた北京条約の第六条は、次のような条文になっている。

　清国皇帝陛下は、香港の港湾内およびその付近における法律および秩序を維持するため、大ブリテン＝アイルランド連合王国女皇陛下およびその後継者に対し、広東省九龍地の市街地にして大ブリテン国政府のため両広総督労崇光《ろうすうこう》より在広州英仏同盟国委員ハリー＝スミス＝パークスにその永代借地権を付与せる部分を、大ブリテン女皇陛下の香港植民地の付属地として保有せしめるため割譲することを約する。

なお、清朝に対して北京条約締結の調停を行ったロシアは、それまで両国の雑居地であった沿海州を獲得していることも付記しておこう。

旧金山と新金山

ところで、北京条約には、清朝に中国人の海外渡航の自由を認めさせるという一項目があったが、欧米列強が、わざわざ、清朝にこの条件を呑ませたのには理由があった。というのも、この項目は、いわゆる苦力《クーリー》貿易の公認と密接な関係にあったからである。

一八五〇年代、太平天国の乱による混乱を逃れて、多くの中国人が大陸から脱出し、香港の人口は急激に拡大したことは前にもすこし述べた。しかし、この時期、中国から海外への人口流出が激増した要因は、太平天国の混乱の他にもあった。安価な中国人労働力を必要とする労働市場が急速に拡大したのである。

すなわち、インド・東南アジア地域に進出したイギリスにとって、植民地からの富を確保するためには、何よりもまず、安価な労働力を確保することが必要であった。このため、マレー半島でのスズ鉱山の労働力として、既存の華僑商人のネットワークを利用するかたちで、中国の農村から労働力がかき集められるようになった。また、インドシナに進

◆5　1855年のヴィクトリア湾。ここから、多くの華人が海外へと渡って行った。

出したフランスもイギリスに倣って中国人労働者を集めはじめた。

一方、アメリカ大陸では、一八四八年にカリフォルニアで金鉱が見つかり、ゴールドラッシュが始まった。このため、金を求めてまずはヨーロッパから（一八四八年に欧州各地で発生した革命が、その後、尻すぼみに終わったのは、多くのヨーロッパ人がカリフォルニアに流れたからだという歴史学者さえいる）、そして、中国からも多くの移民たちがカリフォルニアに渡っていった。また、リンカーンによる奴隷解放宣言は一八六二年のことだったが、それ以前から、賛否の分かれるアフリカ系の奴隷を廃止し、安価な中国人労働者を導入しようとする資本家や農場主は少なからずおり、ゴールドラッシュで沸く太平洋岸での鉱山労働や、ついで一八六九年に開通する大陸横断鉄道の建設の現場では多くの中国人が働いていた。もちろん、中南米のサトウキビ・プランテーションで働く中国人も少なくなかった。

さらに、オーストラリア大陸では、早くも一八三〇年代から中国人労働者が働いていたが、一八四〇年にイギリス本国からニューサウスウェールズへの流刑が廃止されると、中国人労働者の流入が加速された。一八五〇年代にはオーストラリアでもゴールドラッシュが起こり、移民が増大して労働力人口の不足は解消されたが、今度は、多数の中国人が自由移民として渡ってくるようになる。その結果、一八六一年には、ニューサウスウェールズの鉱山労働者二万人のうち半数以上を、さらにヴィクトリア州では総人口（五四万人）の四・六パーセントを、中国人が占めるという状況が現出した。

このように、世界各地で中国人の労働力が重要な意味を持つようになってくると、人身売買の苦力貿易を扱う業者が登場するようになる。彼らの多くは、中国南部で苦力を買い

◆6　香港からサンフランシスコ宛の郵便物。中文で“舊金山”との表示も見える。

取り、それを香港に集めて各地へ輸出するというのが一般的なスタイルであった（前頁図5）。

したがって、国民の海外出国を制限してきた清朝の海禁政策は、苦力貿易の元締めとなった中国人商人にとっても、また、彼らの労働力を必要としていた欧米諸国にとっても望ましいものではなかった。

北京条約によって清朝が中国人の海外渡航の自由を認めさせられた背景には、こうした事情があったわけで、条約によって苦力貿易が事実上公認されると、香港は苦力貿易の一大拠点として活況を呈するようになる。こうして、アヘンと人身売買による〝汚れた富〟が、香港の経済的な繁栄を支えるという図式ができあがった。

なお、こうした苦力貿易の時代の名残は、たとえば、カリフォルニアの海の玄関となったサンフランシスコを旧金山、オーストラリアのメルボルンを新金山と称するところにも残されており、それらは、郵便物の宛先の表示などにも見ることができる（図6）。

香港切手の誕生

いつだったか、ある新聞のインタビューで「内藤さんにとって切手って何ですか？」と聞かれたことがある。

そのときの僕の答は「脊髄」。自分の骨格の中心という意味もあるけれど、それ以上に、脊髄反射のイメージに近い感覚だ。

〝郵便学者〟という看板を掲げて生活している僕は、なんだかんだ言っても、それなりに世界の国々の切手を見ていて、大抵の国の主な景色や文化遺産、偉人や民族衣裳の類は、切手の絵柄として頭の中にインプットされている。逆に、ある国のイメージを聞かれれば、ほぼ間違いなく、まずその国の切手が頭に浮かんでしまう。極論すると、僕の場合には、切手を通して世界を見るということが無意識の習慣になっていて、切手のイメージで置き換えられた世界像を、もう一度、切手以外の言語に置き換えるという思考回路が出来上がっているといっても良いのかもしれない。まぁ、その副作用として、二八歳のときに初めて実物を見るまで、厳島神社の鳥居は朱色ではなく青緑と思い込んでいた（一九三九年に発行された厳島神社の切手は青緑一色で印刷されている）という間抜けな結果になることもあるんだけど……。

かつて三波春夫はラップを聞かされて「これは今風のアホダラ経ですな」と即座に応えたというが、誰だって、多かれ少なかれ、自分の専門領域があるわけだから、世の中の出来事を、まずはその専門領域の言語なり世界観に置き換えて理解するってことは珍しくないはずだ。僕の場合はそれが切手だから、香港の歴史を語る場合にも、やはり切手から完全に離れることは難しい。

だから、『香港歴史漫郵記』と題するこの本も、切手や郵便を絡めつつ、自分の旅の体験をスパイスとして、香港の歴史を語るというスタイルを目指している。

ところで、そういう〝漫郵記〟を名乗る以上、ある程度は香港ではどういう経緯で独自の切手が発行され、使用されるようになったかということについてもまとめておく必要があるだろう。そこで、以下、いささか専門的な話になるのだが、香港最初の切手の物語についてもお付き合いいただきたい。

東アジア最初の切手

香港が英領植民地としての体裁を整えるとともに、香港の郵便局が取り扱う郵便物の量も増加していった。その結果、それまで着払いの郵便物（すなわち、差出時には料金を支払っていない郵便物）が主流を占めていた香港にとっては、郵便物を取り扱うコストの負担が重くのしかかるようになり、一八五八年五月一日以降、郵便料金は差出時に前納することが義務化された。

また、植民地の行政機構が整備されていく過程で、一八六〇年五月一日、それまでロンドン中央郵便局の管轄下に置かれていた香港の郵便業務も、現地の香港政庁の下部組織で

◆1　デ・ラ・ルー社が製造した香港最初の切手

ある香港郵政局の管轄に移管された。

こうしたことから、香港でも郵便には切手を使う必要が生じ、一八六〇年八月、香港総督のH・ロビンソンは本国の植民地大臣のニューキャッスル公に、香港でもイギリス本国の切手を使用したいと申し出ている。しかし、ロンドン中央郵便局は、植民地政府は自前の郵政を持っているではないかと指摘して、この申し出を却下した。

このため、ロビンソンは一八六一年三月に本国植民地省に対して、自らの考えたデザインの雛形とともに、香港独自の切手の製造を委託する。

香港総督から新たに発行する切手のデザインの雛形を受け取った本国では、植民地省、大蔵省、中央郵便局、王室関係者などが約一年間かけてこれを検討し、最終的にトーマス・デ・ラ・ルー社に切手製造の実務を発注した。

トーマス・デ・ラ・ルーは、一七九三年、英仏海峡のチャネル諸島、ガンジー島の出身で、一八一三年にガンジー島で新聞社を起こし成功を収めた。その後、一八二一年にロンドンで印刷会社トーマス・デ・ラ・ルー社を創立。一八五五年からはイギリス本国の切手印刷に関わるとともに、英領インドの郵便に関する印刷物（もちろん、切手もその中に含まれる）についての独占契約を結んでいた。

さて、デ・ラ・ルー社は、一八六二年九月一〇日に最初の香港切手（図1）を製造し、香港に発送。切手は、同年一一月に香港に到着し、翌一二月八日から発行された。

切手のデザインは、中央にヴィクトリア女王の肖像を置き、周囲を枠で囲んで上下に英文でHONG　KONGと額面数字（××CENTS）が、左右に漢字で香港と額面数字（××先時）が、それぞれ、入っている。

◆2　1859年にシェラレオネで発行された切手

この切手は、香港で最初の、というよりも、東アジアで最初に発行された切手であり、漢字が印刷された最初の切手でもある。ちなみに、上海の租界で外国人たちが書信館の切手（後述）を発行したのは一八六五年、日本最初の切手が発行されたのは一八七一年、一般に中国最初の切手とされる切手（大龍切手）を海関が発行したのは一八七八年、李氏朝鮮が最初の切手を発行したのは一八八四年のことであった。

切手中央の女王の肖像は、もともと、一八五五年に本国の四ペンス用に彫刻されたもので、一八五九年に発行の英領シェラレオネ（西アフリカ）の切手（図2）に初めて登場した。十字架、いちはつ紋章、三つ葉をつけ、宝石をちりばめたバンドがつけられており、載冠服の姿が表現されている。十字架はキリスト教、いちはつ紋章は英王室、三つ葉は連合王国のイングランド・スコットランド・アイルランドをそれぞれ象徴している。

一二進法の影響

さて、一八六二年一二月に発行された香港切手は、二セント（専門的には茶色の濃淡で二種類に分類される）、八セント、一二セント、一八セント、二四セント、四八セント、九六セントの七種類であった。

郵便局の窓口に配給された切手は、一〇×六の六〇面の切手のブロックを四つ集めて（それぞれのブロックの間にはガッターと呼ばれる余白があった）二四〇面で一シートの構成となっていた。

切手の額面やシート構成が一二の倍数となっていたのは、当時のイギリス本国が一二進法を採用していたことの影響であろう。ただし、香港ドル、香港セント（もともとは

◆3　切手の印刷用紙に入れられた王冠の透かし模様

一〇〇分の一という意味）という通貨単位からも明らかなように、香港の通貨単位そのものは、当初から一〇進法であった。
なお、それぞれの切手の当初の印刷枚数は以下の通りである。

二セント　一三四五シート（うち、濃茶の切手は四四四シート）
八セント　一三二二シート
一二セント　一三四五シート
一八セント　一一六三シート
二四セント　九二六シート
四八セント　二〇二シート
九六セント　一三八シート

当初、切手は透かしのない用紙に印刷されていたが、一八六二年末ないしは一八六三年初から王冠の透かし（図3）の入った用紙に印刷されている。なお、それぞれの額面は、以下の用途を想定していた。

二セント　イギリス宛の兵士の郵便物、インド並びに開港地宛の新聞、軽い印刷物
八セント　香港から開港地宛の郵便物（二分の一オンスまで）
一二セント　サウザンプトン経由でのイギリス宛郵便物（四分の一オンスまで）、夜間受付の郵便料金

一八セント　マルセイユ経由でのイギリス宛郵便物（四分の一オンスまで）
二四セント　その他のルートによる郵便物（二分の一オンスまで）
四八セント　同（二分の一オンスを越えて一オンスまで）
九六セント　同（一オンスを越えて二オンスまで）

ただし、香港政庁が本国に切手を注文した一八六一年三月から切手が実際に香港で発行された一八六二年一二月八日に至る間、一八六二年九月にイギリス宛の郵便物の料金は値上げされていた。

また、書籍や商品見本、イギリス本国宛の新聞などの料金も、別途、二セントから八セントの間で設定したほうが良いということになり、一八六三年八月一五日、追加的に四セント、六セント、三〇セントの切手も発行されている。それぞれの額面は、以下のような用途が想定されていた。

四セント　サウザンプトン経由でのイギリス宛の新聞
六セント　英仏郵便交換条約に基づく、四分の一オンスごとに三デシームの交換手数料（ただし、切手の発行後まもなく、手数料は二分の一オンスごとに四デシームに改定された）、マルセイユ経由でのイギリス並びに北米宛の新聞
三〇セント　マルセイユ経由でのイギリス宛の郵便物（四分の一オンスまで）

コードネームはＢ62

さて、切手の発行にあわせて、消印（抹消印）も使用されることになった。

郵便制度が始まった頃の郵便物には、洋の東西を問わず、切手の再利用を防ぐために切手に押される抹消印と、その郵便物が、いつ、どこで取り扱われたのかを示す証示印の二種類が押されていることが多かった。（ただし、本書では話がややこしくなるので、以下、便宜的に証示印も抹消印も〝消印〟として扱う。）現在のように、証示印で切手の抹消もあわせて行うようになったのは、郵便制度が発達し、ひとつの郵便物に二種類の印を押す余裕が現場になくなってからのことである。

さて、当時のイギリスでは、抹消印はアルファベットと数字を組み合わせによって差し出し地名を示す方式が採られていた。この例に倣って、香港にはＢ62というコードナンバーが割り当てられ、その表示が入った楕円形の印が使われた。

◆4　Ｂ62表示の抹消印のバラエティを分析した専門書の一頁（F. W. Webb *The Philatelic and Postal History of Hong Kong and the Treaty Ports of China and Japan* p.86）

Ｂ62の抹消印と、HONG　KONGならびに日付の入った証示印は、ロンドンで制作され、香港に送られた後、一八六二年一二月八日に香港での切手発行が始まったのと同時に使用が開始されたとの記録があるが、実際に現物で確認できるこれらの印の最古の例は一八六三年四月一四日の日付が入ったものである。

また、ロンドンから送られた印顆は数が不足していたため、現場の需要を満たすため、現地でもＢ62の印顆がいくつか応急的につくられたようで、消印の印影にはさまざまなバラエティがある（図4）。なお、消印のインクは、一八七二年ごろまでは青色であったが、それ以降は黒色に変わっている。また、公式には、Ｂ62の抹消印は一八八五年に使用が停止されたことになっているが、実際には、一八九〇年代初めにもこの印が押された郵便物は存在している。

さて、香港最初の切手や消印についての基本的な事柄をまとめてみたところで、実際に、この時期に香港から差し出された郵便物の実例（図5）を見てみよう。

この郵便物は、一八六四年八月二七日に香港からアメリカのマサチューセッツ州イプスウィッチ宛に差し出されたものである。

貼られている切手は一八六二年に発行された透かしなしの四八セント切手と翌一八六三年に発行された透かし入りの六セント切手。二分の一オンスを越えて一オンスまでの外国郵便料金の四八セントと英仏郵便交換条約に基づく交換手数料に相当する六セントという料金の内訳そのままの切手が貼られ、B62の抹消印が押されている。

押されている印からは、このカバーが、香港からマルセイユを経て一八六四年一〇月一七日、ロンドンに到着し、その後、大西洋を渡って一〇月三一日にニューヨークに到着していることがわかる。

開港地でも使われた香港切手

ところで、一八四二年の南京条約の結果、広州・厦門《アモイ》・福州・寧波《ニンポー》・上海の五ヵ所が開港地となり、各地に設けられた領事館内には郵便取扱所が置かれて、極東とヨーロッパを結ぶ本格的な郵便業務が行われるようになったことはすでに述べた。

その後、この五ヵ所に加えて、一八五八年には日本の開港に伴い、箱館（函館）、兵庫（神戸）、長崎、新潟、横浜が、一八六〇年にはアロー戦争の結果として、牛荘《ニューチャン》、芝罘《チーフ》、

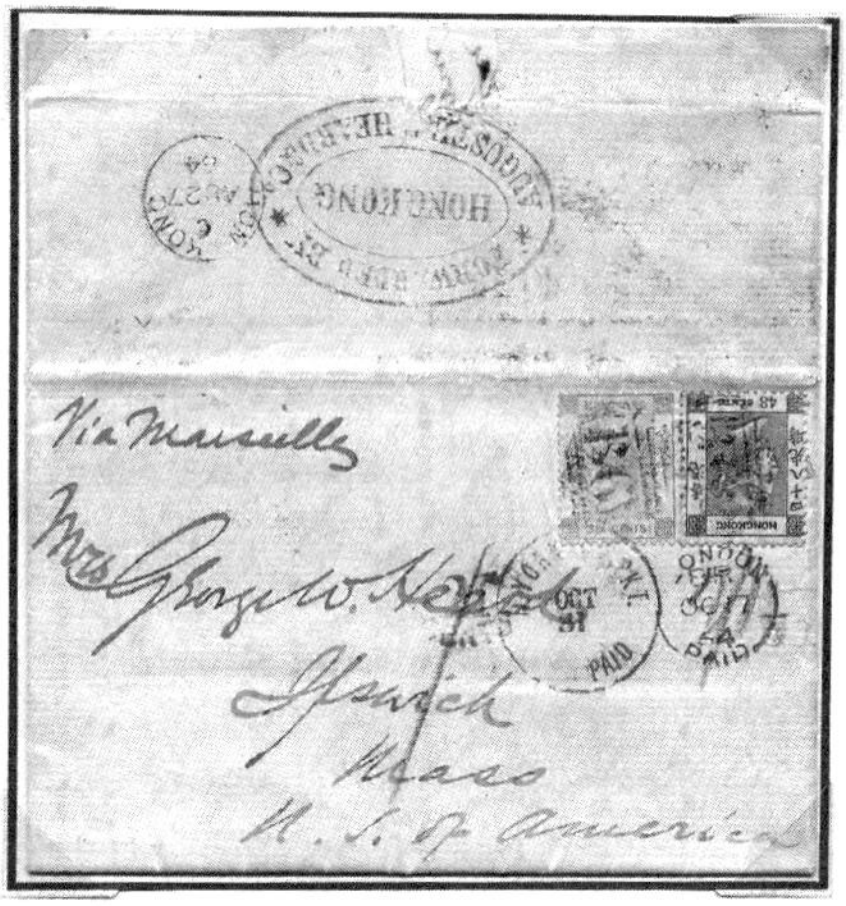

◆5　1864年8月に香港からアメリカ宛の郵便物。香港で発行された最初の切手が貼られている。

漢口、九江、鎮江、台湾府、淡水、汕頭《スワトウ》、瓊州《けいしゅう》、南京、天津が開港され、これらの地域にもイギリスの郵便局が置かれ、各種条約に基づく開港地は二一ヵ所にまで膨らんだ。

これらの郵便局でも、香港同様、一八五八年五月一日以降は郵便料金の前納が義務づけられ、一八六四年一〇月一五日以降は、そのために香港切手が用いられることになった。

ところで、これらの開港地から差し出される郵便物は、一八五八年五月以前は、その大半が着払いの扱いで、経由地の香港を通過する際に、香港郵便局で料金などのチェックを受けるというシステムになっていた。

一八六四年に、開港地の郵便局で切手を貼った郵便物を受け付けることになった後も、その慣習を踏襲するかたちで、しばらくの間、郵便物への消印は香港で行われていた。ところが、こうした状況を悪用して、香港へ郵便物を運ぶ途中で中国人の係員が郵便物に貼られている切手（この段階では消印は押されていない）を剥ぎ取り、換金する例が後を絶たなかった。

このため、一八六五年一一月、香港郵政局は、本国に対して、厦門、広州、福州、寧波、上海、汕頭、横浜、長崎の各局に対しても、香港同様、抹消印と日付印（上海と厦門では、すでに日付印が用いられていたため、抹消印のみの支給が求められた）を支給するよう要請した。開港地の郵便局が郵便物を引き受けた時点で切手に消印を押し、中国人係員による〝横領〟を防ぐとともに、逓送途中で切手が脱落しても引受時には切手が貼られていたことを示すためである。

こうして、一八六六年二月一七日、ロンドンの中央郵便局は開港地の各局

◆6　香港切手の上海で使われた例（左）と福州で使われた例（右）。それぞれ、Ｓ１とＦ１の消印が押されている。

に抹消印と日付印を支給することを決定した。その際、各局に割り当てられたコード番号は、厦門がA1、広州がC1、福州がF1、寧波がN1、上海がS1、汕頭がS2、横浜がY1、長崎がN2、であった（図6）。

その後、一八六九年からは神戸（抹消印のコード番号はD30）、一八七五年からは漢口（同D29）、一八七九年からは瓊州（同D28）、一八八九年からは台湾の安平（以後の局では、コード番号の入った抹消印は支給されていない）、一八九九年からは威海衛《いかいえい》（劉公島と愛徳華港《ポート・エドワード》）、一九〇三年からは芝罘、といった具合に、香港切手を使う開港地の郵便局は増加し、一八八三年から一八八五年にかけては、遠くタイのバンコクに設けられたイギリスの郵便局でも香港切手が用いられた。

上海書信館との熾烈な競争

このように、イギリスは香港を中心とする極東の通信ネットワーク網を着々と構築していったが、一八六〇年代も半ばになると、それまでのようにイギリスがアジアの郵便業務を独占するという体制は次第にゆらぎはじめる。

イギリスのライバルのひとつは、当時世界第二の強国、フランスであった。

一八六五年九月、フランスは日本の開港地、横浜に正式に郵便局を開局する。このフランス横浜局は、一八六六年一一月の横浜大火でイギリスの郵便局とともに壊滅的な打撃を受けたが、その後、速やかな復興を果たし、一八六七年中頃から急成長を遂げる。その結果、フランスは対日貿易そのものではイギリスに及ばないものの、横浜発着の郵便については、イギリスに勝るとも劣らない規模に成長していった。当然、香港を中心としたイギ

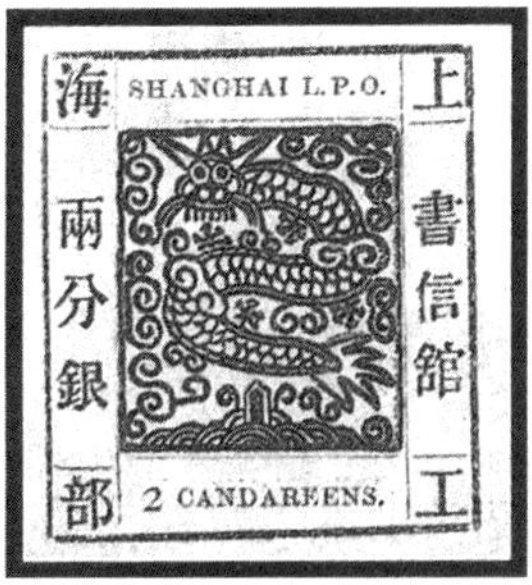

◆7　上海書信館の発行した切手

リスの郵便ネットワークも厳しい挑戦を受けることになる。

一方、横浜に置かれたフランスの郵便局とともに、この時期、郵便というフィールドで急速に台頭してきたのが上海の書信館である。

一八四二年の開港以来、列強諸国の居留地が作られていた上海では、早くも一八四五年、イギリスやフランスが租界（外国人が行政・警察機構を握り、中国の主権が及ばない開港地内の地域）をつくり、その行政機関として工部局を設置していた。

一八六三年六月、上海工部局は郵便局に相当するものとして書信館を設置。年五〇両（後に三〇両に値下げ）を出資した外国人商社を対象として、追加徴収なしで何回でも手紙をやり取りできる集捐制度を開始する。さらに、上海書信館は一八六五年には独自の切手（図7）も発行し、集捐制度に未加盟の商社や旅行者なども彼らの郵便を利用できるようにしたほか、寧波にも分室を設けるなど、急速にその業務を拡大していった。

こうした状況の中で、一八六五年に香港＝上海＝長崎の定期航路（次頁図8）が開設されると、イギリスの香港郵政局と上海書信館は、ドル箱路線の香港＝上海間の郵便物をめぐって熾烈な争奪戦を展開する。

上海書信館が集捐制度を開始した当初から、イギリスの香港政庁は集捐制度による〝無認可〟の郵便物に目を光らせ、香港から北方（特に上海）へ向かう郵便船に〝無認可〟の郵便物が積み込まれないように監視していた。

これに対して、上海工部局は、開港地の蒸気船会社の支局やエージェントに対してセールス攻勢をかけ、上海在住の外国人に対しては、使用人の中国人が差し出す手紙に書信館の切手が貼っていなければ受け取りを拒否してほしいと呼びかけている。この作戦は功を

◆8　1865年に開設された香港＝上海＝長崎の定期航路によって、香港から長崎に送られたカバー。1867年12月に香港から差し出され、書き込みによれば、翌1868年1月6日に長崎に到着している。当時、日本国内は大政奉還から鳥羽伏見の戦いに至る幕末維新の動乱の最中にあった。

奏し、上海書信館の郵便取扱量が急増。イギリス郵政局は、一八六五年度の事業報告書に「香港外の郵便取扱の収入が半分に落ち込んだ」と記載せざるを得なくなった。

事態を重く見た香港郵政局長のミッチェルは、本国郵政省から派遣された検査官、リートとともに、管内の上海・横浜を視察。現状を打開するために、①上海書信館とイギリス領事館郵便の業務は合体・並存させ、合同の郵便局を便利な場所に置き、それぞれの職員が業務を分担・協力する、②将来的には、上海書信館の郵便業務は長江沿岸の都市、北方都市、寧波、上海市内に限定し、日本、上海以南の開港地、香港、欧米（宛郵便物）については、香港郵政局が担当する、というプランを提案した。

このプランは、上海書信館の活動を制限する意図を持ってまとめられたもので、書信館側にとっては承服しがたいものであったが、最終的に、香港郵政局に押し切られるかたちで、一八六七年一一月、上海書信館は香港郵政局と業務提携の協定を結ばされる。もっとも、この協定は香港郵政局にも思ったほどのメリットがなかったようで、一八七一年六月には、両者の提携関係は解消されてしまった。

客郵たちのはざまで

このように、極東においてイギリスが郵便を独占するという体制が崩れていく中で、イギリスに続けとばかりに、一八六〇年にはフランスが、一八六五年にはアメリカが、一八七〇年にはロシアが、さらに、一八七六年には日本が、中国に郵便局を設置する。

◆9　1871年に発行された日本最初の切手

こうした外国の在中国郵便局は、中国では〝客郵〟と総称されているが、明らかに招かれざる〝客〟であったが、中でも特に注目すべきは日本であった。

明治維新後の急速な近代化の中でも、日本の郵便制度の発展には目覚しいものがあった。日本では、一八七一年四月二〇日（明治四年三月一日）、東京＝大阪間に郵便路線が開設され、あわせて最初の切手が発行された（図9）。その後、国内の郵便網は、北海道の北部や沖縄などを除き、一八七二年八月までにはほぼ全土をカバーするようになっている。また、一八七三年四月には、それまでの距離に応じて変動していた料金が全国均一となり、翌五月には郵便事業の政府専管体制が布告されている。さらに、同年一二月には日本最初の葉書も発行されている。

このように、わずか二年余の間に、日本の郵便事業は、国内に限ってみれば欧米諸国と比べても遜色のないものへと急成長を遂げていた。

近代郵便制度のネットワークを国内にはりめぐらし、それを国家が独占的に管理するという体制は、国民生活の隅々にまで国家の影響力が浸透していくという〝近代〟の一面を象徴的に示すものである。郵便は、国家の発行する公式の印刷物である切手や葉書、公印としての消印というアイテムとともに、背後に国家を背負っているがゆえに、単なる物流の担い手に過ぎない民間の運送業者とは、その質が決定的に異なっているといってよい。

もっとも、明治政府は、郵便の〝近代〟的な性格を当初から理解していたわけではない。たとえば、郵便創業の主役、前島密《ひそか》は、その回顧録『郵便創業談』において、次のように述べている。

当時横浜には英米仏の出張（引用者註：横浜に置かれていた各国の郵便局を指す）が

◆10（右）　上海に設けられた日本の郵便局で使用された切手。上海の日本局では、初期の頃、プロペラ型の印が用いられた。
◆11（左）　朝鮮の釜山浦（現・釜山）に設けられた日本の郵便局で使用された切手。消印に“釜山浦”の文字が見える。

あって、多少其事《そのこと》の教育を受け経験のある局長もあった筈ですが、其頃は之《これ》を英米仏の飛脚屋と称えたものですから、やはり我が江戸飛脚や加賀三度飛脚などと同様の者と思って、彼等に就いて質問しようという念はまったく起こらなかったのです。

もともと大蔵官僚であった前島は、民間の飛脚に委託することで、官公庁の間でやり取りする文書の通信費がかさみ、政府の財政を圧迫するのであれば、政府が自前の通信網を確保すればというという発想で近代郵便の創業を建議した。この時点では、郵便は単に政府が飛脚に代わって通信・物流を担うものという理解でしかない。

しかし、近代国家建設の過程で、明治政府は、郵便が国家を背景にした〝近代〟の産物であることを認識する。他国との郵便交換に国家として責任を果たしうることを示さない限り、イギリス・フランス・アメリカの各国は治外法権を援用したかたちで横浜に開設した郵便局をそのまま維持し続けるであろうことを理解したのである。

このため、一八七三年八月、政府は国内郵便の実績をもとに、アメリカと皇米郵便交換条約を結ぶことに成功。この結果、一八七五年一月一日以降、アメリカの仲介を頼ったとはいえ、日本の郵政は外国宛の郵便物の取り扱いを開始する。さらに、一八七七年には一般郵便連合（現在の万国郵便連合の前身）への加盟を達成している。ちなみに、日本は、一八七四年に同連合が創立されてから二八番目の加盟国であった。普仏戦争の影響から、フランスでさえ同連合に加盟したのは一八七六年（日本の加盟の前年）であるから、当時の日本の総合的な国力に比して、日本の国家郵政に対する国際社会の評価は極めて高い。

こうした中で、一八七六年、日本は上海（図10）と釜山浦（図11）に郵便局を開設した。

◆12　鄭観応とマカオにあった彼の居宅（鄭観応生誕160周年を記念して発行された中国マカオの切手）

上海での郵便局開設にあたって、前島は「清国の国権を侵害するの止むを得ざるを悲しむ」としながらも、「清国政府は郵政事業が国の権利であることに無頓着であるから、上海に我が郵便局を開くのになんら問題はなかった」と回想している。わずか数年前、ほかならぬ前島自身が、横浜に置かれていた外国の郵便局を「我が江戸飛脚や加賀三度飛脚などと同様の者」とみなしていたことを想起するなら、郵便に対する彼の認識が大きく変わっていることがよくわかる。

前島の回想に登場する日本と清朝との郵便に関する意識のギャップを象徴的に示しているエピソードを紹介しよう。

大川平三郎という人物がいる。

一八六〇年に武蔵国横沼村（現・埼玉県坂戸市）生まれ、維新後の一八七二年に叔父の渋沢栄一を頼って上京し、渋沢の書生から、一八七五年に王子の抄紙会社（現・王子製紙）に入社する。一八七九年に渡米し、近代的な製紙技術を習得し、帰国後は、製紙原料を従来のボロ布から稲わらに替えて大幅なコストダウンに成功した。一八八四年にはヨーロッパに渡ってパルプ製造の方法を研究し、日本で初めて木材によるパルプ製造に成功。さらに、製紙原料の木材を煮る釜を研究して、大川式ダイゼスターを発明したほか、静岡県の気田工場の動力系統の水力化に成功するなど、技術者として多くの実績を残している。その結果、九州製紙、四日市製紙、中央製紙等の経営に関与し、一九一九年には富士製紙の社長となるなど、我が国製紙業の発展に寄与し、日本の製紙王ともいわれた人物である。

その大川が一八八四年に渡欧する途中の六月一四日、彼は香港からシンガポールへ向かうフランス汽船の船上で、中国人の鄭観応《ていかんおう》（図12）と出会う。

◆13　1876年に横浜のイギリス郵便局からロンドン宛に差し出されたカバー

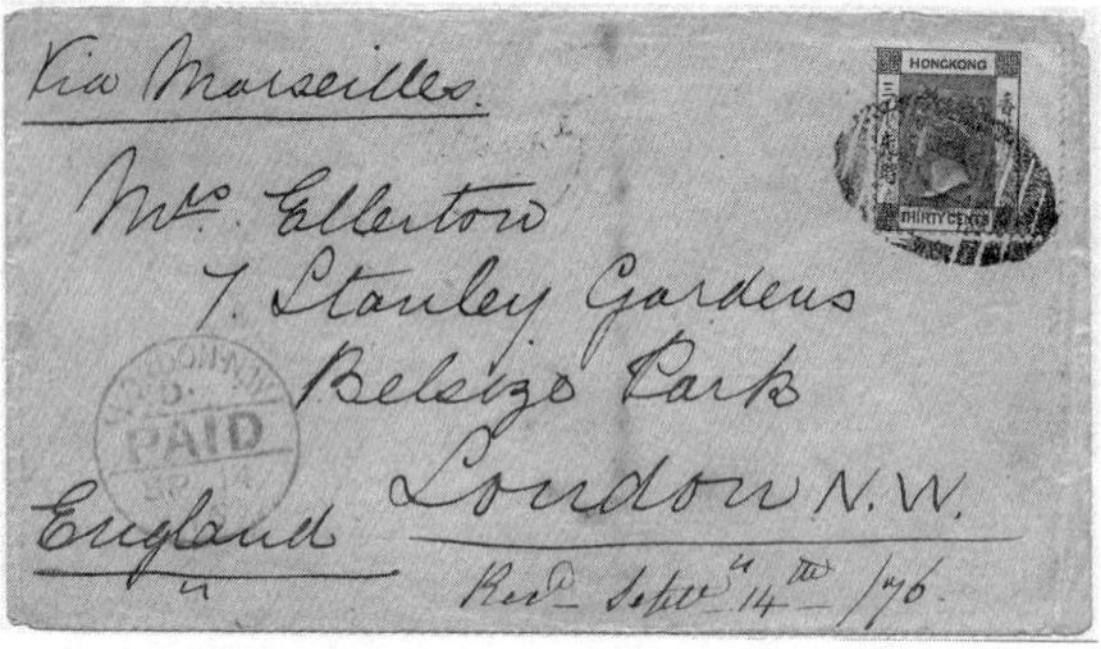

鄭観応は一八四二年にマカオで生まれた開明思想家で、清末の洋務運動（西洋近代の科学技術の導入による国力増強を目指した改革運動）の中心人物、李鴻章《りこうしょう》の側近として活動した人物。その著書『盛世危言《せいせいきげん》』「練兵」では、清朝が西洋式の軍事訓練を導入して一〇年経ってもその効果が出ないのは、指揮官に軍事諸学についての理解がなく、ただ西洋人を招いて教習し、歩伐整斉《ほばつせいせい》・槍炮命中《そうほうめいちゅう》をスローガンにしているだけだからだと指摘するなど、〝近代〟に適応するためには中国社会の本質的な変革が必要だと主張した。

さて、大川と鄭は船上で出会い、互いに、西洋列強の圧迫を感じつつ自国の近代化を目指していた者同士として意気投合し、さまざまな議論を重ねている。

その際、大川が日本の郵政事業の急速な発達について述べたところ、鄭はそれはそれとして評価しつつも、近代化にあたってはより優先すべき事柄があると主張し、郵政に関してはほとんど関心を示していない。まさに、前島が回想録で述べている「清国政府は郵政事業が国の権利であることに無頓着である」という反応である。

二人のやり取りについては、さまざまな理解が可能であろう。ただし、どちらの側に、郵便というシステムに凝縮されている〝近代〟の本質を理解し、それに適応する能力があったのか、その答えは、その後の歴史を見るまでもなく明らかであろう。

こうしたことを踏まえて、図13のカバーを見ていただこう。

これは、一八七六年に横浜からロンドン宛に差し出されたもので、横浜にあったイギリスの郵便局が扱ったため、香港切手が貼られ、横浜を示すY1の文字が入った消印が押されている。裏面に押されている日付印からすると、横浜のイギリス局がこのカバーを受け付けたのは一八七六年七月二五日で、八月三日に香港を経由し、さらに、マルセイユを経て九月一四日にロンドンに到着している。

日本国内の開港地に置かれていた外国の郵便局は、皇米郵便交換条約を結んだアメリカの郵便局がいち早く一八七四年末限りで撤退したものの、イギリスの郵便局は一八七九年末まで、フランスの郵便局は一八八〇年三月末まで居座った。このため、当時の日本郵政は、自国の領内に外国の郵便局があることを嘆き、その回復に躍起になっていた。

その一方で、このカバーが差し出された一八七六年は、まさしく、日本が上海と釜山浦に郵便局を開設し、清朝と李氏朝鮮の郵便主権の侵害を開始した年でもあった。さらに、欧米との間に結ばれた不平等条約に苦しんでいたはずの日本が、江戸時代を通じての友好国であった李氏朝鮮に対して、日朝修好条規という不平等条約を押しつけた年でもある。

一九世紀の世界は弱肉強食という鉄の掟のみが国家間の関係を規定していた。クウェートに軍事侵攻したイラクが国際社会からよってたかって制裁を受け、国際社会がクウェートの独立を回復してくれるという現代とは異なり、より強い国がより弱い国に圧力をかけ、権益をむしりとることが当然と考えられていた時代である。

そうした環境の下で、欧米列強のプレッシャーに怯え、不平等条約改正のためには鹿鳴館の愚行も厭わなかった明治政府にとって、自らが植民地に転落しないためには、列強諸国に倣って、より〝劣った〟近隣諸国に進出し、そこを植民地化する以外の選択肢はおそらくなかったであろう。

同じ年に、横浜で使われていた香港の切手と、上海や釜山浦で使われた日本の切手を並べてみるとき、当時の日本が抜け出すことのできなかったアンビバレントな状況が透けて見えるように感じるのは、おそらく、僕だけではあるまい。

香港上海銀行と東華醫院

香港行きの格安チケットの定番、ノースウェストのＮＷ〇〇一便は、夜おそく現地時間の二二時とか二三時とか、そういう時間に大嶼《ランタオ》島の国際空港に到着する。当然、入国審査を終えて荷物を受け取って通関を終えると、たいていは日付変更線の前後になる。その時間だと街中の銀行や両替商は開いていないから、まずは機場快線《エアポート・エクスプレス》のチケットを買ったり、タクシー代を払ったりするために、空港である程度の両替をしておかないといけない。

一般に、空港の両替所というのはレートが悪いから、両替は最低限にとどめておいたほうが良いというのが旅行者の間での暗黙の了解になっている。だから、二〇〇七年四月に香港に行った時も、僕は空港では一万円札を出して六〇八ドル（以下、特記ない限り〝ドル〟は香港ドル）を両替しただけだった。

翌日の昼頃、両替をしようと思って、バックパッカー御用達の安宿が入った雑居ビル、彌敦道《ネイザンロード》の重慶大廈《チョンキンマンション》（さすがに、僕はここに泊まる気にはなれない）の一階の両替屋をふらっと覗いてみた。出発前にネットで調べていたら、重慶大廈の両替屋はレートが良いというようなことが書いてあったので、どんなものなのか、まずは見てみようと思ったのだ。

ところが、この両替屋のレートだと一万円で五六〇ドルにしかならない。空港よりも大幅に悪いんじゃ、お話にならない。

その後、昼飯を食べる店を探して九龍の繁華街をぶらぶらと歩き回っているうちに一万円で六一二ドルという店を発見。これならまぁいいかと思って、三万円ほど両替した。

こうして、当座の軍資金もできたし、夕方からは知人に会う約束があったので、遅い昼食を済ませた後、いったんシャワーでも浴びて着替えてこようかと思ってホテルにもどったところ、何気なくフロントに貼られている両替のレート表を見ると、なんと、一万円が六二七ドルのレートになっているではないか！

ホテルよりも空港が、空港よりも街中の両替商が、レートが良いと頭から思い込んでいた僕は、なんだかすごいショックを受けてしまった。

アングロ・インディアン銀行

現在、アジア有数の国際金融都市となっている香港で最初の銀行ができたのは、香港島が英領となって間もない一八四〇年代のことである。

アヘン戦争の結果、アヘン貿易が事実上公認されたのに伴い（ただし、南京条約では、アヘン貿易についての規定はなく、清朝はアヘン禁輸の勅令を撤回しないものの、禁輸のための具体的な措置は取らないという玉虫色の決着となっていた）、貿易の拡大を見越して、一八四五年には東亜銀行司（Oriental Banking Corporation）が香港のセントラル地区に支店を開設している。

東亜銀行司の前身は、一八二〇年代にインドのボンベイ（ムンバイ）で開業した西インド銀行（the Bank of Western India）で、中国本土での銀行業務を行うため、南京条約の

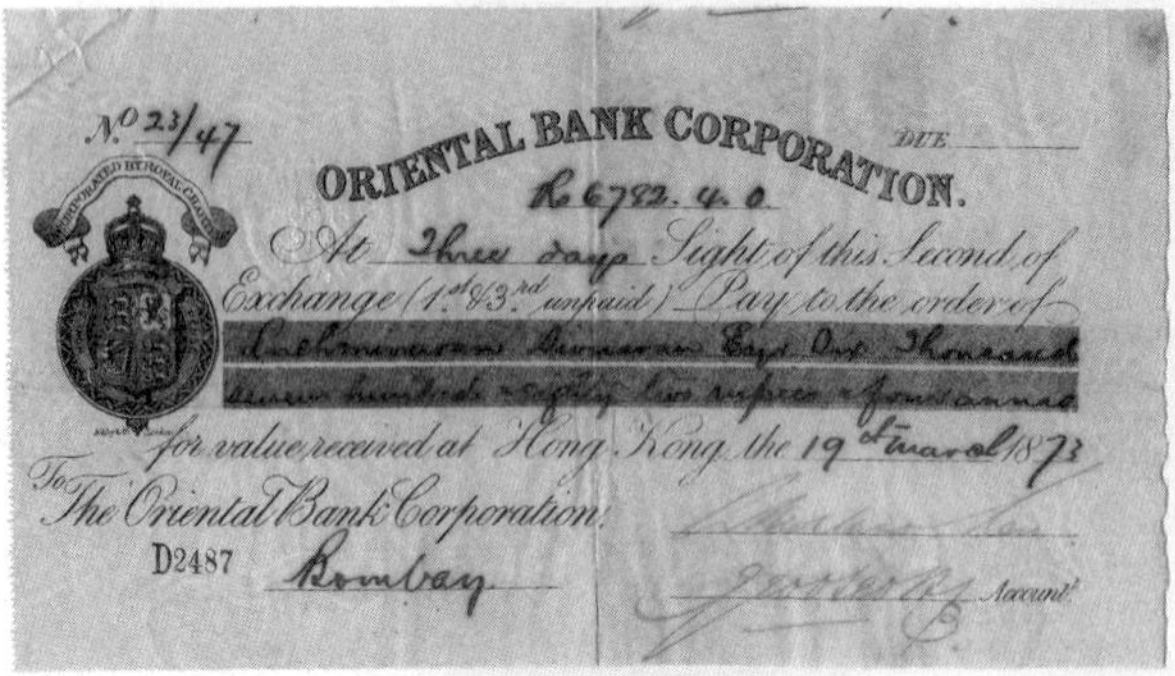

◆1　東亜銀行司香港支店の小切手。1873年3月に振り出されたもの

後、上海と広州に支店を開設した。一八四五年には組織を改変し、香港支店を開設するとともに、五万六〇〇〇ドル（香港ドル）相当の紙幣を発行している。

植民地である香港には、厳密な意味での中央銀行は存在しなかった。このため、後に実質的に中央銀行の役割を担う香港上海銀行を中心に、いくつかの銀行に紙幣の発行権が認められているのだが、東亜銀行司の紙幣は、香港で発行された最初の紙幣であった。ただし、同行が正式に政府から紙幣発行の権限を与えられるのは一八五一年のことである。

一八四〇年代から一八七〇年代にかけて、東亜銀行司は五ドル、二五ドル、五〇ドル、一〇〇ドルの紙幣を発行し、香港金融界をリードする存在であったが、コーヒー相場での投機に失敗し、一八八四年に破産。現在では、同行の発行した紙幣や小切手（図1）などで往時をしのぶことができるだけとなっている。

ところで、この東亜銀行司の他にも一八四〇年代にはいくつかの銀行が香港に支店を開設していたが、それらは、ロンドンやインドに拠点を置く〝アングロ・インディアン銀行〟であった。このため、彼らの取引はイギリス本国やインドとの決済が優先されており、中国や香港での取引には制約も多く、香港在住のイギリス商人たちは不満を持っていた。

特に、一八六四年初め、インドにおける金融の中心地であったボンベイの金融業者たちがイギリス本国の勅許を得て、彼ら独自のバンク・オブ・チャイナを創立する計画が浮上。この計画が実現されてしまうと、香港の経済・金融はますます、イギリス本国やインドに従属することになってしまう。

香港上海銀行の誕生

こうした状況に危機感を抱いたP&O汽船の香港支配人、トーマス・サザーランドは、他地域の利害に左右されない効率的な銀行を香港でも創設することを提案。彼が書き上げたスコットランドの銀行業に関する文献を参考にした設立趣意書草案は、香港のイギリス商人たちの圧倒的な支持を得て、数日のうちに香港上海銀行（HSBC）設立準備委員会が結成された。

設立準備委員会の委員長には、サザーランドの推薦で、デント商会のジョン・デントが就任。アメリカ、イギリス、北欧の西洋系の商人はもちろん、ボンベイを拠点とするデビット・サッスーン商会、インドの貿易商社を代表するパルシー教徒など、国際色豊かなメンバーが、アヘン貿易で儲けた資金を安全かつ迅速にイギリスに送金するための銀行を設立するための委員会の構成メンバーに名を連ねた。

ただし、最大の在華企業・ジャーディン・マセソン商会は、自己の金融業務が脅かされることを懸念して、HSBCの創立には関わっていない。（その後、一八七七年になると、ジャーディン・マセソン商会頭取のケズウィックがHSBCの取締役に就任している。）

さて、設立準備委員会は、一八六四年七月、設立趣意書を発表。資本金は五〇〇万香港ドルで、一株が二五〇香港ドルの株が二万株、募集された。

こうして、一八六五年三月三日、地元金融機関の連合体ともいうべきHSBCが香港で営業を開始する。

さらに、翌四月三日には上海支店でも営業が始まった。設立準備委員会は、そのままHSBC取締役会へ横滑りし、初代頭取にはパリ割引銀行香港支店長だったビクター・クレ

◆2　1935年に建てられた香港上海銀行3代目の社屋（1941年発行の英領香港100年の記念切手より）

ッサーが任命された。ちなみに、上海支店長はデビッド・マクレーンで、同年七月に開設されたロンドン支店長には、元ジルマン商会パートナーのＷ・Ｈ・バッカーが採用された。ロンドンの取引先銀行はロンドン・アンド・ウェストミンスター銀行である。

同行の創業間もない一八六六年、アメリカの南北戦争で綿花栽培が打撃を受けたことに加え、ヨーロッパでの普墺《ふおう》戦争などによって、イギリスの大手信用機関、オーバーレンド・ガーニー・カンパニーが破産すると、ロンドンの金融不安から世界的な恐慌が発生する。その結果、多くの金融機関が破綻し、香港でもジャーディン・マセソン商会とならぶ繁栄を誇ったデント商会が倒産に追い込まれた。しかし、ＨＳＢＣは取締役会メンバー企業の支援もあって危機を乗り切ったばかりか、破綻した金融機関を吸収して成長を続ける。こうした強気の経営姿勢から、彼らが日本に支店を開設したのも一八六六年のことであった。

このように、決して順調な滑り出しではなかったＨＳＢＣだが、一八七〇年代に入ると次第にその経営は安定し、一八七六年、トーマス・ジャクソン（一八七一年から一八七四年まではＨＳＢＣの横浜支店長を務めた）が総支配人に就任すると、彼の在任中にＨＳＢＣは急成長を遂げ、極東随一の大銀行としてゆるぎない地位を確立した。

ＨＳＢＣ本店の所在地は、創業以来、現在にいたるまで皇后大道中《クイーンズ・ロード・セントラル》の一番地だが、社屋は何度か建て直されている。

口絵1の絵葉書には、一八六五年から一八八二年まで使われていた最初の社屋が取り壊された後、一八八六年に完成した二代目の社屋が取り上げられている。この社屋は、柱廊と八角形のドームが特徴的なヴィクトリア様式の本館と、裏側の別館から構成されていたが、一九三五年には三代目の社屋（図2）に取って代わられた。なお、現在のＨＳＢＣの

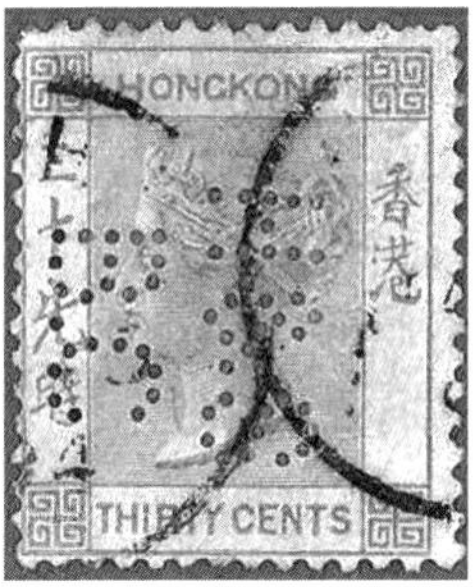

◆３　香港上海銀行の表示がある穿孔切手

本社ビル（後述）は、一九八五年に完成したものである。

ＨＳＢＣ別館に面している通りは、当時は〝海岸通り〟を意味するポルトガル語のpraia に由来するプラヤの名で呼ばれていた。この通りは、当初は、文字通り維多利亞《ヴィクトリア》港《ハーバー》に面していたが、相次ぐ埋め立てによって海からは隔てられるようになり、現在では、一八八七年一〇月から一八九一年三月まで第一〇代総督を務めたジョージ・ウィリアム・デボーにちなんで徳輔道《デボー・ロード》と呼ばれている。

一九世紀のヴィクトリア女王の時代のＨＳＢＣの痕跡を切手上に求めるなら、図３のような穿孔切手が良いだろう。

切手を大量に使用する企業などが、社用の切手の盗難や従業員による私的流用を防ぐため、切手に会社の頭文字や屋号などの文字を入れる例は、戦前では、洋の東西を問わず良く見られた現象である。香港では、一八七八年に社用の切手にそうした表示を行うことが公認され（それ以前にも、実際には一部で行われていたが）、一八九〇年ごろから広く行われるようになった。当初、社名などの表示は、次頁図４のようにスタンプを押す方式が採られていたが、消印類との混同を避けるため、後に印を押すことは禁じられ、図３のように穿孔を施すこととされた。

こうした穿孔切手が日常的に用いられるようになったということもまた、多数の人間が香港の企業に出入りするようになったことの結果であり、香港の経済的な発展を間接的に示していると見ることも可能であろう。

◆4　ジャーディン・マセソン商会の印が押された切手。上はその印

文武廟から東華醫院へ

こうして誕生したＨＳＢＣは、一九世紀後半から現在にいたるまで、香港社会に大きな影響を与え続けているが、それとほぼ同じ時期に誕生し、やはり、香港社会で隠然たる力をもっている組織としては、東華醫院（図５）がある。

　東華醫院は単なる病院ではなく、医療のみならず、教育や福祉を含む総合的な地域サービスを提供する、香港の最大にして最古のＮＰＯ組織である。

　二〇〇六年の時点で、運営している施設の数は約二〇〇。一万人以上の有給スタッフが、五つの総合病院を含む医療機関、大学（香港中文大学東華三院社区書院）以下の教育機関、一三〇にも及ぶ地域の福祉サービスセンター、東華博物館、地域パソコンセンターなどで働いている。その予算規模（二〇〇四―二〇〇五年度）は、香港ドルで五〇億ドル弱（日本円で七三〇億円程度）もあるから、日本のちょっとした県庁所在地の自治体とほぼ同じ規模の組織といってよい。

　香港の領有に際して自由港が宣言されたことからもわかるように、イギリスの香港支配は、自由放任と小さな政府を原則としていた。その一例として、初期の香港においては教育の担い手は植民地政府ではなく、中国系・欧米系を問わず、民間人であったことはすでに述べたとおりである。

　一九世紀の中国社会には、地方的な連携組織である「會館」、反清の秘密結社であり犯罪組織にもなった「天地会」、度量衡を定め商犯罪・紛争の裁定も行ったギルド組織、地域社会の求心力となった寺院組織、町内会的な組織である「街坊」、地域の集会所である「公所」などの住民の自治組織があった。

◆5　東華醫院100年の記念切手（1970年発行）

香港に関しては、アヘンと海賊行為で財をなしたともいわれている実業家の盧阿貴《ろあき》と譚《たん》阿才《あさい》が一八四七年に設立した文武廟が、実質的に、住民の自治組織として機能していた。文武廟は、文の神である文昌帝君と武の神である関帝（関羽）を祀る廟で、荷李活道《ハリウッド・ロード》を中環《セントラル》から上環《ションワン》に歩いていく道沿いにある。

中国では伝統的に、科挙に合格した文人が地域社会の尊敬を集め、村や宗族の長老等が地域での指導的な役割を果たしてきた。しかし、アヘン戦争の後になって建設が進んだ香港社会には、そうした伝統的な指導層は存在せず、財力がそのまま社会的地位と連動していた。盧や譚は財力によって人々の尊敬を集め、寺院としての文武廟を建設することで求心力を高めたが、その結果、文武廟の指導部の影響力は、より小規模な町内会組織ともいうべき街坊にも浸透した。また、文武廟の隣に置かれていた公所は、地域問題を話し合うための街坊の集会所というだけでなく、地域内の揉め事を裁定するという、一種の裁判所的な機能も備えていた。

アヘン戦争やアロー戦争などの直接的な戦闘、太平天国の混乱、さらには、移民によって構成される不安定な社会構造などから、一八六〇年代までの香港政庁は、レッセ・フェールの経済政策とは裏腹に、西洋系の民間人の二倍とも言われた数の軍隊と、大英帝国の中では当時最大規模といわれた警察組織を動員して、強権的な植民地支配を行っていた。

英領香港における警察制度は一八四四年五月一日に発足したが（ちなみに、イギリス本国でもロンドン警視庁を中心とする近代警察制度が整備されたのは一八三二年である）、当初、香港政庁は地元の中国系住民を警察官として採用することには消極的であった。

そもそも、初期の香港への移住者の中には〝犯罪者予備軍〟とでも呼ぶべき人々が少なからずいた。個人の楽しみとしての海外旅行などという発想のない時代のことである。生まれ故郷を離れて異郷に出るということは、それだけで、故郷を出ざるを得ない状況があるケースが大半であったのだ。

また、中国本土では、屈辱的な開国の副産物として、外国人に対する反感・嫌悪感が抜きがたくあり、外国人に対する襲撃事件が頻発していた。香港でも、一八五七年には、香港で最も有名なパン屋を経営していた張亜霖《ちょうありん》がイギリス人の要人を皆殺しにすべく、砒素を混ぜたパンを販売し、四〇〇人のイギリス人が犠牲になるという〝毒入りパン事件〟が起こっていた。これでは、香港政庁の側が、彼らを信用して警察業務を任せるわけには行かないと考えるのも当然である。

こうしたことから、香港政庁はイギリス人と英領インドで徴募したシーク教徒たちを中心に警察組織を立ち上げた。当然のことながら、彼らの多くは地元住民の言語である広東語を理解できず、強圧的に住民に接するものの、中国人を対象とした治安対策は不十分なものとならざるを得ない。また、治安維持のコストも香港政庁にとって大きな負担となった。

このため、一八六六年、香港政庁はヴィクトリア登録条例を発し、地域住民の推薦により総督が地域警邏員を任命できるとして、伝統的な中国社会の自警団的な組織を、半ば公的な性格を持つ地域警邏《けいら》隊として取り込み始めた。

一方、イギリスの植民地となったことでキリスト教系の組織が上陸し、学校や病院を設立したが、中国人の中には西洋医学を拒否する者も少なからずおり、彼らを対象とした医療施設の設立が必要になっていた。じっさい、一八五一年には、中国各地からやってきた人々のために死者を祀る「廣福義祀《こうふくぎし》」が香港島西部に建立されたものの、これは、すぐに臨時の遺体安置所に変わり、さらに死に至る人々の横たわる凄惨な場となり、社会問題化した。

そこで、一八六九年、総督のマクドナルドは一二エーカーの土地と相当な費用を出費すると決定。これをもとに、一八七〇年、東華醫院設立の法律が可決され、翌一八七一年、裕福な中国系商人などの篤志により、上環に東華醫院が設立された。

実際の開業は、一八七二年になってからのことで、二月一四日には、荷李活道《ハリウッド・ロード》を起点として〝香港において、いままで目撃された最大のセレモニー〟とも称された大規模なパレードが行われ、中国人の富と力、団結の強さがあらためて明らかになった。

東亜醫院の開業に際しては、文武廟を建立した盧や譚をはじめ、香港中国系社会の有力者が積極的に関与したことで、東華醫院は、単なる病院にとどまらず、総合的な福祉サービス機関としての性格を色濃く有することになった。換言するなら、地域の有力者と結びついていたさまざまな地方自治の機能が、東華醫院に集約されるようになったのである。

この結果、東華醫院は、香港政庁のお墨付きの下に、高度に組織化された香港初の中国エリート組織として、一般住民と香港政庁の仲介役を担うことになった。こうした自治組織が、中国系住民にとっては自分たちの意向を社会に反映させる上で望ましいものであったことはいうまでもないが、一方、香港政庁にとっても、抵抗組織にならない限り、効果的で安上がりの統治を行うための便利なエージェントとして歓迎すべきものであったことも見落としてはなるまい。英領香港において、東華醫院の議長職が〝中国人社会の非公式市長〟にたとえられていたのは、この組織の性格を象徴的に示している。

◆6　19世紀末から20世紀初にかけての香港の警察官をとりあげた絵葉書

なお、東華醫院の姉妹組織として、後に廣華醫院、東華東院が設立されたため、現在では、これらを総称して東華三院と呼ぶこともある。図5の切手も、記念銘の表示は「東華三院百周年」となっている。

ところで、東華醫院の設立を契機として、行政側の中国系住民に対する対応も徐々にではあるが変わっていった。

先述の警察機構についていうならば、一八七〇年代以降、中国人警察官の採用が大幅に増やされ、トーピー帽スタイルの中国系警察官とターバン姿のインド系警察官が街を闊歩する姿が日常的に見られるようになる。こうした〝混成チーム〟は西洋人の目から見ると香港独特の風俗として興味深いものに写ったようで、両者のスタイルの警察官を並べて撮影した写真は、当時の絵葉書（図6）にも盛んに取り上げられている。

山頂纜車《ピーク・トラム》がもたらしたもの

香港観光の定番ともいうべき山頂纜車《ピーク・トラム》には、香港に初めて行った一九九三年に乗って、型通りに〝百万ドル〟の夜景を拝んできた。そこで、今度は昼間の香港も山頂から眺めてみようと思って何度か香港に足を運ぶたびに機会をうかがっているのだが、なかなかチャンスがない。正確にいうと、トラムで山頂まで上ったことは何度かあるのだが、いずれも、靄というか霧というか、そういうものに覆われていて下界がほとんど見えないのだ。

もちろん、過去に香港に滞在していた期間がすべて雨とか曇りであったわけではなく、快晴の日も何日かはあった。しかし、そういう日に限って欠かせない用事や以前からの約束が入っていたりして、山頂に行けたためしがない。

だから、僕は〝百万ドルの夜景〟の古いバージョンはとりあえず知ってはいても、ピークの住人たちの視点から中環《セントラル》や灣仔《ワンチャイ》といった〝下界〟の昼の姿をほとんど見たことがない。もっとも、こうまでもピークから〝下界〟が見える機会が少ないとなると、案外、初期のイギリス人たちは下界を見たくないからこそ、ここに住むようになったんじゃないかとさえ思えてくる。

ピーク・トラムの開通

香港の気候は基本的に高温多湿だ。エアコンなどない時代、乾燥して涼しい気候のイギリスからやってきたイギリス人たちにとっては、さぞかし住みづらい場所だったろう。

加えて、地元の華人たちの伝統的な生活習慣はお世辞にも衛生的なものとはいいがたい。香港に限らず、シンガポールを除く(?)華人世界で大衆食堂に入ると、地元の華人たちが骨付き肉の骨を口からテーブルの上にぷっと吐き出すのをよく目にする。まぁ、それが彼らの習慣なのだから仕方がないといえば仕方がないのだが、やはり、僕たちの目には決して行儀良くは見えないし、すくなくとも清潔感はない。

こうしたこともあって、ある時期までの香港はしばしば伝染病の巣窟となることがあった。たとえば、一八四〇年代には、体調を崩し、マラリアなどで亡くなるイギリス軍兵士が少なからずいたし、しばしば、ペストやチフスも流行した。

こういう状況だったから、もともとアジア人に対して差別的な感情を持っていたイギリス人たちが、海沿いに比べると気温も湿度も低い快適な土地に、華人を排して自分たち専用の清潔な居住地を作りたくなる気持ちはわからないでもない。となれば、とりあえず、市街地後方の扯旗山《ピーク》に彼らの目が注がれるのも自然な流れであった。

ところで、一八七〇年代から一八八〇年代にかけては、経済面でも中国人が大きく力を付けてきた時期でもあった。

たとえば、一八八四年の時点で、香港で財産税を徴収されていたイギリス人は八三人いたが、中国人は六四七人いた。また、この年の高額納税者の上位一七名は中国人が独占し、イギリス人は一八位のジャーディン・マセソン商会が最高だった。さらに、このころ

◆1　ピーク・トラム100周年の小型シートの余白には、トラムができる前のセダンチェアでの往復のようすが描かれている。

になると、植民地の税収の九〇パーセントは中国人が負担していた。

すでに述べた東華醫院の設立や中国系警察官の大幅採用などは、こうした時代の潮流からすれば、当然のことであったが、そのことは逆に、有色人種への偏見をなくすことよりも、彼らに対する脅威を植民地のヨーロッパ人の間に浸透させることになり、より強烈な人種隔離政策を推進する原動力になった。

かくして、香港における〝山の手〟の建設が始まる。

一八六七年、香港政庁は標高一七〇〇フィート（約五一八メートル）の地点にあった軍の保養所を接収し、総督の別荘、マウンテン・ロッジとした。この別荘を中心に山の斜面が切り崩されて道が作られ、背後にイギリス人の家が建ち始める。また、一八七三年には観光客をあてこんで、ヴィクトリア・ピーク・ホテルも開業した。一八六九年のスエズ運河開通によって、ヨーロッパと極東の間の移動時間は大幅に短縮され、香港にも多くのヨーロッパ人観光客が訪れるようになっていたのである。

ところで、当時の山の手の住人たちは、海沿いの市街地との往復にはセダンチェアとよばれる籠（図1）を使っていたが、やはり不便である。

このため、スコットランド高原鉄道の技師であったフィンドレイ・スミスが中心になって、山頂と市街地を結ぶケーブルカーの建設が計画された。ちなみに、スミスは、ピーク・ホテルの開業に関わっていただけでなく、自身も、現在の山頂駅に隣接する土地を購入して住んでいた。まさに、〝必要は発明の母〟である。

スミスは、ピーク・ホテルの経営者で、香港で手広く事業を営んでいたフィニアス・ライリーを後援者につけ、一八八一年五月二〇日、香港総督のジョン・ポープ・ヘネシーに

〝植民地のいっそうの繁栄〟と〝人口の増加〟を理由としたトラムの建設計画を提出するとともに、建設資金調達のため、七月二日付の官報で建設債券を公募した。

その後、用地買収などの準備期間を経て、一八八五年九月から建設工事が開始され、一八八八年五月二八日、山頂纜車、すなわちピーク・トラムが開通した。

ピーク・トラムはセント・ジョンズ教会ちかくの花園道《ガーデン・ロード》駅＝山頂駅の間を結ぶケーブルカーで、その距離は一・三キロ、標高差は三六三メートル、斜度は最大二七度である。

当時、車輌の部品は全てイギリス製で、スコットランド人のスミスが組み立てた。運転手や車掌など、機械を動かすスタッフは全員がイギリス人で、住民の圧倒的多数を占める中国人に対してイギリス人の能力を見せつけていた。ちなみに、トラムの運行は一五分間隔で、山頂までの所要時間は約八分である。

一八八八年五月二八日には、香港総督のウィリアム・デボーら要人を乗せた一番列車が運行され、翌二九日には開業記念として希望者が無料で乗車できた。このため、正規の営業開始は五月三〇日からということになる。

口絵3は、堅尼地道《ケネディ・ロード》の白人住宅街を通過するトラムを取り上げた一九世紀末から二〇世紀初頭にかけての絵葉書である。画面の手前には、セダンチェアの人夫が所在なげにしゃがんでいる姿も見える。新しい交通機関の登場で〝商売あがったり〟というわけだが、パーティーに出席するためにトラムに乗って山頂へと向かうイギリス人たちの目には、こうした中国人は汚らしく、不愉快なものとしてしか映っていなかった。後にインド総督となるジョージ・カーゾンは「香港に来ると誰もがイギリス人であることがゾクゾクするほど誇らしくなる」と正直な真情を吐露しているが、イギリス人の紳士淑女たちの豪奢な生活は、この絵葉書に取り上げられている貧しい中国人の犠牲無しには成り立ち得ない。

このように、トラムはまた、単なる交通機関というだけでなく、植民地における支配者と被支配者の関係を、従来にもまして可視化する役割を担うことになる。

すなわち、トラムの開通に先立ち、一八八七年、香港政庁はピーク居住法令を発し、中国人をはじめ有色人種の山頂への居住を実質的に禁止した。こうして、〝山の手〟はイギリス人をはじめとするヨーロッパ人の占有物となり、中国人の住む下界とは隔絶された。かれらにとっては、霧や靄が下界の醜い光景を覆い隠してくれることもピークならではの恩恵と受け止められていたに違いない。同時にこのことは、居住地が身分秩序の上下とリンクする人種隔離体制が香港でも完成したと言い換えることも可能であろう。

◆2　開業後まもなくのトラムの乗車風景。イギリス人が先に乗り、中国人は待たされている場面が撮影されている（ピーク・トラム開業100周年の記念切手帳より）

図2は、一八八八年から一八九五年の間のトラムの乗車風景を撮影した写真だが、トラムにはまず、イギリス人が乗り込み、中国人は彼らが乗り終わるまで後ろで待たされているのがわかる。雲の上の山頂と下界を結ぶトラムは、その存在自体が、大英帝国の力をまざまざと見せ付けるモニュメントとして機能していたが、その利用に際しても支配者と被支配者の関係を思い知らせる道具なっていたのである。

教会と電灯

ピーク・トラムはイギリス国教会系のセント・ジョンズ大聖堂の近くから運行されていたが、山の手にはイギリス人以外にもさまざまな欧米人が住んでい

◆3　1888年に完成したローマ・カトリックの大聖堂

た。このため、香港のヨーロッパ社会が整備されるに従って、彼らを対象とした教会施設、特に、カトリック系の大聖堂が必要とされるのは自然の流れであろう。

香港におけるローマ・カトリック大聖堂（正式名称は聖母無原罪主教座堂）は、まず、一八四三年に中環《セントラル》地区の威霊頓道《ウェリントン・ロード》に建てられたが、一八五九年の火災により焼失した。その後、大聖堂の再建はなかなか進まなかったが、一八八一年に購入された土地に一八八三年から新たな大聖堂の建設工事が開始された。完成はトラムの開通と同じ一八八八年のことで、同年一二月七日に最初のミサが行われた（図3）。

一方、トラムの開通によって山の手地域の開発が進められると、この地域への水の供給が重要な課題となった。このため、山頂まで水をくみ上げるための動力として電力の利用が検討されることになり、ポール・チャーターを中心にホンコン・エレクトリック（現・香港電燈有限公司）が樹立された。

ポール・チャーターはカルカッタ出身のイギリス人で、香港には一八六四年にやってきて、アングロ・インディアン銀行の一つであったヒンドゥスタン銀行の行員を皮切りに、実業家としての頭角を現していった。

当時の香港では、一八六二年に設立された香港中華ガス会社（現・タウンガス）によるガス灯が照明の主力であった。一八七五年から一八八九年にかけて造られたダデル・ストリートの御影石の石段の両側に並ぶガス灯は、当時の面影を現在に伝えるスポットとして、法定古蹟にも指定されている。（ただし、このガス灯そのものは一九二二年製のもので、設置当初のものではない。）

さて、チャーターは立法評議会の委員二人とともに、一八八八年にホンコン・エレクト

◆4（右） 1990年に発行された“香港電力100年”の記念切手の1枚には、20世紀初頭の街並みを背景に1890年当時の街灯のシルエットが描かれている。

◆5（左） 英領香港50年を記念して発行された香港最初の記念切手

リック設立のための認可を香港政庁から得て、街灯の設置と山の手への水のくみ上げを行うことになった。このため、灣仔に香港最初の発電所が建設され、翌一八八九年、ホンコン・エレクトリックの株式の募集が開始された。

ホンコン・エレクトリックはイギリス本国から五〇キロワットの能力を持つ蒸気式の発電機を二台購入し、一八九〇年一二月一日の午後六時から街灯の点灯を開始した（図4）。

その後、香港の発電所は灣仔から北角《ノース・ポイント》へ、現在では南Y島へと移転している。現在、かつての発電所跡地は電気街と名づけられた住宅街になっている。

英領香港五〇年の記念切手

このように、ピーク・トラムの運転が始まり、植民地としてのインフラ整備が整えられていく中で、一八九一年一月二六日、イギリス当局は、〝日の沈まない帝国〟の威光を広く内外に示すため、アヘン戦争中の香港島領有宣言から五〇周年を祝う式典を盛大に開催する。

その一環として英領香港五〇年の記念切手（図5）が発行された。これが、香港最初の記念切手である。

切手はもともと、郵便料金前納の証紙として発行されるものであるから、当初は、国王の肖像や王家の紋章、さらには、額面の数字などを中心にした実用本位のデザインで構成されていた。もちろん、切手を発行し、それを流通させて郵便サービスを提供するということは、それじたい、その地域が切手を発行している政府の影響下に置かれていることを示しており、その意味では、切手や郵便物は国家のメディアとして機能している。

◆6（右）ペルーで発行された世界最初の記念切手
◆7（左）ヴィクトリア女王の即位50年にあわせて発行されたジュビリー・イッシュー

ただし、多くの貨幣がそうであるように、日常的に発行されている通常切手だけでは、政府の側から発信される情報の内容はかなり限定されてしまう。したがって、メディアとしての切手をより多面的に活用していくためには、国家的な行事等を周知・宣伝するために、記念切手を発行するということが重要な課題となってくるのである。

世界最初の記念切手といえば、一般的には、一八七一年四月にペルーで発行されたペルー中央鉄道を題材とした切手（図6）を挙げることが多い。ペルー中央鉄道は南米最初の鉄道で、一八五一年、リマ＝カヤオ間が開通。その後、一八七一年に路線はカヤオからチョリヨスにまで延長された。山岳地域で産出する鉱山資源を、リマの外港であるカヤオまで運ぶことが目的である。

一八七一年の切手は、その中央鉄道の開通二〇周年と、カヤオまでの路線延長をあわせて記念するために発行されたものである。ただし、切手上には〝開通二〇周年〟を意味する表示も〝記念〟の文字もなく、それが〝記念切手〟であることは分かりにくい。

ついで、一八八七年にはイギリスでヴィクトリア女王の即位五〇年にあわせて一〇種類の切手（図7）が発行されている。いわゆるジュビリー・イッシューである。しかし、ジュビリー・イッシューは、実際には、ヴィクトリア女王の即位五〇年を機に、通常切手のデザインを一新したという性格のもので、こんにち我々が考えている記念切手とはいささかニュアンスが異なっている。

翌一八八八年になると、オーストラリアの英領植民地、ニュー・サウス・ウェールズが入植百周年を記念して〝ONE HUNDRED YEARS〟の表示を入れた切手（図8）を発行した。これが、記念すべき事柄を明らかにしたうえで、その周知宣伝のために発行された

◆8（右）　ニュー・サウス・ウェールズで発行された「入植100年」の記念切手
◆9（左）　28セントの額面が加刷された30セント切手（1876年発行）

切手としては最初の事例となる。純然たる意味での〝記念切手〟の誕生といってよい。一八九一年に発行された香港最初の記念切手はニュー・サウス・ウェールズに次ぐもので、世界の記念切手の歴史の中でも初期のものと位置づけられる。

さて、切手は、ヴィクトリア女王を描く当時の二セント切手（一八八三年発行のもの）に〝Hong Kong JUBILEE〟の文字と〝1841〟ならびに〝1891〟の年号を加刷したものである。

加刷というのは、すでにある切手の上から文字などを印刷することで、暫定的な措置として行われることが多い。

たとえば、香港では、一八七六年に郵便料金の改定に伴って三〇セントの切手の額面を二八セントに改定するための加刷を施した切手（図9）が発行されている。

また、一八八〇年には、イギリス本国で一二進法が使われていたことに倣って一二の倍数を基準に定められていた郵便料金が、イギリス人以外の住民の長年の要望によって、一〇進法での計算がしやすいように、香港・マカオ・広州宛の郵便料金は二セントに、極東の開港地宛は五セントに、香港から外国宛は一律一〇セントに、それぞれ、改定された。これに伴い、新たに五セントならびに一〇セントの切手が大量に必要となったことから、香港郵政局は、まず、新額面を加刷した切手（次頁図10）を発行して急場をしのいでいる。

ところで、英領香港五〇年の記念切手の加刷は、地元の印刷所ノローニャ・アンド・サンズ社で行われた。加刷文字は切手一二枚分（六×二）のユニットをひとつの単位として行われたが、細かい点でそれぞれの切手の加刷文字が異なっているため、専門的には、個

◆10　1880年の10進法導入に伴い発行された5セントならびに10セントの加刷切手

別の切手が加刷のユニットのどの部分に相当するのか識別することも可能である。

英領香港五〇周年の記念式典は一八九一年一月二六日に行われたが、記念切手はそれに先立ち、一月二二日から二四日までの三日間のみ、香港中央郵便局で販売された。式典前日の二五日は日曜日だったため、販売は行われていない。

香港最初の記念切手ということに加えて、発行枚数はわずか五万枚しかなかったこともあって、英領香港五〇周年の切手は、発売当初から大変な人気を集めた。

切手発行日の一月二二日には午前七時から切手の販売が開始された。当初は一人二五枚の発売制限が行われていたが、一時間後の午前八時には発売制限は一人二〇枚に強化された。それでも、局内は異様に混雑しており、二人のポルトガル人と一人のオランダ人が亡くなり、多くの怪我人が出たという。

こうした状況であったから、英領香港五〇周年の記念切手の多くは、入手困難なコレクターズ・アイテムないしは記念品として退蔵されてしまい、実際に郵便に使われることはほとんどなかった。しかし、今回の記念切手は、怪我人が出るほどの騒動を巻き起こしたことで、単なるコレクターズ・アイテムないしは記念品の域を超えて一種の社会現象になり、結果的に、英領香港五〇年の周知・宣伝という点では絶大なる効果を挙げたという点で、切手を発行した香港郵政局としては十分に所期の目的を達したといってよいだろう。

新界租借

九龍一の繁華街、彌敦道《ネイザン・ロード》は香港随一の高級ホテル、半島酒店《ペニンシュラ》と香港喜來登酒店《シェラトン・ホンコン》の間から北に向かってほぼ直線に伸びている。

この通りの左側を少し歩いて、北京道《ペキン・ロード》（のぞきこむと上海料理の名店、滬江大飯店《ウーコン・シャンハイ》のド派手なネオン看板が見える）にぶつかる交差点、中国旅行社の看板があるあたりが地下鉄の尖沙咀《チムサチョイ》の駅の一番南側、Eの出口になる。通りの右側に見えるのが南アジア系の連中がたむろしている重慶大廈《チョンキン・マンション》。その隣はガラス張りのカフェが目を引く金域假日酒店《ホリデイ・イン・ゴールデンマイル》がある。このあたりをふらふら歩いていて「四五分で九八ドルのマッサージ（ただし、いかがわしいヤツではなく、本格的なもの）はどう」とか「ニセモノ時計あるよ」、さらには「お兄さん、女好きか？」といった声をかけられた経験のある人も少なくないはずだ。

さらに通りを北上してショッピング・センターの屈臣氏《ワトソンズ》を越えると九龍公園《カオルーン・パーク》の南端に到達する。目の前には大理石のドームを持つ九龍清眞寺《カオルーン・モスク》が公園の緑からくっきりと浮かび上がって見える。その後ろにショッピング・モールの柏麗購物大道《パークレーン・ショッパーズ》が四〇〇メートルほど続いて警察署のある交差点にぶつかる。

だいたい、このショッピング・モールのあたりまでが、彌敦道の華というべきエリアで、道路の両側に看板が突き出し、多数の店やホテルが並ぶ、いかにも香港らしい風景として紹介されることも多い。

ここまで来ると、地面の下の地下鉄は佐敦《ジョーダン》の駅がすぐ近くになる。このエリアに入ると、繁華街は繁華街だが、途端に地元客を意識した店の割合が高くなる。ナイト・マーケットで有名な廟街《テンプル・ストリート》は佐敦の駅から先のところを、西にちょっと入ったところだ。廟街の名前の由来は近所に天后廟があるからだろう。天后廟は海の守護神を祀った廟で、かつての漁村だった香港のいたるところに同じ名前の廟があるが、日本のガイドブックでは彌敦道沿いのこの廟が紹介されていることが多い。ちなみに、廟の南側は九龍中央郵便局である。

さらに、北に行くと、地下鉄の油麻地《ヤウマティ》、そして旺角《モンコク》の駅の上を通る。そして、次の太子《プリンス・エドワード》の駅を越えて三分ほど歩くと彌敦道は終点となり、道は長沙灣道と名前を変えて西北方向へと曲がっていく。

彌敦道の南端からここまでは三・六キロ。ゆっくり歩くと、約一時間半のお散歩コースになるのだが、その終点で僕がこの目で確かめたかったのが、彌敦道を東西に横切る界限街《バウンダリー・ストリート》である。

イギリス人が現在、彌敦道と呼ばれている大通りの開発に乗り出したのは、まだ、九龍市街地が正式に彼らに割譲される以前の一八六〇年のことだったという。はじめは、この通りは当時の香港総督ウィリアム・ロビンソンにちなんで羅便臣道《ロビンソン・ロード》と呼ばれていたのだが、香港島にも同じ名前の通りがあったため、二〇世紀初めになって、やはり当時の総督マシュー・ネイザンにちなんで彌敦道と改名された。ネイザンはこの通りの大規模な拡張

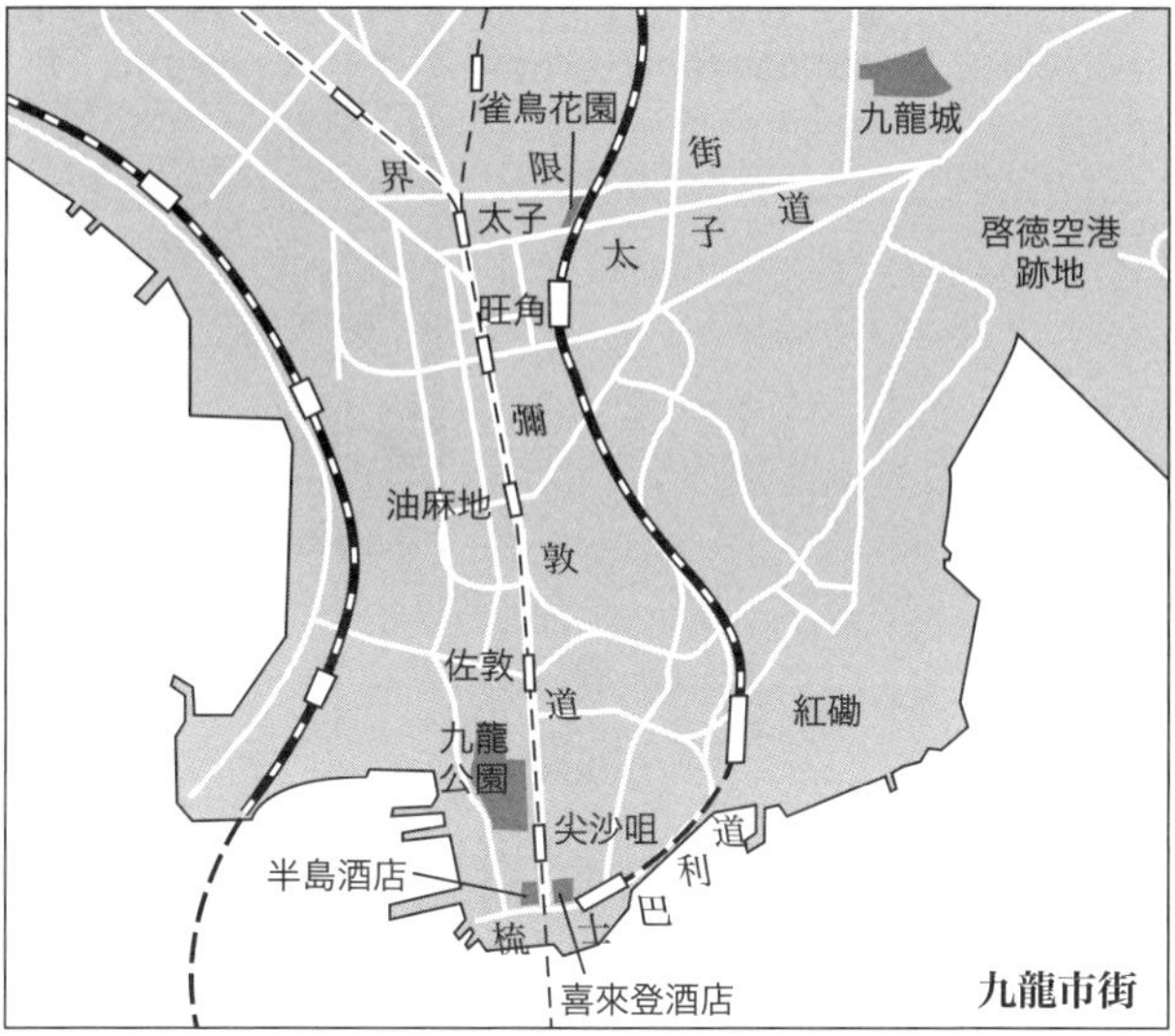

工事に着手したが、意味なく大きな通りだと酷評されたこともあったという。

さて、界限街というのは、読んで字のごとく、境界線ストリートという意味で、九龍市街地がここまでであることを示すボーダーであった。

しかし、列強諸国による中国分割が進められていく中で、一八九八年にイギリスがいわゆる新界地区を租借すると、界限街は英領植民地と租借地の境界線へと変質する。とはいえ、英領香港の中では直轄植民地と租借地の部分は実質的に不可分の関係にあったから、界限街という境界も実質的にはなんら意味を持たなくなっていくのだが……。

ドイツの極東進出と租借地の誕生

一八九五年四月、日清戦争は日本の勝利で幕を閉じた。戦争の結果、清朝は最後の朝貢国であった朝鮮を失い、台湾を日本に割譲する。

台湾を領有するにあたって、当時の日本政府は、司法顧問であった二人のお雇い外国人、イギリス人のモンターギュ・カークウッドとフランス人のミシェル・ルボンに台湾統治のあり方について、意見を求めている。

その際、カークウッドは香港をモデルに、台湾は間接統治の植民地として、本土とは切り離して総督による統治を行うのがよいと主張した。一方、ルボンはアルジェリアをモデルに、〝台湾県〟を内地の延

◆1 “ドイツ海上郵便”の消印が押された香港切手

長として統治すべきと主張している。

結局、明治政府はカークウッドの提案を入れて、台湾を植民地として統治することを決定し、香港は日本の植民地支配の生きた教科書となる。

さて、日清戦争の後、列強による中国分割はいよいよ本格化するが、そうしたパワーゲームの中で注目すべき役割を果たしたのがドイツであった。

一八七一年、ようやく近代国家としての統一を果たしたドイツは、鉄血宰相ビスマルクの下、国内的には保護貿易政策による産業育成、対外的にはイギリス牽制のための勢力均衡外交を展開していた。このため、ドイツの極東進出は他の列強諸国に比べて大幅に遅れたが、一八八五年三月になって極東ならびにオーストラリアへの航路開設の法案が国会で通過。同年七月に北ドイツ汽船会社が就航の権利を獲得し、翌一八八六年に極東行きの第一便としてオドール号が上海に就航した。

ドイツと極東とを結ぶ航路は、ブレーマー・ハーフェンからジブラルタルを経て（ごく最初期にはドイツからイタリアのジェノヴァまでは陸路で）地中海に入り、スエズ運河を通ってアデン、コロンボ、シンガポール、香港を経て上海にいたるというルートを取っていた。スエズ以東の経由地はいずれもイギリスの支配下にある港であったから、ドイツ＝上海間の直航便を就航させない限り（当時の技術力では、それは不可能であった）、イギリスとの関係が悪化して、それらの港に寄港できなくなれば、ドイツの極東戦略はただちに破綻してしまうというもろさがあった。

図1の切手には、こうした事情が象徴的に示されている。

これは香港で発行された五セントの切手だが、一九九九年一月二〇日付の〝ドイツ海上郵便〟の消印が押されている。消印の表示は、この切手では一部が欠けているが、〝DEUTSCHIE SEEPOST〟(ドイツ海上郵便)ならびに〝OST-ASIATISCHE/HAUPTLINIE〟(東アジア本線)である。

国際航路の船舶では、一般に船内に郵便局が設置され、乗客の郵便物を取り扱う。また、こうした郵便局は、寄港地では船外の陸上に移動式のポストを設置し、郵便物を集めることもあった。こうして船内の郵便局で取り扱われた郵便物には、そのことを示すために〝PAQUERBOT〟(船舶を意味するフランス語)と表示されたほか、場合によっては、船内郵便局独自の郵便印が使用されることもあった。図1の切手に押されている消印も、そうした船内局の消印の一例である。

ところで、公海上では、船内はその船籍のある国の領土とみなされる。それゆえ、船内の郵便局も船籍の国の出先機関ということになり、船籍の国の切手が使われることになるのだが、寄港地で集められた郵便物に関しては、当然のことながら、寄港地の切手が貼られていることになる。このため、船舶で取り扱われた郵便物に貼られている切手には、外国の消印が押されるというケースも少なくない。

図1の切手もそうしたものの一例で、香港に立ち寄ったドイツ船の移動式ポストに投函された郵便物に貼られていたものと考えられる。

さて、一八八八年六月にドイツ皇帝として即位したウィルヘルム二世は、一八九〇年三月、ビスマルクを罷免して親政を開始し、ドイツの対外政策は一変する。

ウィルヘルム二世は「ドイツの将来は海上にあり」と呼号し、後発資本主義国のドイツが英仏に伍していくためには、極東の中国に強力な海軍拠点を備え、中国の豊富な鉱産資源と市場を押さえるべきだと考えていた。一八九五年、日清戦争の講和条約で遼東半島が日本に割譲されそうになったとき、フランス、ロシアとともに、いわゆる三国干渉を行ったのは、彼らが中国大陸に勢力を扶植する機会を虎視眈々とうかがっていたからである。

はたして、一八九七年一一月一日、山東省鉅野《きょや》県でドイツ人宣教師が殺害された事件を口実として中国に出兵。膠州湾《こうしゅう》を占領し、翌一八九八年三月六日には清朝に対して青島を含む膠州湾一帯の九九年租借と山東省内の鉄道敷設権・鉱山採掘権を清朝に認めさせた。

租借というのは、他国の領土を一定期間、借り受けることで、貸した国には潜在的な主権が存在するものの、立法・行政・司法の三権は借りた国に移り、実質的には、その土地は借りた国の準領土ないしは植民地となる。

一八九〇年代になると、列強による植民地の争奪戦は熾烈を極め、列強間のパワーバランスを大きく崩すような新たな植民地の獲得は、他の列強の干渉を招きかねない状況になっていた。日本が苦汁を舐めた三国干渉はその典型だった。

こうした状況の下では、中国大陸のように各国の思惑が複雑に交錯している地域では、無理に植民地として領土を獲得するよりも、中国側の形式的な主権を認めることで植民地支配の実利を確保することが優先されるようになるのは自然の成り行きであった。

なお、ドイツによる膠州湾の租借に関して、当初、イギリスはこれを黙認する姿勢をとっていた。これは、極東への航路の重要拠点を押さえていた、イギリスならではの余裕がなせる業であったといってよい。

香港切手が使われた威海衛

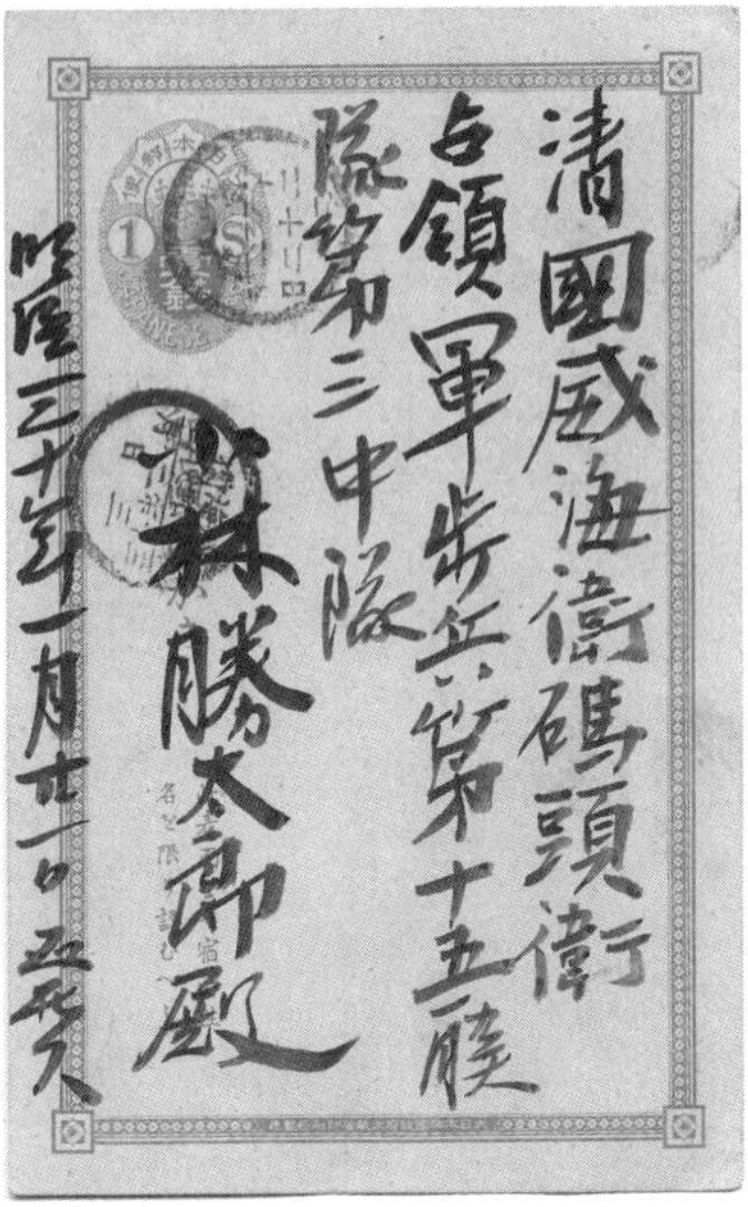

◆2　威海衛を保障占領していた日本兵宛の年賀状

ところが、ドイツが武力で清朝を圧倒したことをみたロシアは、旅順港に軍艦を派遣して清朝を守るポーズを取るとともに、当時の清朝の実力者、李鴻章を買収。ドイツが膠州湾租借の条約を結んでからわずか三週間後の一八九八年三月二七日、清朝との協定により、旅順・大連を中心とする関東州の二五年間の租借、旅順とシベリア鉄道をつなぐ鉄道の敷設権、鉱山採掘権などを獲得した。

ドイツの膠州湾租借を黙認したイギリスであったが、ロシアの南下はなんとしても阻止したかったため、威海衛（具体的には、威海衛の旧城内と北岸の碼頭《まとう》衙、湾内の劉公島の三ヵ所を中心とする地域）を海軍基地として租借することを計画する。山東半島東端の威海衛は、渤海湾をはさんでロシアが租借した関東州に近く、さらに、威海衛の方が外洋にあるので、ロシア艦隊の動静を監視するには絶好のロケーションと考えられたのである。

威海衛は、明代の一三九八年に倭寇防衛のために設置された。清末には李鴻章率いる北洋海軍の基地となり、日清戦争中には日本海軍の攻撃を受けた清国北洋艦隊がこの地に逃げ込んでいる。このため、一八九五年一月二〇日、山東半島に上陸した日本軍は威海衛への攻撃を開始し、同年二月二日、この地を占領した。その後、同年四月、下関条約の締結で日清戦争は終結したが、日本は清朝が条約を完全に履行するまでの期間、威海衛を保障占領（特定の要求を通すために、一定の領域に軍隊を派遣して占領することで、目的が達せられた後は撤退するのが一般的）し、一八九八年の時点でも占領は継続されていた。

前頁図2はそうした状況の中で、一八九七年一月二〇日（ただし、長野局の消印の日付は一月二二日）、威海衛の保障占領に参加していた日本兵宛の葉書である。差出人の名前にかかっていて読みにくいのだが、同年二月三日に威海衛城内の北部、碼頭街に到着したことを示す〝威海衛第一郵便局〟（通常の郵便局ではなく、軍事郵便局）印が押されている。

ちなみに、日清戦争以前の威海衛では近代郵便制度は行われておらず、郵便物は近隣の芝罘《チーフ》（煙台）で受け渡しが行われていた。そこへ、日本軍が軍事郵便局を設置して、一般人を対象とした有料の郵便物の取り扱いも開始したことで、威海衛でも近代郵便制度が導入されるようになったという経緯がある。

以上のような事情があったため、イギリスが威海衛を支配下に治めようとすれば、自国海軍の拠点を失うことになる清朝はもちろんのこと、保障占領を継続している日本や、さらには、近隣の膠州湾を租借したばかりのドイツが反発することは必至であった。

そこで、イギリスは、日本に対しては、日本の仮想敵国であるロシアの南下に対抗するためにはイギリスによる威海衛の租借が効率的であると説いて保障占領からの撤退を了承させたほか、ドイツに対しては威海衛に鉄道を建設しないことを約束して、山東半島に進出する意思のないことを説明し、威海衛租借に対する理解を得た。また、清朝に対しては、ロシアが関東州を返還すれば威海衛を返還するとした上で、引き続き、北洋艦隊が威海衛を使用しても良いという条件をつけて、一八九八年四月三日、清朝に対して威海衛の租借を認めさせた。

こうして、一八九八年五月二四日、日清戦争の賠償金の支払いが完了したことを受けて日本軍が威海衛から撤退すると、翌日、イギリス海軍がこの地を占領。劉公島に基地を設

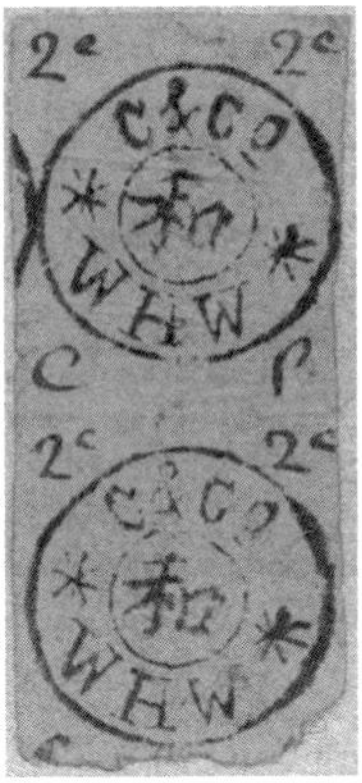

◆3（左）　威海衛での特使逓送便の開始にあわせて和記洋行が発行した暫定的な切手
◆4（右）　上海で製造された威海衛の特使逓送便用の切手

置し、一〇〇〇人のインド兵を駐屯させた。また、碼頭街はイギリス風に愛徳華港《ポート・エドワード》と改称され、行政長官の下、波止場と商業地域が建設された。

日本軍が撤退すれば、当然のことながら、その軍事郵便局は閉鎖される。このため、しばらくの間は芝罘＝威海衛間を往復する不定期船によって郵便物が取り扱われていたが、一八九八年末になると、芝罘のイギリス系商社の和記洋行《コルナーベ・アンド・カンパニー》が現地司令官の命を受け、芝罘と威海衛の間の定期的な通信として特使逓送便を開始。このサービスの料金納付用として、一八九九年一二月八日、現地製の暫定的な切手（図3）も発行した。

この切手は、赤色の土産紙に二重丸の印を押したもので、印の上方には額面（二セントと五セントの二種類があった）が、下方には特使逓送便を意味する〝Courier Post〟の頭文字であるCPの文字が、それぞれ、書き込まれている。印の中央の〝和〟の文字は和記洋行を示すもので、C & COは同社の英文名称〝Cornabe and Company〟を、〝WHW〟は威海衛（Wei Hai Wei）を意味している。

非常に簡素な切手であるから、偽造を防ぐため、切手の裏面には真正の切手であることを示すため、担当者であるファーガソン（G. K. Ferguson）のサインも入っている。

その後、一八九九年一月九日になると、上海の印刷会社ケリー・アンド・ウォルシュで製造されたオフセット印刷の本格的な切手（図4）が届けられ、使用されるようになる。こちらの切手は、中央に大きく額面数字を描き、上部には劉公島（Liu Kung Tau）と芝罘（Cheefoo）を示す頭文字のLKTとCがそれぞれ入っている。

これらの切手は、いずれも、威海衛＝芝罘間に限って有効で、芝罘から先の郵便物に関しては、芝罘の郵便局で改めて必要な料金の切手を貼って差し出さなく

◆5　威海衛・劉公島の消印が押された香港切手

てはならなかった。

このように、和記洋行による特使逓送便の制度は、通信手段としてないよりはましであったが、利用者にとって不便なものでもあったので、一八九九年三月、威海衛の旧城内に清朝の郵便局が開局されると、すぐに閉鎖されてしまった。

一方、威海衛の租借に伴う権益のひとつとして、イギリスは現地に郵便局を開設する権利を得ていたため、一八九九年九月、劉公島に郵便局を設置したほか、一九〇四年四月にはポート・エドワードにも郵便局を開設している。

これら威海衛租借地内の郵便局は香港郵政總局の管轄下におかれたため、一九三〇年に威海衛が中国に返還されるまで、図5に示すように、香港切手が使用されている。

こうして、威海衛の支配を始めたイギリスだったが、実際に軍隊を駐屯させてみると、湾口が広く、多くの兵力が必要なため、防衛拠点としては効率が悪いことが判明。また、山東半島ではすでに芝罘が貿易港として経済的に繁栄していたことや、ドイツとの約束により鉄道建設も不可能であったため、威海衛は、租借早々、無用の長物になってしまう。

広州湾と米西戦争

一方、華南では、すでにインドシナを植民地化し、海南島にまで勢力を伸ばしていたフランスが、ドイツ、ロシア、イギリスによる華北での租借地獲得ラッシュに刺激を受け、一八九八年四月一〇日（イギリスによる威海衛租借の一週間後）、広州湾を占領し、海軍の給炭地として租借することを清朝に認めさせた。

フランスが租借地とした広州湾地域は、広東省・雷州半島東側付け根にある湾の一帯

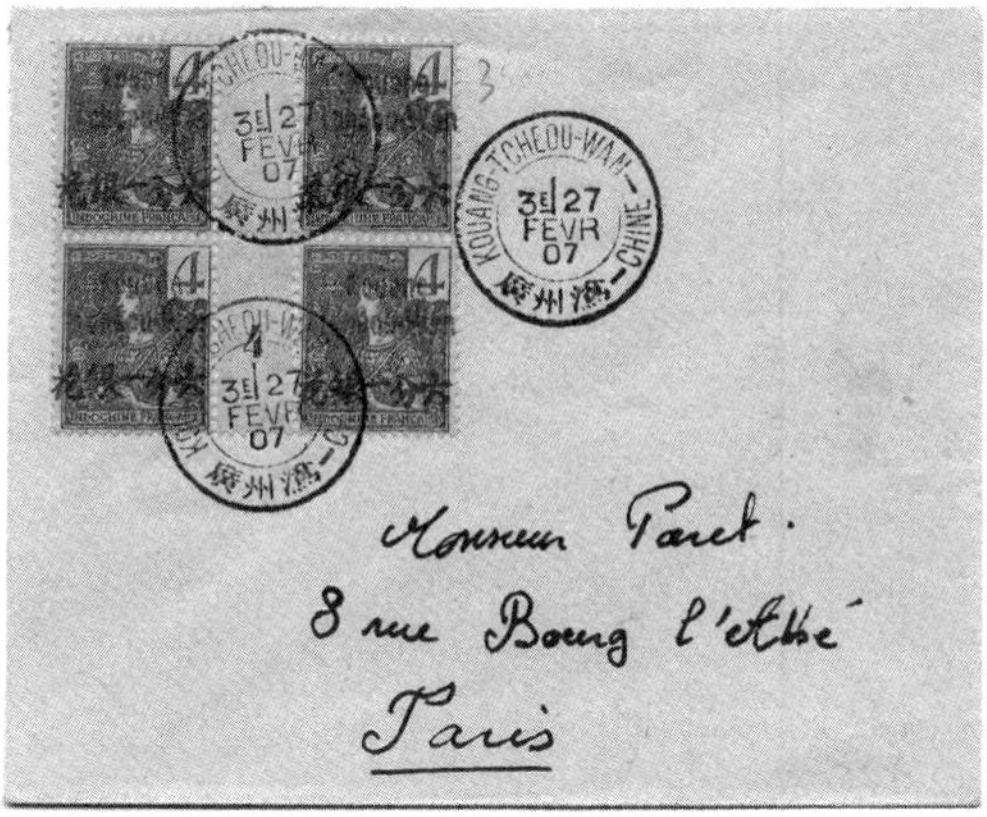

◆6　広州湾租借地で発行された最初の加刷切手が貼られた郵便物

（現在の広東省湛江《たんこう》市）で、租借地の面積は五一八平方キロ（水域を含むと二一三〇平方キロ）。天然の良港で、フランス側の政庁は〝フォート・バイヤード（この地に最初に停泊したフランスの軍艦バイヤード号にちなんだもの）〟と改名された西営（現在の霞山。清朝の砦があった）に設けられた。

一八八四年の清仏戦争の際、インドシナを占領したフランスは、台湾、広州、福州、上海などへも食指を動かすそぶりを見せていた。このときの経験から、イギリスは、フランスによる広州湾の租借を、香港防衛にとって直接的な脅威として認識した。

実際、フランスは香港に直接進攻することはなかったものの、一九〇〇年以降、広州湾租借地をハノイのインドシナ総督の管轄下におき、ここを拠点として華南への進出を本格的に進めていく。

郵便に関しては、一九〇一年にインドシナ郵政総局の管轄の下、租借地内の六ヵ所に郵便局が設置され、フランス領インドシナの切手を持ち込んでの郵便サービスがスタート。そして、一九〇六年からは、インドシナ切手に広州湾のフランス語音訳である〝KUANG-TCHEOU-WAN〟の文字と漢字で額面を加刷した租借地専用の切手が使用された。

図6は、広州湾租借地で発行された最初の加刷切手が四枚貼られた郵便物で、一九〇七年二月、パリ宛に差し出されたものである。切手の加刷文字に欧文と漢字表記が混在しているのと同様、押されている消印にも〝KUANG-TCHEOU-WAN〟と〝廣州灣〟の表示が混在しているのが目を引く。

さらに、フランスによる広州湾租借から一月と経たない一八九八年五月、米西戦争を戦っていたアメリカがスペイン領だったフィリピンを攻撃し、マニラ湾を占領する。

一八九〇年代の半ば、スペインは植民地の独立闘争に悩まされていた。特に、アメリカと密接な関係にあったキューバの独立問題に関して、アメリカのジャーナリズムは「スペインの圧制と戦うキューバ人を救え！」とのキャンペーンを連日展開していた。そうした中で一八九八年二月、ハバナ港に停泊中のアメリカの戦艦メイン号が爆発。後に、これはメイン号自体のエンジン・トラブルによるものであることが判明するが、〝アメリカの戦艦への攻撃〟に激昂したアメリカは、同年四月二五日、ついに、スペインに対して宣戦を布告する――これが米西戦争勃発の経緯である。

このように、米西戦争はキューバの独立支援を大義名分としてはじまったが、開戦と同時に、アメリカはキューバとは無関係であったはずのスペイン領フィリピンにも艦隊を派遣した。ここでも、スペインの圧政から現地住民を解放するとの大義名分が掲げられた。

ところで、フィリピンでの戦闘に際して、香港が重要な役割を果たしていた。

米西戦争以前のフィリピンでは、一八九六年八月に独立革命が勃発して以来の混乱の最中にあった。当初、革命は労働者出身のインテリ、アンドレス・ボニファシオひきいる秘密結社のカティプーナンの蜂起によりはじまったが、革命がフィリピン各地に波及し、諸勢力がこれに加わるようになると、革命の主導権はエミリオ・アギナルドに代表されるプリンシパーリア層（スペイン統治下で地域レベルの行政に従事していた役職者）が握るようになった。さらに、階層対立に地域間対立も加わって、革命派内部は混乱が続き、戦況はスペイン有利に展開されていた。

こうした状況の中で、革命派内の主導権を掌握したアギナルドは、一八九七年五月、ボニファシオを処刑し、ともかくも、自らを大統領としてフィリピン共和国（総司令部の置かれていた地名にちなみ、ビアクナバト共和国とよばれることもある）の成立を宣言する。

しかし、ビアクナバト共和国が発足したものの、依然として戦況はスペイン有利に展開されており、アギナルドは次第にスペイン側との妥協を余儀なくされた。結局、革命政府の成立からわずか半年後の一二月二〇日、革命派とスペイン側との間で停戦が結ばれ、革命指導部は八〇万ペソ（四〇万米ドルに相当。ただし、この段階でスペイン側がアギナルドに支払ったのは半額の四〇万ペソ）の補償金と引き換えに香港へ亡命する。

しかし、アギナルドらの亡命後も、反スペインの独立闘争は激しさを増すばかりで、スペインの植民地政府はその対応に追われていた。

米西戦争は、まさにこうしたタイミングで、一八九八年四月に勃発したわけだが、すでに開戦以前の一八九八年三月の時点で、アジア太平洋地域における拠点を捜し求めていた〝アメリカ帝国主義〟は、スペインという共通の敵を前に、再起を期して香港に亡命していたアギナルドらとの折衝を開始する。

香港でアギナルドと面会したアメリカ東洋艦隊の戦艦ペトレル号のウッドは、アギナルドに対して、祖国へ帰り、米軍の支援を得てフィリピンを解放すべきだと説得する。さらに、ウッドは、「アメリカは偉大で豊かな国家であり、植民地を必要としないし、また欲しいとも思わない」とまで発言する。その一方で、双方の合意を書面に残すように要求するアギナルドに対して、ウッドは「その点についてはデューイ（艦隊司令官）と相談する」と応え、独立への支援を口約束に留めている。

アギナルドへの帰国の説得が続けられていた五月一日、アメリカはついにマニラ湾停泊中のスペイン艦船を攻撃し、フィリピンでの戦闘を開始する。本国からの地上軍が到着するまでスペインの地上勢力を封じ込めるためにも、また、あらたにフィリピンに食指を伸ばしてきたドイツ（五月六日には、はやくも、総トン数でアメリカを上回るドイツ艦隊がマニラ湾に出現し、将兵が上陸している）に対抗するためにも、もはや、アメリカにとってアギナルドの帰国は一刻の猶予も許されないものとなっていた。

一方、アギナルドはアメリカの〝約束〟が一向に文書化されないことに不安を感じ、アメリカによる新たな植民地化を懸念していたが、香港の革命指導部の大半は、合衆国憲法の理念を無邪気に信じ、アメリカはフィリピンに独立を与えてくれるものと思い込んでいた。さらに、彼らの間では、アメリカがフィリピンを植民地化しても、アギナルドが民衆を率いて蜂起すれば、独立を達成することは可能であるとの楽観論が主流を占めていた。

こうした状況の中で、五月一九日、アギナルドら革命指導部は帰国する。

一行を迎えた艦隊司令官のデューイは、あくまでもフィリピンの独立を文書で保証することを要求するアギナルドに対して、「アメリカ人の口頭による保証は、スペインの文書による保証（ビアクナバトでの停戦協定で約束されていた補償金は半額が未払いのままであった）よりも信頼に値する」と主張。さらに、アギナルドに対して、独立フィリピンの存在を内外に誇示するためにも、新たなフィリピン国旗を制定したらどうか、とまで述べている。もっとも、その後の歴史を見れば、フィリピンはアメリカによって植民地化され、アギナルドの懸念は見事に的中したことになるのだが……。

さて、フィリピンでの戦闘が続けられていた間、アメリカは九龍半島の大鵬湾付近を根

◆7　米西戦争時のマニラからイギリス宛の書留便

拠地として大いに戦果を挙げたが、このことは、東南アジアにおける軍事拠点としての香港の価値をあらためて証明する結果となった。

図7は、米西戦争中の一八九九年二月八日、マニラからイギリス宛に差し出された書留便だが、裏面に押されている中継印を見ると、三日後の一一日に香港を経由していることがわかる。表面に押されている〝RECEIVED〟の表示の印の日付は三月一八日。当時の輸送技術を考えれば、フィリピン攻略のための拠点として、香港という中継基地を確保することの重要性は明白であろう。

英領香港の完成

フィリピンの攻略にとって香港が重要な役割を果たしたということは、裏を返せば、アメリカが拠点としていたフィリピンからは香港へと容易に兵を派遣できるということになる。また、フランスがその気になりさえすれば、彼らが海南島やインドシナから九龍半島や香港島を攻略した場合、イギリス本国からの増援部隊が到着するまで、香港の守備隊が持ちこたえられるという保障は何もなかった。

さらに、軍事的な拠点として活用することが期待された威海衛は、イギリスにとっては期待はずれの代物でしかなかった。

こうしたことから、香港防衛のためには、九龍半島全体を支配し、植民地としての軍事的な強化を目指すしかないと考えたイギリスは、北京駐在公使のクロード・マクドナルドが李鴻章との交渉を開始する。

当然のことながら、清朝側は、威海衛を租借したばかりのイギリスが、あらたに租借地を設定することには激しく抵抗した。特に、九龍城（九龍城砦周辺の地域）の管轄権、深圳湾ならびに大鵬湾での軍艦利用権については、強くこれを拒絶した。

香港島が割譲されると、香港島と九龍半島の間には〝国境〟が出現し、二つの地域を結ぶ伝統的なジャンクによる交易は〝密貿易〟になってしまった。清朝は、このジャンク貿易を管轄するため、海上で船舶を臨検し、アヘン密輸の取り締まりや関税の徴収を行うべく、一八四七年、広東総督の下、新安県の四九一の村を管轄する行政区域として九龍城を設定した。アロー戦争によって九龍市街地がイギリスに割譲された後の一八七一年、この地には広東省の税関が設置され、アヘンの密輸に目を光らせることになったが、九龍城地域は九龍市街地には含まれておらず、引き続き、清朝の領域にあって清朝の海防政策の最前線を担っていた。

それゆえ、九龍半島がイギリスに割譲されるのではなく、あくまでも貸し出されるという形式を取る以上、清朝としては九龍城地域の問題では譲歩できなかった。

結局、清朝側がイギリスの香港防衛を妨害しないという前提で、イギリスは九龍城地域を除く九龍半島を租借するということで決着が図られ、一八九八年六月九日、「香港境界拡張専門協約」が締結された。その条文には、以下のように記されている。

長年、植民地の正しい防衛と保護のために香港領域の境界を拡張することが必須であることが認識されてきた。ゆえに、今般、添付の地図におおむね記された範囲において、大ブリテン領境界が租借地として拡張されることについて、大ブリテン国及び清国政府の間で合意がなされた。正確な境界線は両国政府の任命する官吏が正当な調

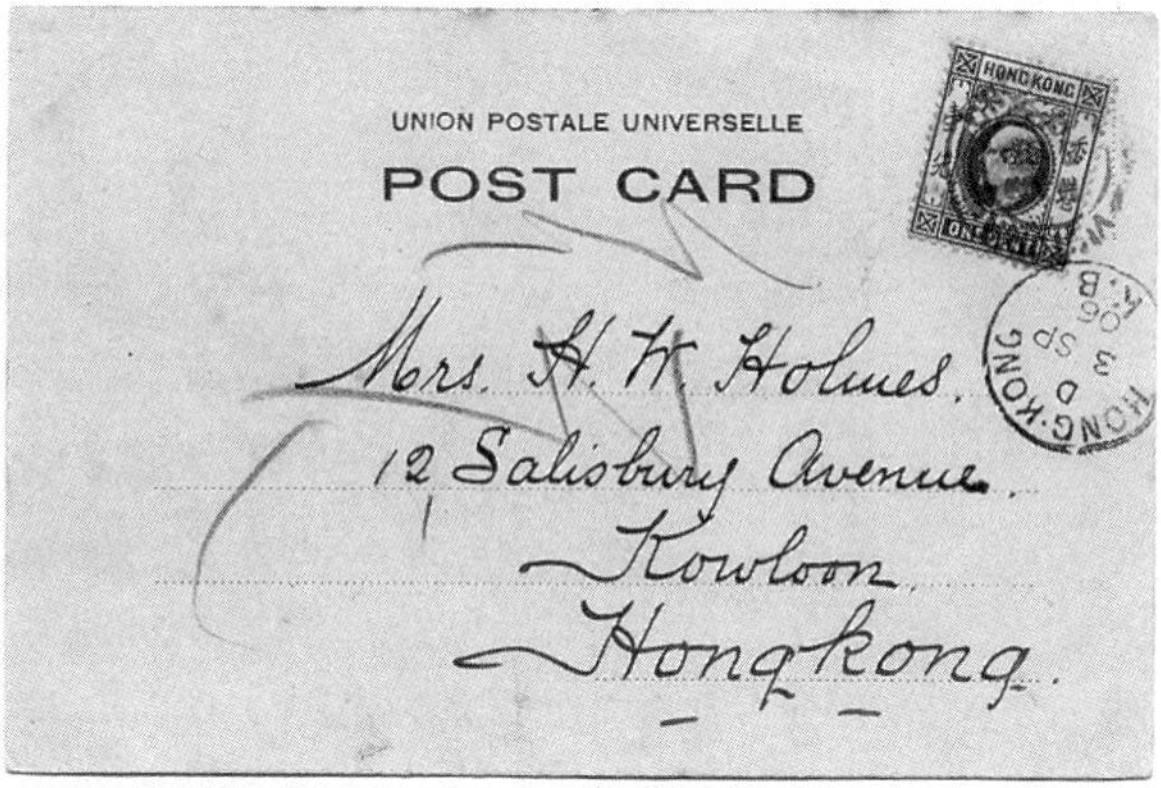

◆8　初期の九龍郵便局の消印が押されている葉書

査を行った後に確定する。この租借年限は九九年とする。

イギリスによる九龍半島の接収は、地元住民の抵抗もあって。当初予定されていた一八九八年七月一日ではなく、一八九九年四月一七日まで延期されたが、延期後の接収式典に際しても騒擾事件（実際は、中国式に爆竹を鳴らしたことを、イギリス側が反英闘争と勘違いしたらしい）が発生した。このため、翌四月一八日、イギリスは深圳を攻撃。清朝の官吏を追放して、「協約」の範囲を超えて、九龍城地域も実質的な管轄下に置いてしまった。

しかし、清朝はこれを認めず、以後、清朝から中華民国、中華人民共和国へと政権が代わっても、中国側は一貫して九龍城地域の管轄権を主張し、イギリスの介入に抵抗し続けることになる。

さて、新界地区の租借に伴って、九龍地区の本格的な開発が開始されることになったが、これに伴い、一八九八年七月五日、九龍の波止場には九龍郵便局が開設された。ただし、この時点では、同局は独立した郵便局というよりも、ヴィクトリアの香港中央郵便局の分局という扱いであったため、同局では、九龍を意味する〝Kowloon〟ではなく、図8の葉書に押されているように〝Hong Kong K.B.〟と表示された消印が用いられていた。この消印の〝K.B.〟は、九龍分局を意味する〝Kowloon Branch〟の略である。

その後、波止場の敷地に内に設けられていた九龍郵便局は、天星小輪《スター・フェリー》の開業に伴い、フェリーの船着場の建物内に移転している。

◆9　開業当時のスターフェリー

天星小輪は維多利亞港《ヴィクトリア・ハーバー》の両岸、尖沙咀《チムサチョイ》＝中環《セントラル》、尖沙咀＝灣仔《ワンチャイ》、灣仔＝紅磡《ホンハム》、中環＝紅磡間ならびに観光客用の周遊ルートを運航しているフェリーで、そのルーツは山頂纜車《ピーク・トラム》が開通した一八八八年にまで溯る。

すなわち、一八六〇年代にコックとして香港に渡ってきたボンベイ出身のパルシー教徒、ドラブジー・ノウロジーはアヘンの売買で成功し、一八七三年には、当時の香港の高級ホテル、香港ホテル内にパン屋を出店。一〇年後には、香港島・中環のポッティンジャー・ストリートに一軒、九龍市街地に二軒を経営するほどまでにビジネスを拡大した。これらのホテルにパンを配送するため、ノウロジーは、一八八八年に九龍フェリー会社を設立し、中環と尖沙咀を結ぶ蒸気船フェリーを就航した。その後、一八九八年になって、ノウロジーは、フェリーの名前にすべて〝スター(星)〟がついていることから、フェリーの名称を天星小輪《スター・フェリー》に変更して、現在の天星小輪ができあがった（図9）。

さて、フェリーの船着場に設けられていた九龍郵便局は、一九〇六年九月、さらに彌敦道と垂直に交わる海沿いの梳士巴利道《ソールズベリー・ロード》に移転する。図8の葉書は、ちょうどその頃、香港島から九龍郵便局の新局舎に近い梳士巴利道宛に差し出されたもので、〝Hong Kong K.B.〟の印がしっかりと押されているのがわかる。

こうして、いわゆる九龍半島新界地区の九九年租借が実現され、現在の〝香港〟の枠組が完成した。

一八九八年に起こった一連の動きは、あくまでも力の均衡を求め、一国だけが利益を独占しないよう、対抗的に利益の設定を図ろうとする列強間のパワー・ポリティクスの原理に忠実に則ったものであった。もちろん、そこにはパイとして切り分けられる側の事情を斟酌しようという心性は微塵もない。

そうした意味では、租借植民地としての香港の完成は、それじたい、一国が自己完結できる時代の終焉、すなわち、〝世界史〟の時代の到来をものがたるものといってもよいのかもしれない。

第二章

孫文ピカレスク

大戦勝利の日の香港の街頭（当時の絵葉書より。158ページ参照）

◆1（次頁） 孫文ゆかりの地の地図が印刷された“孫中山誕生一百四十周年”の小型シート

香港・孫文ツアー

香港に翠亨邨茶寮《スイハンヴィレッジ・ティーハウス》という点心の店がある。本店は彌敦道《ネイザン・ロード》の九龍公園の反対側にあるが、中環《セントラル》の新世界大廈《ニュー・ワールド・タワー》や新界の西貢《サイクン》にも支店がある。さらに、深圳や北京にも支店があって、手広く商売をやっていることがわかる。日本でも横浜・中華街や東京の新宿や池袋に同じ名前の店があるが、こちらも関係の店かもしれない。

都市としての歴史がまだ浅い深圳は別として、香港、北京、横浜、東京という四つの都市に翠亨邨の名を冠したレストランがあるというのは、ちょっと面白い。なぜなら、翠亨邨というのは、孫文の出身地の名前だから。

孫文は、一八六六年、マカオ北方の広東省香山《こうざん》県（現中山《ちゅうざん》市）翠亨邨出身で、幼名は孫帝象。後に、孫文、孫中山、孫逸仙《いっせん》などの名で、中国の国父として崇められることになる人物である。なお、革命家の常として、彼もさまざまな名前を名乗っており、一般に、日本では孫文、華人世界では孫中山、欧米ではSun Yat-sen(漢字表記だと孫逸仙）と呼ばれているが、混乱を避けるため、本書では、以後、〝孫文〟で統一することにしたい。

辛亥革命の指導者とされている孫文だが、一九一一年に実際の革命が起こったとき、彼

は中国大陸のどこにもおらず（というよりも、いられず）アメリカにいた。じっさい、彼が計画した武装蜂起の類はことごとく失敗し、広州から香港へ、さらには東京や横浜へと逃げ回るというのが、彼の基本的なライフ・スタイルだった。〝三民主義〟（その内容は決してリベラルなものではなく、一般の国民を〝愚民〟として、中国国民党による一党独裁を主張するものであることは意外と知られていない）を掲げる崇高な理想の持ち主ではあるのかもしれないが、現実の革命家としては決して合格点を与えられる存在ではない。

しかし、それでも人をひきつける強烈なカリスマ性はあったのだろう。現在なお、華人世界では、〝孫中山先生〟は中国の国父として絶大な尊敬を集めており、彼らの学校では、その生涯は繰り返し教えられている。

だから、彼らの間では、翠亨邨といえば、条件反射として孫文の出身地ということが頭に浮かぶはずだ。

翠亨邨茶寮の創業者がじっさいに翠亨邨の出身者なのかどうかはわからないが、孫文にも縁の深い香港の土地では、翠亨邨という地名が好意的に受け入れられることは間違いないし、この店の繁昌のなにがしかは〝翠亨邨〟の看板によっているような気がする。

一方、孫文にとっても、香港は革命活動の重要な拠点だった。彼は「どこで革命を習ったか、私は香港で、と答える」という言葉を残して

◆2　陸皓東（1979年に発行された台湾切手）

いるが、実際、香港には孫文にまつわる〝史蹟〟が少なからず残されており、その一部は観光スポット化されている。

二〇〇六年一一月に中国香港郵政は「孫中山誕生一百四十周年」と題する記念切手を発行したが、そのうちの五ドル切手を収めた小型シート（前頁図1）には、香港での孫文の活動の跡を示すスポットの地図が印刷されていて、ちょっとした〝孫文観光〟の案内図になっている。せっかくだから、僕たちも、この小型シートを片手に、孫文ゆかりの場所をぶらっと歩いてみようか。

香港大學からスタート

さて、地図に振られている番号順に孫文の故地を訪ね歩くとすると、スタート地点の①は香港大學の本館になる。孫文は革命家として功成り名を遂げた後の一九二三年二月、香港に立ち寄り、香港大學で講演を行っている。人々は孫文を凱旋将軍のように迎えて歓迎した。孫文観光のスタート地点としては、まぁ、幸先の良い場所と言ってよかろう。

大學前の曲がりくねった般咸道《ボンハム・ロード》を道なりに西側、市街地の方向へ歩いていくと、東邊街《イースタン・ストリート》という道にぶつかるから、そこを海方向に左折。高街《ハイ・ストリート》と交わる一つ目の大きな交差点、佐治《ジョージ》五世紀念公園《メモリアル・パーク》の手前に般含道《ボンハム・ロード》官立学校がある。これが、②の抜萃《ばっすい》書室の跡地となる。

孫文より一五歳年長の兄、孫眉《そんび》は、孫文が五歳のときにハワイに渡り、菜園での年季の労働者を振り出しに、マウイ島での開墾事業で成功し、マウイ王と呼ばれるほどの資産家になっており、一八七九年、当時一二歳の弟をハワイへ呼び寄せた。

◆３　洗礼を受けた時の18歳の孫文（孫文生誕140年記念に発行された中国香港の切手の１枚）

ハワイでの孫文少年は、イギリス系のミッションスクールとアメリカ系のオアフ学校に学び、西洋の文化と思想に傾倒した。しかし、弟の〝西洋かぶれ〟が度を越しており、伝統的な祖霊崇拝を捨てて、キリスト教に改宗する気配さえみせるようになると、心配した兄は孫文を故郷に送り返してしまう。

案の定、ハワイを後にした孫文は、一歳下の同郷の友人、陸皓東《りくこうとう》（図２）とともに香港で宣教師のハーガーから洗礼を受けてキリスト教に改宗してしまった（図３）。

さて、故郷の翠亨邨の生活は、ハワイでの青春を謳歌していた孫文にとって、あまりにも退屈きわまりないもので、ありあまる若さのエネルギーをもてあました彼はいたるところで衝突した。そして、陸皓東と二人で、村人の信仰の対象であった北帝廟（悪魔の王を倒して神の称号を与えられたとされる北帝を祀った廟）の神様を単なる〝土人形〟と罵り、公衆の面前でその腕をもぎ取りってしまう。

ただでさえ、キリスト教徒というだけで、保守的な村では西洋かぶれの鼻つまみ者の二人だったが、この一件で完全に村にはいられなくなり、孫文は香港へ、陸皓東は上海へ、それぞれ、学校へ行くという名目で逃れた。このとき、香港へ渡った孫文が、英語を学ぶためという名目で入学したのが、抜萃書室だったというわけである。

さて、東邊街を右に折れて高街をしばらく歩いていくと、ふたたび、般咸道と合流する。そのまま、さらに道なりに西側方向へ進んでいくと、ミッション系の合一堂幼稚園のところで醫院道《ホスピタル・ロード》とぶつかるヘアピン状のカーブがあるから、醫院道に入り、二〇〇メートルほど進んだところで右折し、普仁街《ポヤン・ストリート》に入る。そこから三本目、東華醫院の前を右折して普慶坊《ポヒンフォン》に入ってすぐのところで③の同盟會招待所の跡地（ただし、その痕跡は

◆4　中国最初の切手

何も残っていない）にたどり着く。

同盟會、すなわち中国同盟會は、義和団事件の混乱の中で孫文らが起こした一九〇〇年の恵州蜂起が失敗した後、革命派が陣容建て直しのために一九〇五年、大同団結して東京で結成した組織である。同盟會の結成に伴い、それまで香港にあった孫文の革命組織、興中会は同盟會分會として改組されて、ひきつづき、革命の前進基地となるのだが、ここで少し、義和団事件前後の中国と香港の状況についてもまとめておいた方が良いだろう。

コンビネーション・カバーとIPO割印

孫文が清朝に見切りをつけて革命活動に身を投じた一八九〇年代後半は、清朝の体制側も、日清戦争の敗北を受けて本格的な近代化に取り組もうとしていた。その一環として、一八九七年二月二〇日（中国暦では光緒二三年一月一九日）、清朝の国家郵政を担当する官庁として大清郵政局が開設される。これは、前年の一八九六年三月二〇日、海関《かいかん》総税務司のロバート・ハートが総理各国衙門《がもん》を通じて上奏していた「郵政開辦章程《かいべんしょうてい》」が皇帝の「覧」を得たことから、ようやく、実現の運びとなったものである。

ハートが最高責任者を務めていた海関は、本来、輸出入業務の管理やその税の徴収などを行う国家機関だが、一八五八年の天津条約により北京の各国外交団の郵便を取り扱ったのをきっかけとして、次第に開港地間、さらには外国宛の郵便も取り扱うようになり、実質的に清朝の郵政のような役割を担っていた。また、太平天国の乱を鎮圧する見返りとして、一八六三年以降、海関の実質的管理権は外国人の手に委ねられており、彼らによって、一八七八年には中国最初の切手（図4　海関大龍票と呼ばれる）も発行されていた。

◆5　清朝と香港の切手が同時に貼られた葉書。IPO割印もしっかり押されている。

ハートが海関の最高責任者として郵便網を全国に広げるよう皇帝に上奏した背景にはこのような事情があったのだ。

ところで、われわれが日本から外国宛に郵便を差し出す場合、日本切手だけを貼ればそれで済むのは、日本が万国郵便連合に加盟しているからである。すなわち、同連合の加盟国間では、郵便物の差出国の切手で宛先地までの料金を納付したと認められるが、非加盟国の政府が発行する〝切手〟は国際的には郵便料金前納の証紙としての効力はない。

現在では、通常の独立国であれば、万国郵便連合への加盟はほぼ自動的に認められるのだが、このことは逆に、同連合への加盟が認められないということは郵政面では正統な独立国家として国際社会から認知されていないということを意味する。

一八九七年二月二〇日、海関に代わって清朝が国家機関として正式に発足させた大清郵政局は万国郵便連合への加盟を認められなかった。アヘン戦争から日清戦争にいたるまでの間、ありとあらゆる戦争に負け続け、半植民地化が急速に進んでいた清朝の郵政は、国際社会からは自立した独立国の行政機関とはみなされなかったからである。

このため、外国宛の郵便物に関しては、清朝側は全国の主要な郵便局に外国の切手を備え付け、外国宛の郵便物には、料金分の中国切手とは別に、用意した外国切手を貼り、それを開港地の外国郵便局に持ち込んで郵便物の差立を依頼しなければならなかった。

その具体的な実例として、図5の葉書を見ていただこう。

この葉書は、一九〇一年二月一日、広西省の梧州《ごしゅう》からオーストリアのザルツブルク宛に差し出されたものである。

郵便物を引き受けた梧州の郵便局では、清朝の官製葉書（額面は一分）に外国宛料金の差額分の清朝の切手三分相当を貼り足した後、さらに、四セントの香港切手を貼り、香港切手には清朝国家郵政を意味する〝ＩＰＯ〟(Imperial Post Office）割印を押している。

自国の切手であれば、貼付されている切手の料金を確認し、それがきちんと貼られていたことを示すためには、切手に消印を押せばことが足りるのだが、清朝の郵便局で香港切手に消印を押してしまうと、香港の郵便局ではその切手は無効となってしまう。さりとて、切手が貼られていたことを証明するための表示がなければ、切手が脱落した場合（中国では郵便物の逓送途中に、消印の押されていない切手が剝ぎ取られることが少なくなかった）、受取人は不足料金を徴収されてしまう。このため、清朝側は、苦肉の策として、消印ではなくＩＰＯの割印を押して、対応せざるを得なかったのである。

こうして、この葉書を引き受けた梧州の郵便局では葉書を広東経由で香港に送り、一九〇一年二月三日、葉書は英領香港の郵便局に引き渡され、そこから先は香港切手（英領植民地として万国郵便連合に加盟している）の効力によって、ザルツブルクまで届けられた。ザルツブルクへの到着は、葉書に押されている到着印によれば三月八日である。

この葉書のように、制度上の理由から複数の国の切手が貼られている郵便物は、切手収集や郵便史研究の分野ではコンビネーション・カバーと呼ばれ、興味深い収集・研究の対象になっている。

その後、清朝は、一九〇二年にはフランス、一九〇三年には日本、一九〇四年には香港（イギリス）、一九〇五年にはドイツ、それぞれ、個別の郵便協定を結び、それぞれの列

◆6　義和団事件出兵のため、嵐の中を香港に向かうイギリス艦船（1900年11月20日付『グラフィック』紙より）

強が中国に設けていた郵便局を経由しなければならないという制約はあったものの、ようやく自国の切手をそのまま外国郵便にも使える状況を勝ち取り、コンビネーション・カバーもその役割を終えることになった。

とはいえ、中国が万国郵便連合への正式加盟を達成するのは、辛亥革命により中華民国が成立した後の一九一四年三月一日のことで、清朝国家郵政は自立した郵政機関として国際社会から認知されぬまま消滅してしまう。

こうしてみると、清末のコンビネーション・カバーは、それじたい、清末の中国が置かれていた国際的な立場を雄弁に物語っているといってよいだろう。

義和団事件と香港

さて、図5の葉書が差し出された時期、中国は義和団事件の混乱の真っ只中にあった。

義和団運動は、護身術の一種である拳と棒の修業を媒介とする宗教的結社（太刀会、義和拳など）が、一八九八年以降、天災などで急増した流民を吸収しつつ起こした、各種の反キリスト教・反西洋運動がそのルーツである。ドイツによる膠州《こうしゅう》湾の租借以降、特に山東半島で急速に発達していったが、やがて〝扶清滅洋《ふしんめつよう》〟を掲げ、大運河や京漢鉄道沿線に蔓延し、失業者・農民も巻き込んで、教会や鉄道を破壊する大暴動に発展した。

当初、清朝政府は義和団の運動を鎮圧する姿勢を見せたが、列強の挑発や高圧的態度に接して方針を転換。一九〇〇年六月、列強に宣戦を布告し、北京に侵入した義和団とともに、列国公使館を包囲・攻撃した。

しかし、一九〇〇年八月、英・独・露・伊・仏・米・日・墺の八ヵ国連合軍が北京を征圧し、翌一九〇一年、事件の講和条約として辛丑《しんちゅう》条約（北京議定書）が結ばれ、事件には一応の決着がついた。

義和団事件に際して、香港はイギリスにとっての重要な中継・補給基地として機能していた（前頁図6）。

イギリスの部隊が最初に香港を通過したのは一九〇〇年七月九日のことで、八月には、山東半島での戦闘を支援・統括するための基地局（Base Office）が設けられ、資材の補給や軍事郵便物の中継などが行われた。こうした基地局は、香港のほか、天津や一時的には塘沽《タンクー》にも設けられた。特に天津の基地局（基地B局と呼ばれた）は義和団事件の後も延々と居座り、一九一三年まで活動を続けている。ちなみに、香港の基地局は一九〇三年に閉局している。

◆7　北京の公使館前のイギリス野戦局から、天津、香港を経てサイゴンにて移送された葉書

図7の葉書は、一九〇七年八月六日、北京のイギリス公使館前にあったイギリスの野戦局から差し立てられ、天津の基地B局と香港を経て、フランス領インドシナのサイゴンまで届けられた。

義和団事件の終結から六年も経っているのに、北京の公使館前にイギリスの野戦郵便局が置かれているのは、辛丑条約によって、北京に公使館区域が設けられ、この区域内に列強の軍隊が駐留する権利が認められたためである。ちなみに、北京に於いて外国軍隊の駐留が認められたことは、後に、北京郊外で演習中の日本軍と中国側が衝突するという盧溝《ろこう》橋《きょう》事件を引き起こす遠因にもなった。

さて、いくらイギリスの野戦郵便局から差し立てるといっても、北京では香港の切手や

◆8　鄭士良（1982年に台湾で発行された切手）

葉書は無効である。このため、葉書を引き受けた北京の郵便局では、葉書に料金不足を示すT（フランス語のTaxeを意味する）のスタンプを押している。この時点では、葉書の印面や貼られている切手には消印は押されていない。料金を受領すべく消印が押されたのは、この葉書が基地B局を経由して、香港に届けられてからのことである。

葉書を受け付けた香港のヴィクトリア局では、当時の香港から外国宛の料金、四セント相当の切手が貼られていることを確認したうえで、葉書と切手に消印を押し、サイゴンまで葉書を届けている。このため、料金不足を示すTの印が押されているものの、受取人から不足料金が徴収された形跡はない。

さて、北方での義和団事件の混乱は、清朝の打倒を目指す孫文たちにとっては絶好の機会ととらえられた。

孫文自身は、当時すでに政府転覆を企てる〝テロリスト〟として国外追放処分になっていたが、実質的に革命家たちのサロンと化していた香港では、一九〇〇年一月、陳少白《ちんしょうはく》が『中国日報』を刊行して革命思想の宣伝に努めていた。興中会のメンバーは武装蜂起の準備を進め、鄭士良《ていしりょう》（図8）は広東省恵州ほかの会党と連絡を取り、同志を募っていた。

こうした状況の中で孫文が香港に帰ってくる。植民地当局は清朝との外交関係に配慮し、彼の上陸を許可しなかったが、興中会のメンバーが船上に集まって謀議をめぐらすことは黙認していた。この結果、孫文は台湾で資金と武器の調達を担当することになる。また、イギリスの香港総督、ヘンリー・アーサー・ブレイクや日本の台湾総督、児玉源太郎も、それぞれの思惑から、今回の武装蜂起に対する支援を約束していた。

こうして、一九〇〇年一〇月六日、鄭士良が三合会会員六百名を率いて恵州三州田《さんしゅうでん》の山塞で蜂起した。当初、鄭の部隊は清朝の正規軍を圧倒していたが、他の部隊との合流は果たせなかった。また、革命の支援者であった中村弥六が軍資金を着服する事件が起こり、期待されていた武器弾薬の調達も失敗。さらに、一〇月一四日、日本の政権交代で第四次伊藤博文内閣が発足すると、日本政府からの支援も打ち切られてしまう。

こうして、蜂起は失敗。一一月七日には革命軍は解散に追い込まれ、鄭士良は一部の側近のみを連れて香港に逃れ、さらに、逃亡先のシンガポールで病死する。もちろん、孫文も東京へと逃亡した。

こうして、あえなく失敗した二度目の蜂起だったが、今回は、前回（一八九五年）の時とは異なり、その失敗を惜しむ声も少なくなかった。

当時の香港社会は、概して既存の清朝政府に対しては批判的で、革命派に同情的だった。中国大陸から東南アジアや南北アメリカ、オーストラリアなどへの移民の送り出し地となっていた香港では、海外在住の華人たちが、各地で低賃金・重労働を強いられ、社会的にもさまざまな差別に苦しんでいることが、切実な問題として語られていた。列強諸国は、自国民が中国や香港で不当な扱いを受ければ、清朝政府に猛然と抗議してこれを改めさせるのに対して、清朝が在外華人の待遇改善を各国政府に求め、それを実現したという例はついぞなかった。人々が自分たちのことを守ってくれない政府に愛想をつかし、新政権の樹立を望むのは自然の理で、そのことが、香港では、孫文をはじめとする革命派へのシンパシーを生み出す源泉となっていたという面は見逃すことはできない。

孫文の学校

さて、香港・孫文ツアーを再開しよう。

同盟會の跡地を出ると目の前はト公花園《ブレイク・ガーデン》という公園になっている。この公園を左手に見て西側方向に進んでいくと、居賢坊《クイインフォン》の通りにぶつかるから、そこを左折。少し進んで小学校の脇を抜けて右折して必列者士街《ブリッジス・ストリート》に入る。そのまま、道なりに歩いていくと、現在はマーケットになっている場所にたどり着く。ここが、一八八三年に孫文と陸皓東がキリスト教の洗礼を受けたという④の美國公理會《アメリカン・コングリゲーショナル・ミッション》福音堂の跡地である。

前にも述べたように、〝反逆児〟孫文のスタートはキリスト教への改宗にあったわけだから、その意味では重要な意味を持つ場所である。

マーケットを出てすぐの交差点を左折して海側に城皇街《シンウォン・ストリート》を下ると、骨董品屋が並んでいることで有名な荷李活道《ハリウッド・ロード》にぶつかるから、この通りを渡って歌賦街《ガウ・ストリート》まで出ると、聖公會基恩小學校がある。ここが、⑤の中央書院の跡地だ。

中央書院は、一八六二年創立の官立学校で、孫文が②の抜萃書室から一八八三年に転入した当時はこの場所にあった。

逃げるように香港での学生生活を始めた孫文の身を案じた兄は、弟を休学させてハワイに呼び寄せ、〝まっとうな人間〟になるよう必死に説得したが、クリスチャンからの転向はかなわず、一八八五年、彼は中央書院に復学した。

ところで、一八八五年は孫文の生涯を決定する大事件が起こっている。清仏戦争での清朝の敗北である。

ベトナムの宗主権をめぐって清朝とフランスが争ったこの戦争は、大局的に見ると清朝の劣勢は動かしがたかったが、局地戦では清朝も勝利を収めたことがあった。このため、唐突な敗戦と講和は一般国民に大きな衝撃を与えた。後に、孫文はこのときに清朝打倒の革命を志すようになったと語っている。なお、同じ年、孫文は親の決めた相手と最初の結婚をしており、その意味でも一八八五年は彼にとって忘れえぬ年であったはずだ。

さて、聖公會基恩小學校の角から歌賦街を右方向に少し行くと、小さな印刷所が見えてくる。ここが、⑥の〝四大寇《しだいこう》〟聚所《しゅうしょ》になる。

中央書院を卒業した彼は、翌一八八六年、アメリカの長老会派のジョン・ケルが経営する広州の広済医学校に進学したが、一年後には香港に新設されたばかりの西醫書院（後述）に入学する。

西醫書院時代の孫文は、学業成績は優秀だったが、おとなしく勉学のみをしているはずもなく、広州で知り合った三合会（反清復明を唱える秘密結社）の首領で侠客の鄭士良らと付き合い、清朝政府を公然と批判して〝四大寇〟（四人の悪党）の一人に数えられるほどの有名人となっていた。当時の彼の仇名は孫大砲。大法螺吹きの孫という意味である。

この四人が出会った場所が、現在は印刷所となっている⑥のポイントというわけだ。

ここから少し西側に進むと、すぐに鴨巴甸街《アバーディーン・ストリート》にぶつかる。この通りにも孫文関連の史蹟はあるのだが、ちょっと後回しにして、右折して道をピーク方向に少し戻り、一つ目の結志街《ガゲ・ストリート》を左に入ると⑦の楊衢雲《ようくうん》暗殺の地に出る。

楊衢雲は福建省出身の革命家で、一八九二年に香港で謝纘泰《しゃさんたい》らと輔仁《ほじん》文社を設立した。一八九五年に香港興中会が結成されると、孫文よりも年長であった彼は初代会長に就任。一九〇〇年の武装蜂起にも参加したが、翌一九〇一年、⑦の場所で暗殺された。

◆9　アリス記念病院

その輔仁文社の跡地は⑦の場所から結志街を西方向に進み、卑利街《ピール・ストリート》を右折した⑧の場所、百子里に置かれていた。

⑧の百子里の脇にある三家里の小道を抜けて鴨巴甸街に戻ったら、少しだけピーク方向に上り、荷李活道《ハリウッド・ロード》との交差点に出ると、正面に香港警察の官舎がある。そこが⑨の皇仁書院《クイーンズ・カレッジ》になる。

皇仁書院は歌賦街にあった⑤の中央書院が改組されたもので、一八八九年から一八九四年までは維多利亞書院《ヴィクトリア・カレッジ》となっていたが、一八九四年に皇仁書院となった。この土地には一九五〇年まで校舎があったが、現在では銅鑼灣《コーズウェイベイ》に移転している。

つづいて、交差点の反対側、荷李活道の西南側が、一八八七年に孫文が医学を学ぶために入学した⑩の西醫書院の跡地になる。

西醫書院は香港の大富豪・何啓が、一八八四年に病没した妻アリスを記念して一八八七年に建てたアリス記念病院の付設施設として設立されたもので、香港初の本格的な西洋医学の教育機関である。ちなみに、図9は一九八七年に発行された「香港医学百周年」の記念切手の一枚で、アリス記念病院が取り上げられたもの。こうした切手をみると、西醫書院の母体となったアリス記念病院の設立こそが、香港における近代医学の始まりであるとの歴史認識がうかがえる。

アリス記念病院と西醫書院の創立者となった何啓《かけい》は、一八五九年、香港のロンドン伝道教会の華人牧師の子として生まれた。英国で医学と法律を学び、一八八一年に妻のアリスと結婚して香港に戻った。当初は医師として活動するつもりだったが、華人が西洋人の医師の診察・治療を受けようとしなかったため、一八八二年からは弁護士として活動し、議

◆10　マカオで開業した頃の孫文（マカオ発行の“孫逸仙先生誕生120周年”の記念切手）

政局議員も務めた。

西醫書院は、英文名称が〝Hong Kong College of Medicine for Chinese〟となっていることからもわかるように華人に対して西洋医学を教授するための機関で、一八八七年一〇月一日に開校した。第一期入学者は一一名いたが、授業は厳しく、卒業試験を受けることができたのは孫文を含めて四名しかいなかったという。

その並びにある陶器の店があるが、ここにあったのが⑪の道濟會堂である。道濟會堂は一八八八年にロンドン伝道協会が建立した教会で、西醫書院時代の孫文は、学校の近くのこの教会に足繁く通っていたという。

革命の謀議は美味いものでも食いながら

荷李活道をさらに道なりに西の方向へ進んでいくと、まもなく、卑利街にぶつかる。そこを左折して海側へ降りると⑧の輔仁文社の跡地に出てしまうので、北側に上って士丹頓《スタントン》街《ストリート》に行く。士丹頓街を左折して一〇〇メートル弱歩くと、興中会故址の案内表示が出ているので、そこが⑫のポイントであることがわかる。

興中会というのは、孫文が結成した清朝打倒の秘密結社だ。

一八九二年に西醫書院を卒業した孫文は医師としての資格を取得し、その後しばらくは香港を離れ、マカオ、広州で医師として開業するかたわら（図10）、同志とともに時事を論じる日々を過していた。

一八九四年一月、孫文は、天津を訪れ、清朝の実力者で西醫書院の名誉賛助人でもあった李鴻章に対して、国家改革の私案をまとめた進言書を一方的に送りつける。当時は日清戦争が迫り情勢が緊迫していた時期で、李鴻章からすれば、無名の青年が書いた八千字もの長文を読む時間的余裕などあるはずはないのだが、孫文はそうした事情をまったく考慮せず、自分の建策を受け入れないのは清朝が悪いとして、その打倒を決意。同年一一月、革命の秘密結社としてハワイで興中会を結成する。

さらに、翌一八九五年、孫文は香港に帰り、鄭士良や陸皓東らの年来の同志とともに、興中会本部を立ち上げた。その拠点が士丹頓街一三号、すなわち、⑫の場所に置かれていたというわけである。

もっとも、反政府活動の秘密結社であるから、〝興中会〟の看板を堂々と掲げるわけには行かず、表向きは商店を装って〝乾亨行《けんこうこう》〟の看板を掲げられていた。その由来は、『易経』の一節「乾元、天命を奉行すれば、その道乃《すなわ》ち亨《とお》る」である。また、興中会への入会の宣誓には「韃虜《だつりょ》（満洲族）を駆除し、中華を回復し、合衆政府を創立する」との文言があったという。

興中会本部は、〝会党〟と呼ばれる秘密結社や〝緑林〟と呼ばれる無法者集団を動員するとともに、何啓やイギリスの新聞記者の支持をも取り付け、武器弾薬を準備して、着々と武装蜂起の準備を進めた。

その謀議の舞台となったのが、⑬の西洋料理店、杏讌楼《シンヤンロウ》西菜館である。⑫の興中会本部跡からだと、士丹頓街と些利街《シェリー・ストリート》の交差点から左折して些利街を下り、荷李活道にぶつかったら右折してエスカレーターで有名な閣麟街《コクラン・ストリート》を下り、さらに擺花街《リンダースト・テラス》を下りて威靈頓街《ウェリントン・ストリート》とぶつかるところまで下りて来ればよい。

ここにあった杏讌楼で食事をしながら、孫文たちは、広州では旧暦九月九日の重陽の節

◆11　19世紀末の威霊頓街

句に墓参りの習慣があることに目を付け、メンバーに墓参りを偽装させて香港から広州に送り込み、武装蜂起を起こし、独立政府を樹立しようと計画した。

しかし、この計画は事前に清朝側に察知されて失敗。陸皓東以下、四〇名以上が逮捕され、孫文も命からがら香港を経て日本に亡命する。以後、孫文は清朝政府から体制転覆を狙うテロリスト集団の頭目として懸賞首となり、一九一二年に中華民国が成立するまでの間、海外で亡命生活を送ることになった。

亡命生活を始めて間もない一八九六年一〇月、孫文はロンドンで同郷の広東人と称して近づいてきた清朝の公使館員に騙されて館内に拉致・幽閉されてしまい、後は本国に送還されて処刑を待つのみという窮地に陥った。しかし、熱心なクリスチャンであったことが幸いし、イギリス人使用人の説得に成功。彼を介して西醫書院時代の恩師で、ロンドンに帰国していたジェイムズ・カントリーと連絡し、そこから事件はロンドンの新聞社によって取り上げられ、国際的な批判を受けた清朝は孫文を解放せざるを得なくなった。

解放された孫文はこのときの経験を *Kidnapped in London*（中国語題名は『倫敦被難記』）として出版。それがちょっとしたベストセラーとなったことで、それまで単なる国外逃亡の指名手配犯だった孫文は、ようやく、革命家としての肩書を手に入れるのである。

さて、擺花街を下りて威靈頓街がぶつかる⑬のポイントから、砵典乍街《ポッティンジャー・ストリート》の石畳を少し下りると、第一章（本書三七頁）でご紹介した陸羽茶室のある士丹利街《スタンレー・ストリート》にたどり着く。その陸羽茶室の場所こそが、一九〇〇年の恵州蜂起に先立ち、陳少白が革命宣伝のために発行した『中国日報』の事務所となっており、小型シートの地図では⑭の番号がつけられている。

陸羽茶室の前を西側方向に歩き、徳己立《ダギラー・ストリート》街との交差点を右折して威靈頓街との交差点あたりが小型シートでは最後のポイントとなる⑮の和記棧鮮果店三樓になる。ここもまた、孫文たちが一九〇三年の武装蜂起（失敗したが）の謀議をめぐらした場所であった。

ちなみに、一九八七年に発行された〝香港旧日風貌〟の切手（図11）には、一九世紀末の威霊頓街のようすを描いた絵が取りあげられている。孫文たちが清朝転覆の謀議をめぐらしながら、この辺りをうろうろしていた頃の景色は、こんな感じだったんだろう。

さて、香港大學からここまでいろいろと見物しながら歩いてくると、僕の足ではまるまる半日かかって、良い運動になった。

晩飯の時間には少し早かったが、せっかくなので、歩いて五分くらいのところにある新世界大廈に入り、孫文の出身地の名前がついた翠亨邨で青島《チンタオ・ビール》啤酒を注文した。

膠州湾を租借したドイツ人たちが持ち込んだ技術から生れたビールなんて、孫文からすれば国辱ものなのかもしれないが、いまの僕には、そういう思想的なことよりも、一日の疲れを癒してくれる甘露の方がはるかにありがたい。

◆1　1976年に建てられた康樂廣場の中央郵便局

エドワード朝の建設ラッシュ

中環《セントラル》の天星小輪《スターフェリー》の船着場で下りると、すぐ右手の康樂廣場《コンノート・プレイス》に面したところに香港の郵政總局、つまり中央郵便局（図1）がある。

郵便局では各種の記念切手も買えるが、それ以外にも、局内のショップでは、マグカップやらクリスタルでできたポストの置物なんかもあって、見ているとそれなりに楽しめる。もっとも、そうしたグッズのお土産は、僕みたいな人間なら嬉しいが、切手や郵便に全く興味のない人だったら、つまらないかもしれない。

ショップの土産物の定番商品の一つに、一九一一年に煉瓦と花崗岩で造られた中央郵便局の旧局舎（口絵6）をデザインしたグッズがある。

香港の中央郵便局は、アヘン戦争中の一八四一年、ヴィクトリアピークの中腹に設けられたのが最初である。その後、市街地の開発とともに郵便局も維多利亞《ヴィクトリア》の地域に移転し、一八四六年には畢打街《ペダー・ストリート》と皇后大道中《クイーンズ・ロード・セントラル》の交差点に局舎が設けられた。一九一一年の局舎は、この二代目の局舎が手狭になったため、そこから一〇〇メートルほど北側の海寄りの場所、つまり、西側を畢打街《ペダー・ストリート》、北側を干諾道中《コンノート・ロード・セントラル》、南側を德輔道中《デボー・ロード・セントラル》で囲まれた一角に建てられた。現在の中央郵便局は、一九七六年にそこからさらに北へ二〇〇

◆2　開業当時の香港地下鉄の予定路線図を取り上げた切手

メートル弱動いた勘定になる。

中央郵便局が現在の場所に移ったのは、地下鉄の中環駅を建設するためだった。香港の地下鉄は、一九八〇年、中環＝観塘《クントン》で開通したのが最初である。開通の前年に発行された切手（図2）には、地下鉄の予定路線図が描かれているが、この地図でいうとHONG KONGのKの字の上の香港側終点の駅が中環である。

現在、かつての郵便局の跡地には二七階建ての環球大廈《ワールドワイド・ハウス》が実質的な駅ビルのような格好で建っている。高層階はオフィス専用だが、一階から三階までは商店と飲食店が入っているから誰でも入ることができる。僕も建物の中に入って、昔の郵便局の痕跡がないかと思ってうろうろしてみたが、上手く探せなかった。

香港電車の開通

畢打街に中央郵便局が完成した一九一一年、香港の宗主国である大英帝国はエドワード朝の余韻の中にあった。

一九世紀の大英帝国を象徴する存在であったヴィクトリア女王は、二〇世紀が幕を開けて間もなくの一九〇一年一月二二日に崩御し、イギリス王室で最も長きにわたって皇太子であり続けたエドワード七世がようやく国王の座に就いた。

新国王の即位後も、香港ではしばらくの間、女王の肖像を描いた切手が使われていたが、一九〇三年一月に発行された一セント切手（次頁図3）を皮切りに、新国王エドワード七世の肖像を取り上げた切手が登場する。新国王の切手は、大英帝国の威光を誇示するかのように、少なからぬ額面で肖像部分と周囲の枠の色を変えた二色刷という豪華なものであっ

◆３（右）　エドワード７世の肖像を取り上げた１セント切手
◆４（左）　1912年から使用されたジョージ5世の切手

た。

　エドワード七世は一九一〇年五月六日に亡くなり、息子のジョージ五世（図４）が後を継いだため、エドワード朝と呼ばれた彼の治世はわずか一〇年で幕を閉じる。しかし、先代のヴィクトリア朝の時代が、大英帝国の栄華と引き換えに、生真面目かつ抑圧的で〝切り裂きジャック〟などのネガティヴなイメージも強いのに比べると、二〇世紀初頭のエドワード朝の時代の空気は、はるかに明るいイメージがある。ちょうど、日本でも明治の後の大正という感じだろうか。

　こうしたエドワード朝時代の華やいだ雰囲気を代表するものが、香港では、エドワード七世崩御の翌年に完成した中央郵便局だったわけだ。

　もっとも、畢打街の局舎はなくなってしまったが、この時代の香港の雰囲気を味わうことは現在でも不可能ではない。

　せっかくだから、かつての中央郵便局、現在の環球大廈の前を通る香港電車《トラム》に乗って、二〇世紀初頭の建築群を少し見物に行こうか。

　そういえば、観光客にもおなじみの香港電車も、エドワード朝の時代の産物である。香港島市街地の交通手段として路面電車を走らせようというプランが最初に提案されたのは一八八一年のことだった。しかし、このときには資金が集まらずに計画はあっさり頓挫してしまった。

　その後、ピーク・トラムが開通した後の一九〇一年八月になって、あらためて路面電車建設のための公債が始められ、翌一九〇二年二月七日、香港の路面電車の建設と管理を行うための香港電車電力有限公司がロンドンで設立される。ちなみに、同社は、同年末には

◆5　開業当時、德輔道を走る路面電車（当時の絵葉書より）

香港電力牽引有限公司となるが、一九一〇年に現在の香港電車公司に改称された。

実際の建設工事は、堅尼地城《ケネディ・タウン》から銅鑼灣《コーズウェイ・ベイ》までの区間での単線の建設工事が一九〇三年に始まり、翌一九〇四年七月二日からの試運転を経て、同月三〇日午前一〇時、ようやく堅尼地域から筲箕灣《ショウケイワン》までの路線が開通した（図5）。

主な駅は、堅尼地城、屈地街《ホイッティ・ストリート》、上環街市《ウェスタン・マーケット》、中環、金鐘《アドミラリティ》、灣仔《ワンチャイ》、銅鑼灣、天《ティン》后《ハウ》、北角《ノース・ポイント》、西灣河《サイワンホ》、筲箕灣で、一九一四年には灣仔＝銅鑼灣間に跑馬地《ハッピー・ヴァレー》行きの支線が開通した。

開通時に用いられていた車輛はイギリス製で、分解して香港まで運ばれた後、あらためて組み立てられた。車輛は、現在のような二階建てではなく（口絵4のような二階建て車輛が登場するのは一九一二年のことである）、三二人乗りの一等車と四八人乗りの三等車があった。料金は、一等車が一〇セント、三等車が五セントである。会社側は、当初、二等車も走らせる予定だったが、ヨーロッパ人用と中国人用の車輛の差異を明確にするため（制度的には誰でもどちらの車輛にも乗れたが、実際には、両者の間には厳然たる区別があった）、二等車の計画は取り止めとなったという。

利用者の数からいえばはるかに多いはずの香港電車の開通が、主として西洋人のための山頂纜車《ピーク・トラム》よりも一五年以上も遅れているという事実もまた、香港社会における階級と鉄道との関係を象徴的に示しているといってよい。

◆6（上）　ショッピングセンターとして使われている上環大樓
◆7（下）　現在では博物館になっている舊醫理學院

上環街市と醫學博物館

さて、中環からトラムに乗った僕は、まず、西側の上環街市に行くことにした。

上環街市の停留所のすぐ近くには、停留所の名前にもなった一九〇六年に建てられたというレンガ造りの旧市場がある。このマーケットは、一九九六年に発行された〝香港市區傳統建築物〟の切手（図6）にも取り上げられているので、その実物を拝みに行くのだ。

上環街市は、もともと、野菜や食肉、鮮魚などを扱う公営の市場で、もともとは英語でハーバー・オフィスと呼ばれていた。いまでも、ウェスタン・マーケットがしばしば漢字では西港城と書かれているのは、その名残だろう。また、現在の建物の他に、当時は皇后大道中にもう一棟、南館とも呼ぶべき建物があったのだが、こちらは一九八〇年に取り壊されている。

現在残っている建物も一九八八年に市場としての役割は終え、改修の後、一九九一年に現在のようなショッピング・ビルに生まれ変わった。グランド・フロア（日本でいう一階）は工芸品や骨董品の類の店、一階（日本でいう二階）には生地の店、二階（日本でいう三階）は飲食店、三階（日本でいう四階）はイベント・スペースという構成だ。昔の建物なので、天井が高く、吹き抜けになっているのがなんとも心地よい。

上環エリアまで来たのだから、同じく〝香港市區傳統建築物〟の切手に取り上げられた舊醫理學院（図7）にも足を伸ばすことにした。

日清戦争直前の一八九四年、香港ではペストが大流行し、多くの人々が亡くなった。中

JUNE 30, 1894 THE ILLUSTRATED LONDON NEWS 823

THE BLACK PLAGUE IN CHINA.

BY CLEMENT SCOTT.

I happened to be in China last year at the celebration of the New Year, and to have visited both Hong-Kong and Canton when the Chinese quarters are a veritable pandemonium with cracker-firing, shouting, processions, and every form of heathen superstition designed to drive away the Evil One. The gaudy temples, crowded with hideous idols, are crammed to suffocation with the filthiest of coolies. The streets, reeking with pestilence, give forth as well a curious odour of musky scent and spring flowers, for the Chinese adorn their houses with almond and peach blossom, daffodils and violets, and place spring flowers on every home altar in honour of the New Year. Well can I understand how this wild merriment, this hideous noise, this incessant bang-banging of crackers, are aggravated by the grim terrors of a fearful pestilence and the howling of the heathen over their dead.

Let me take Canton first, because there the plague started—and who can wonder at it? Each Chinese city is divided into two quarters, the European quarter, which is civilised, well drained, with charming houses, cosy clubs, churches, merchants' offices, and all the signs of advanced civilisation. But there is also, barred off by gates and separated by bridges, the Chinese quarter, which in Canton almost baffles description. Picture an enormous city of tortuous lanes and alleys never wider than six or seven yards across, alleys flanked with enormous houses and shops and gaudy signboards that block out what little light there is, miserable open-guttered pathways reeking with offal and ordure, shops with skinned rats openly exposed for sale, an execution-ground or "potters' field," stained with human blood not yet dry under our feet, and piles of dead Chinamen's heads rotting in the corner before they are potted in huge jars for burial! Add to all this dazzle of colour and foul conglomeration of stenches that no European can conceive, crowds so dense and dirty that your sedan-chair can scarcely force its way through the people, and you will not be surprised that at last a

WEST POINT, HONG-KONG (DENSELY POPULATED), WHERE THE PLAGUE FIRST APPEARED.

crackers morning, noon, and night, filling the streets and lanes with an odour of gunpowder and scraps of coloured

playing cards or smoking opium. No work is done. The natives give themselves up to drink, smoke, and dissipation. It was at New Year's time that I went across the harbour

◆8　香港でのペストの流行を伝える1894年6月30日付の『イラストレイテッド・ロンドン・ニュース』

国人居住地区では、死者の数は二千数百人にも及んだ（図8）という。

当時、華人のなかには、ピーク・トラムの開通によって山の清浄が汚され、ペストの蔓延を招いたのではないかと考える者も少なからずおり、人口二三万五〇〇〇名のおよそ三分の一が香港を脱出していった。

香港でのペストの流行がわが国にも波及することを恐れた日本政府は、ペストの原因調査のため、伝染病研究所の北里柴三郎（次項図9）、帝国大学医科大学教授の青山胤通《たねみち》、海軍の石神亨らを派遣する。

一行は、一八九四年六月五日、アメリカ船リオデジャネイロ号で横浜を出港し、同一二日に香港に到着。翌一三日には香港領事の中川恒次郎の案内で香港政庁を訪ね、公立民事病院副院長で避病院担当のジェイムズ・ラウソンに会い、彼の案内でヴィクトリア・ハーバーに係留されていた病院船ハイジア号、堅尼地城《ケネディタウン》醫院、公立民事醫院、東華醫院などを巡視のうえ、香港島西部の堅尼地城醫院を滞在中の本拠と定めた。

五日後の六月一八日、北里は、患者のリンパ腺などから試料を採集したデータをもとにペスト菌を確定。その結果を、〝The plague at Hongkong〟ならびに〝The Bacillus of bubonic plague〟と題する論文にまとめ、イギリスの学会誌『ランセット（Lancet）』の八月一一日号ならびに二五日号に発表した。なお、ペスト菌発見の第一報は、ラウソンの協力によってレター形式で速報された。また、七月一〇日には、公立民事醫院でペスト菌の標本が展示され、ラウソンが北里の論文原稿を朗読するかたちで、ペスト菌発見の報告が行われている。このとき、ラウソンはペスト菌を北里菌という意味で〝Bacillus kitasatonensis〟と名づけているが、北里の発見した〝ペスト菌〟には雑菌も混在してい

◆9　北里柴三郎

た。このため、同じ時期にやはり香港で調査・治療にあたっていたフランスの軍医、アレクサンダー・イエルサンが純粋なペスト菌の分離に成功したため、医学史上ではイエルサンがペスト菌の発見者とされることも多い。

さて、ペスト菌発見という成果を挙げた北里は、六月二八日、青山と連名で、香港政庁や日本領事館の関係者十数人を、香港ホテルに招き、感謝と慰労の晩餐会を催した。香港ホテルは、一八六六年開業の香港を代表するホテルで、現在は地下鉄中環駅の北側の一大ショッピングセンター、置地廣場《ランドマーク》の建っている畢打街と徳輔道の角に建っていたホテルで、当時の香港では最高の格式を誇っていた。

しかし、晩餐会の終了後、青山と石神がペストを発病して死線をさまようことになる。幸い、ラウソンが主任となって治療と看病に当たった結果、二人は一命を取り止めた。なお、北里の帰国は七月三〇日、青山は七月三一日である。

ペスト菌の発見と治療に関して、香港政庁が自力で解決できず、日本やフランスの支援を仰いだことは、当時の世界の覇者、イギリスのプライドをいたく傷つけるものであった。

このため、ペスト騒動が一段落すると、香港政庁は自前で伝染病予防のための研究・教育機関を設立することを決定。こうして、一九〇五年、上環からピーク方向に少し上った堅巷《ケーンレーン》に香港醫理學院が建設され、翌一九〇六年から開校した。

切手にも取り上げられているレンガ造りの建物は、一九七二年に醫理學院が維多利亞《ヴィクトリア》道《・ロード》に移転すると、衛生署の倉庫として使われていたが、一九九五年に香港醫學博物館としてリニューアル・オープンし、一般にも公開されるようになった。

◆10　現在は立法會のビルとして用いられている旧最高法院大樓

展示の中には臓器の標本なども並んでいて、ちょっとグロテスクな感じがしないでもないのだが、日本でも東京・目黒の寄生虫館がデートコースになっているらしいから、案外、若い女性には受けるかもしれない。

立法會大樓

さて、上環街市の停留所まで戻って、今度は銅鑼灣方向、東行きの香港電車に乗る。中環の駅をちょっとすぎた辺りでトラムを下りると、香港上海銀行の本店とか中銀タワーなんかが建ち並ぶ香港の政治と経済の中枢部にたどり着くが、今回のお目当ては立法院大樓（図10）である。

立法院大樓は日本語でいえば国会議事堂といった意味だが、この建物、もともとは最高法院（日本の最高裁判所に相当）大樓として用いられていた。

香港の立法局が最高法院の建設を決議したのは、ヴィクトリア朝時代の一八九八年二月二八日のことで、当時のイギリスを代表する建築家、アストン・ウェブとイングレス・ベルが設計を担当した。建設工事が始められたのは一九〇〇年のことで、以来一二年の月日をかけて、一九一二年一月一五日、香港上海銀行本店の正面に、花崗岩二階建て、新古典様式の堂々たる建築が造られた。

建物の一階は回廊が取り囲んでおり、柱と柱の間は小さなアーチが埋められている。一方、二階にはバルコニーがあり、建物の中央にはドームがついている。

屋根には、公正な裁判を象徴するものとして、目隠しをして、右手に権力の象徴である剣、左手に公正の象徴である天秤を持つ正義の女神、テーミスの像が鎮座しているが、これは、ロンドンの中央刑事裁判所、オールドベイリーの屋根にある像のレプリカである。また、ドームの頂にはブロンズ製の王冠がつけられているが、これは、エドワード七世が一九〇二年の戴冠式で使用したものを模している。

この建物は、一九八五年までは最高法院として用いられていたが、その後は修復期間を経て、現在では立法會として用いられるようになった。

この周囲には公園も多いので、休日になると、香港で働くフィリピンやインドネシア出身のメイドさんたちが新聞紙をしいて車座になっている光景が見られる。石川啄木は故郷の訛りを上野駅に聞きにいったが、彼女たちにとっての〝上野駅〟はまさにこのエリアなんだろう。

ウィークデーのビジネスアワーにこのエリアで働いているのは、香港社会の中枢を担っているエリートたちだ。しかし、彼らがオフの間、ここには、香港を動かすような立場の人間なんて、ただの一人もいやしないだろう。

左翼かぶれの真面目な高校教師なら、そうした〝格差〟を糾弾し、抑圧された女性との連帯を訴えるかもしれない。しかし、彼女たちの妙に明るい笑い声を聞いていると、僕は単純素朴に、人間はどんな環境でも明るく生きていけるのだということを教えられる気がして、決してネガティヴな感情は湧いてこない。少なくとも、彼女たちだって、せっかくの休日に日本人から「お前たちは差別・抑圧されているんだ」なんてお説教を聴きたいわけじゃないだろうと僕は思う。

◆11　旧灣仔局の局舎

灣仔から銅鑼灣へ

さて、銅鑼灣方向への香港電車に戻って、今度は灣仔を目指す。

通りの名前は、中銀タワーを越えたところで德輔道中から金鐘道《クイーンズ・ウェイ》に代わり、軒尼詩《ヘネシー》道《・ロード》と荘士敦道《ジョンストン・ロード》の分岐点で電車は右へ折れて、荘士敦道の方を進んでいく。地下鉄の灣仔駅のA3出口の近くで下りると、旧灣仔郵政局（郵便局）の方向を示す看板が出ているので、それに従って歩いていった。

旧灣仔局の局舎は、一九一二年から一九一三年にかけて建設されたもので、当初は警察署として使用されていた。郵便局として使用されるようになったのは、一九一五年三月一日のことで、以後、一九九二年まで現役の郵便局として利用されていた。

畢打街にあった旧中央郵便局の局舎が跡形もなく壊され、フェリー近くの康樂廣場に、機能的ではあるかもしれないが、無味乾燥な現在の局舎が建てられているのに対して、湾仔ではかつての郵便局が、保存・修復され、一九九三年一二月からは環保軒（灣仔環境資源中心《センター》）という名の環境教育の拠点として活用されている。

香港郵政もそうした旧灣仔局の文化資源としての価値を理解しているようで、一九八五年に発行の〝香港歴史建造物〟の切手には当時は現役だった局舎（図11）を取り上げているほか、中央郵便局のショップでも旧灣仔局のクリスタルの置物を売っている。もっとも、クリスタルの置物はそれなりに良い出来ではあるものの、香港ドルでたしか三三〇ドルだったか三八〇ドルだったか、日本円で軽く五〇〇〇円以上の値段がついていたし、僕の狭い仕事場にはそもそもそうした置物を飾るスペースはないので、ちょっと買う気にはならなかったが……。

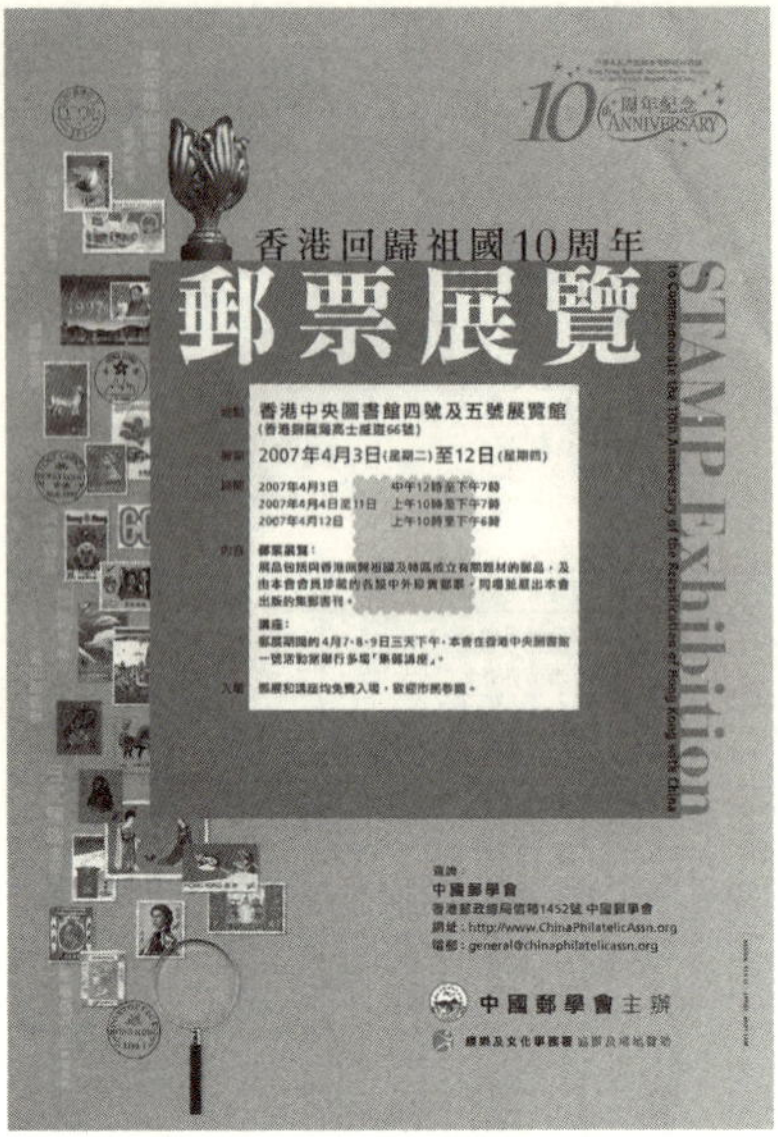

◆12　香港回歸祖國10周年郵票展覧会のパンフレット

さて、案内表示に沿って莊士敦道から太原街を抜けていくと、皇后大道東《クイーンズ・ロード・イースト》に出てすぐ、切手で見覚えのある局舎が目に飛び込んできた。ただし、看板に〝郵政局〟の文字はなく、〝環保軒〟となっていた。

さっそく、切手に描かれているとおり、通りに面した階段を上って中に入ろうとしたのだが、こちらは現在閉鎖中で、脇の階段を上って環保軒の入口から中に入る。内部では、私書箱やカウンター、切手の自販機なども保存・展示されていて、思わず嬉しくなる。

こんなことというと怒られそうだが、環境保護の資料だとか小規模な展示の類なんかは僕にとってはどうでもよくって、建物の雰囲気に浸り、自分の手元にある灣仔局の消印が押されたカバーはここから運ばれていったんだなぁ、という感慨を胸に局舎を後にした。

その後、僕は電車に乗って銅鑼灣まで行き、テイクアウトの叉焼弁当を買い、維多利亞《ヴィクトリア》公園《パーク》で遅い昼飯を食った。

その後、高士威道《コーズウエイ・ロード》をはさんで反対側にある中央図書館を覗いたら、地下の展示スペースで中国郵學會主催の〝香港回歸祖國10周年　郵票展覧〟という切手展（図12）をやっていたのでふらっと参観する。

会場に展示されている作品の中に、香港の臨時郵便局の消印ばかりを集めたコレクションがあって、なかなか、入手が難しい香港大學開校記念の臨時郵便局の消印がずらっと並んでいた。このコレクションを見ていたら、そういえば、香港大學も一九一二年に開校で、一番古い建物はエドワード朝のスタイルで建てられていたことを思い出した。

展示そのものは一時間弱で見終わったので、維多利亞公園のバスターミナルに行って見ると二三番もしくは一〇三番のバスが香港大學の前を通ることがわかった。

こうなったら、やっぱり香港大學にも行くしかあるまい。

香港大學

二〇世紀初めの香港では、人口の急増に対応してインフラの再構築が進められたが、そうしたハード面での対応と並行して、香港政庁は行政機構を拡充すべく、エリートの人材育成に乗り出す必要にも迫られていた。

このため、一九〇八年、香港総督のフレデリック・ルガードは、聖士提反書院《セント・ステファン・カレッジ》の卒業式で新大学設置の意向を表明する。

これを受けて、一九一〇年三月一六日、香港島の西部、西營盤《サイインプン》エリアの丘陵地の一六ヘクタールの敷地に香港初の総合大学である香港大學の建設が開始された。

翌一九一一年、大学の運営の基本方針として「香港大學堂憲章」が公布され、香港大學は香港政庁に隷属するものでなく、イギリス政府に直接帰属すること、校長は総督が任命すること、実際の職務は副校長が担当し、理事会によって意思決定がなされること、などが定められた。ただし、イギリス政府による財政支援は年間三〇〇ポンドのみで、建築費用等は各界の寄付によって賄うものとされた。

香港大學の創設にあたって、資金面で最大の功績をしたのは、一五万ドルもの大金を気

◆13　香港大学開校記念の記念印

前よく寄付したインド系商人のホルムスジー・ノウロジー・モディである。

モディは一八三八年一〇月一二日にボンベイで生まれ、一八五八年に、いわゆるアングロ・インディアン銀行の行員として香港にやってきたが、二年後の一八六〇年に独立し、当時のインド系商人の多くがそうであったように、アヘン貿易に従事した。

また、ヒンドゥスタン銀行のチャーターとともにチャーター・アンド・モディ商会を設立し、九龍の将来に目をつけ、一八六〇年にイギリスに割譲されたばかりの九龍市街地の土地を買い占めて巨額の利益を上げている。また、香港島の中環地区の埋め立てを進め、香港の株、金市場の活性化にも努めるなど、香港の財界で重きをなした。

こうして得た富を元に慈善家としても積極的に活動し、一九〇八年には九龍クリケットクラブと灣仔の兵士海員ホームを創設した。

モディは総督のルガードとその妻フローラ・ショウとも個人的な親交があった。ちなみに、フローラは、一八五二年にロンドンで生まれ、一九世紀末に閨秀作家として活躍した人物。一八九七年に『タイムズ』紙に寄稿したエッセイで、アフリカのニジェール川畔にイギリスが獲得した保護領を〝ナイジェリア〟と命名するよう提案したことでも知られている。総督のルガードとの結婚は一九〇二年のことである。

ルガード夫妻は香港大學設立のために尽力していたことから、友人のモディが資金面で夫妻を支援したという構図ができあがったのだろう。

なお、大学創立資金を調達した功績により、モディは大学起工式の後、イギリス本国のナイトに叙せられたほか、九龍市街地には彼の名を冠した麼地道《モディ・ロード》、麼地廣場《モディ・スクエア》もある。

こうして、一九一二年三月一一日、香港大學が開校し、同月一六日までの六日間にわた

◆14　図13の記念印が押された郵便物）

って各種の記念式典が行われた。

総督夫妻の念願だった、香港初の総合大学の開校にあわせては、記念切手こそ発行されなかったが、セレモニー期間中の三月一一日から一六日までの六日間、大学の構内には臨時の郵便局が設けられ、そこで用いられたのが、中央図書館にも展示されていた図13に示すような記念印である。

図14はこの印の使用初日にあたる三月一一日付のこの消印が押された郵便物で、香港島内の卑利街《ピール・ストリート》宛のものである。卑利街は、上環の中環寄りの地点、皇后大道中からは山側に上がる道沿いに位置しており、日用品・食品の路上マーケットでも知られる場所だ。

大學のあった西營盤地区に最初の郵便局が開設されるのは一九一四年のことであったから、大學の開校セレモニーが終わり臨時の郵便局が閉鎖されてしまうと、しばらくの間、大學関係者にとっては、郵便物の差出が不便な状況が続くことになる。

当初は、医学部（孫文も学んだ西醫書院を改組して発足）と工学部のみであったが、後に文学部や教育学科などが設置され、総合大学としての体裁が整えられていった。また、当時の主な教授は外国からの招聘教官であり、中国語系のみ許地山《きょちざん》をはじめとする華人教授が授業を担当した。

口絵5は開校当初の香港大學を取り上げた絵葉書。取り上げられている建物は本部大樓《メイン・ビルディング》と呼ばれて現在でも校舎として使用されている。絵葉書をみると、当初、大學周辺はほとんどなにもない丘陵地帯であったことがわかる。当時はいまのようにバスの交通網も発達していないから、一九一六年に卒業した二八人の第一期生たちは、他にやることがないのだから、周囲の誘惑に悩まされることなく、さぞかし勉学に励むことができたんじゃなかろうかと思う。

僕は、大學の正門のから駐車場の脇を抜けて構内に入って本部大樓を見上げてみた。オレンジがかった茶色の建物は、瀟洒という言葉がピッタリで、大學というより、古い教会と言ってもいいような感じだった。

建物の中に入って階段を上ると、踊り場にはモディの銅像があり、突き当りの講堂と思しき部屋（鍵がかかっていて中には入れなかったが）の扉には龍の彫刻が施されていて、いかにも〝香港大學〟という印象を強くした。

途中、学内関係者と思しき何人かとすれ違ったが、特に誰何されなかった。おそらく、本部大樓が史蹟として観光客も訪れることを想定しているためだったのだろう。

ただ、そのときはそうは思わず、僕はどちらかというと童顔だし、カジュアルな格好をしていたので、学生に間違えられたのかもしれないと、ひとり気を良くしていた。しかし、実際に現役の学生たちが談笑している脇をすり抜けて、彼らのはじける若さを目にした途端、僕は自分が四〇の中年男に過ぎないという冷酷な現実に引き戻されてしまった。

◆1　香港体育館

二人の皇太子

尖沙咀《チムサチョイ》のフェリー乗り場の脇、かつての九龍駅の目印ともいうべき時計塔のあたりから、海沿いに右方向へと歩いていく。

香港文化中心《センター》とか香港芸術館のあたりには地元の人も観光客も大勢がいるが、香港洲際酒店《インターコンチネンタル・ホンコン》と新世界中心商場《ニューワールド・センター》、新世界萬麗酒店《ニューワールド・ルネッサンス》、そして新世界百貨とつながるビルを過ぎて、九龍半島の東南の端に来たあたりから、観光客はぐっと減り始める。

その後も海沿いのプロムナードをどんどん北上して歩いていくと、ハリウッドに倣って映画関係者の手形やら銅像などがちりばめられたエリアになってくる。対岸に見える視界の中心も、中環の中銀タワーや香港上海銀行から灣仔《ワンチャイ》の中環廣場《セントラル・プラザ》へ、そして銅鑼灣《コーズウェイベイ》のそごうへと次第に変わっていく。

尖東の埠頭を過ぎて日航酒店《ニッコー・ホンコン》を越えたあたりになると遊歩道は終点に近づいてくるが、海沿いに貨物のコンテナが並ぶ埠頭が見える。国際郵便局や独特の形状をした香港体育館（図1）もすぐ近くだ。

このあたりは、紅磡《ホンハム》と呼ばれている地域で、九広鉄路の九廣東線紅磡駅や紅磡海底《クロスハーバー・》隧道《トンネル》、さらに、これらの地点を発着・経由するバス路線などがあり、九龍側の交通の拠点になっている。

その昔、紅磡は黄埔ドッグと呼ばれる造船所を中心とした工業地帯として知られていたという。現在の紅磡駅から東北方向に少し行くと、いまでも、黄埔花園とか黄埔新邨、黄埔廣場といった地名があるから、埋め立てが進む前はこのあたりがそうした工業地帯だったのかもしれない。

紅磡のドイツ人収容所

ところで、案外知られていないことだが、第一次大戦中、紅磡の土地には敵国となったドイツ人の収容所があった。

一九一四年七月二八日、いわゆるサライェヴォ事件の報復として、オーストリアがセルビアに宣戦を布告したのを皮切りに、八月初めには欧州全域を戦場とする第一次大戦が勃発した。

イギリスは香港やシンガポールなどの拠点や、イギリス商船が危機にさらされた際の日本の援助を期待したものの、日本が無制限に行動してオーストラリアやニュージーランドの自治領に脅威を与えたり、アメリカの反発を招いたりすることを警戒し、日本が参戦する場合には戦闘区域を限定することを望んでいた。

これに対して、戦争は、最悪でもイギリス優位の引き分けに終わるとにらんでいた日本は、連合諸国の駐日大使に対して、日本には領土的野心はないと説明した上で、戦闘区域を限定せず、八月一五日、ドイツに対して宣戦を布告する。

当時、発足間もない中華民国(以下、中国)は局外中立を宣言していたが、九月二日、

◆2（左） 第一次大戦中、香港に置かれていたドイツ人収容所宛のカバー
◆3（上） 図2のカバーに押されていた検閲印

日本軍は「膠州《こうしゅう》湾租借地ヲ支那国ニ還付スル」ためという大義名分を掲げて、山東半島に上陸。一一月七日には、ドイツの極東の拠点だった青島《チンタオ》を陥落させた。また、赤道以北のドイツ領南洋群島も、一〇月中には日本軍によって征圧された。

大戦が始まると、ドイツ軍による攻撃を恐れた華人たちの香港脱出があいついだが、次第に、香港にもどってくるものも増え始めた。また、戦争の余波で、香港に出入りする船舶のトン数も、開戦の年の一九一四年には二二〇七万トンあったものが、終戦の年の一九一八年には一三〇〇万トンに落ち込んだが、その分の船舶が香港で建造されるようになり、香港の造船界は活況を呈することになった。

とはいえ、香港にとっては、所詮、欧州大戦は遠い世界の出来事で、戦争を直接にイメージできる機会はほとんどなかったといってよい。

先ほど述べた、紅磡の捕虜収容所は、その数少ない例外であろう。

図2は、その紅磡の収容所に抑留されていたドイツ人宛のカバーである。

このカバーは一九一五年八月、日本の松山捕虜収容所のドイツ人捕虜が差し出したもので、一八九九年にハーグで締結された「陸戦の法規慣例に関する条約・同付属規則」に基づき、料金無料の捕虜郵便として差し出された。各種の印が重なり合って押されていて読みにくいのだが、カバーの中央には、王冠のマークが入った紅磡の検閲印（図3）が見える。

僕はかつての収容所跡を探してみようと、このあたりを小一時間ほど歩いてみたのだが、結局わからなかった。

二つの世界大戦のうち、第二次大戦の痕跡を香港で探すのはさほど困難ではないが、第

◆４　中華民国発足後まもなく発行された“中華民國共和紀念”に取り上げられた袁世凱

一次大戦の痕跡となると、香港島・立法院大樓の北側、地下鉄中環駅の真上にある和平記念碑（両大戦の犠牲者を追悼した記念碑で英魂不朽　活気長存ならびにTHE GLORIOUS DEADの文字が刻まれている）くらいしか僕には思いつかない。

紅磡の収容所跡がわかれば、ちょっとは事情が変わったのだが、まぁ仕方ないだろう。

CHINA加刷の香港切手

ところで、日本軍がアジア・太平洋地域からドイツ勢力を駆逐したことによって、香港はドイツ軍の攻撃を受けることもなくなり、比較的安閑とした状況になったが、中国大陸の情勢は益々混迷の度を深めていた。

発端は、山東攻略の実績を踏まえて、一九一五年一月一八日、日本政府が中国の袁世凱《えんせいがい》（図４）政権につきつけた、いわゆる対華二一ヵ条の要求である。その主な内容は次のようなものであった。

・ドイツが山東省に持っていた権益を日本が継承する
・関東州の租借期限を延長する
・満鉄の権益期限を延長する
・沿岸部を外国に割譲しない
・中国政府に政治経済軍事顧問として日本人を雇用する

これに対して、中国側は、特に秘密・希望条項とされていた日本人顧問の雇用について

◆5　袁世凱の皇帝即位にあわせて発行が計画された“中華帝國開国紀念”の切手の見本。実際には、切手発行以前に袁が皇帝の座から退位したため、この切手も発行されずに終わった。

は海外にリークして国際世論の日本に対する批判をあおるなどの抵抗を示したが、同年五月九日、袁政権は要求を受け入れた。

当然のことながら、二一ヵ条要求を受け入れた袁世凱に対しては国民の不満が高まり、中国大陸の政治状況は一挙に不安定化する。このため、一挙に事態の挽回を図った袁は、帝政の復活を宣言し、翌一九一六年から年号を洪憲として皇帝に即位し、中華帝国の開国を宣言した（図5）。

しかし、独裁権力の強化によって事態を乗り切ろうとした袁の目論見は完全に裏目に出て、北京では学生らが帝政反対のデモを行い、地方の軍閥はこれを口実に次々と反旗を翻した。彼の足元の北洋軍閥の諸将までもが公然と反発し、袁を批判したほか、当初は袁の帝政を好意的にとらえていた日本政府も情勢の変化を見て袁を非難し始めた。

結局、四面楚歌の中で一九一六年三月、袁は退位し、同年六月、憤死する。

ところが、袁の死後、彼に匹敵する実力者は現れず、中国大陸は軍閥が割拠して、革命以来の社会的混乱はいっそうの拍車がかかることになった。

一九一二年に中華民国が成立した後も、列強諸国が中国各地に設けていた郵便局はそのまま活動を続けており、各地のイギリス郵便局では従来どおり香港切手が使われていた。

当初、各地のイギリス郵便局では、中国の一円（＝一〇角＝一〇〇分）を香港ドル一ドル（＝一〇〇セント）と等価とみなし、中国円でも香港切手を発売していた。しかし、上記のような政治的・社会混乱の中で中国側の通貨価値が急落し、従来どおり、中国通貨と香港ドルを等価交換すると不都合が生じることになった。

たとえば、中国円と香港ドルの交換レートが一円＝八〇セント程度に下落しているにも

◆6　ＣＨＩＮＡの文字が加刷された香港切手

かかわらず、従来どおり、イギリス郵便局で一ドル切手を一円で発売していれば、イギリス局はその分、為替差損を被ることになる。じっさい、一九一六年も後半になると、こうした為替差を利用して、安い中国円で香港切手を購入し、それを香港ドルに換金することで、差額を儲けるという投機が横行しており、イギリス側も何らかの対応を迫られていた。

このため、一九一七年一月一日から、イギリス当局は、中国各地のイギリス郵便局で香港切手にＣＨＩＮＡの文字を加刷した切手（図6）の発売を開始した。こうした加刷切手は中国大陸のイギリス郵便局でのみ有効で、香港域内では使用できなかった。

これらの加刷切手は、一九二二年、ワシントン会議で中国の主権尊重を大原則として掲げる九ヵ国条約が調印されると、それに先立って「支那国ニ於ケル外国郵便局ニ関スル決議」が採択され、締約国は一九二二年末限りで中国各地に設けていた郵便局を閉鎖することとなったことをうけて、同年一一月末限りで中国各地のイギリス局が撤退するまで使用された。（ただし、威海衛租借地では、租借地が返還される一九三〇年まで、こうした加刷切手が使用されていた。）

さて、軍閥割拠の混乱状態にある中国大陸と、植民地支配下で一応の秩序と安定を保っていた香港との格差が拡大していく中で、一九一八年一一月、第一次大戦はドイツの敗戦で終結する。

香港は直接の戦闘に巻き込まれたわけではないが、それでも、大英帝国の一員として勝利の報が届けられると、中扉の絵葉書に示すように、街頭には連合諸国の国旗が掲げられ、人々の間には戦勝気分が満ちあふれた。

しかし、絵葉書の写真に映っているイギリスと日本、アメリカの関係は、戦争の終結に伴い、ドイツという共通の敵を失ったことで、微妙に変化しはじめる。そして、それは、香港にも少なからず影響を及ぼすことになる。

香港に上陸した昭和天皇

第一次大戦の講和会議は、一九一九年一月からパリで開催された。

会議は、当初、アメリカ大統領のウィルソンの〝一四ヵ条〟の提案が基調となると宣伝されたこともあって、民主主義・民族自決を待望するアジア・アフリカ地域の期待を集めた。特に、一九一七年にドイツに対して宣戦を布告し、〝戦勝国〟になっていたはずの中国では、大戦の勃発以前から国権回復運動が高揚し、大戦中には屈辱的な二一ヵ条要求を日本から押し付けられたままになっていたこともあって、会議への期待も大きかった。

講和会議の席上、中国代表は、大戦中に日本軍が接収した山東権益の返還や二一ヵ条要求の取消とともに、香港の新界を含む租借地の返還を列強諸国に要求した。租借地の返還要求が正規の外交ルートに乗せられたのは、これが最初のことである。

中国側は「外国の租借地が全て中国の軍事的要衝に位置していて、管轄権の行使により租借地が中国内にある別の国家のようになっていることは、中国の領土に対する甚大な脅威である」と主張したが、中国の要求は列強諸国からはことごとく無視された。こうした外交の失敗は、北京の学生による〝和平条約調印拒絶〟、〝山東直接回収〟などをスローガンとする五・四運動を引き起こし、ストライキが中国全土に波及した。

ところで、パリ講和会議がアジア・太平洋地域の問題をほとんど取り扱わず、中国に関する大戦中の日本の独走が是正されないことには、アメリカも大いに不満であった。グアム・フィリピンを領有して太平洋地域にも進出していたアメリカにとって、急速に拡大していった日本の軍事力は直接的な脅威と認識されていたからである。

一方、日本の躍進を支えた日英同盟は、一九〇二年に締結された当初、帝政ロシアを仮想敵国としてスタートした。その後、日露戦争での日本の勝利に伴い、主要な仮想敵国はドイツへと変化したが、第一次大戦を通じて、帝政ロシアは崩壊し、ドイツも敗北すると、同盟じたいの存在理由は希薄になっていた。

一九二一年にアメリカが招集したワシントン会議には、こうした情勢の変化を踏まえて、日本の脅威を殺ぐため、日英の離間を画策するという意味合いがあったのである。

これに対して、日本側は、これまでの自国の繁栄の礎となっていた日英同盟を、大戦後も維持しようと考えていた。

こうした外交上の駆け引きの過程で、日本側が宣伝工作の切り札として持ち出したのが、一九二一年三月から九月にかけての、皇太子・裕仁《ひろひと》親王（後の昭和天皇）の訪欧である。

古今東西、皇族（王族）は自国民にとってのスターであると同時に、対外的にも重要な広告塔の役割を担っていた。イギリスのダイアナ元皇太子妃が、生前、世界的な人気を誇っていたのはその何よりの証拠である。

裕仁親王は、そうした広告塔の役割を期待されて欧州に向かうことになった。帝国の指導部が皇太子に最も期待していた役割（皇太子がそのことを認識していたかどうか、この際、問題ではない）は、同盟国イギリスの王室と友誼を通じ、日英両国の絆を内外にアピールすることで、イギリス国民の間に日英同盟存続の世論を喚起することである。

こうした政治的思惑があったがゆえに、原敬内閣は、大戦後のヨーロッパの政情不安や

◆7　1920年頃の香港島の全景（1997年2月に開催の香港切手展を周知するため、1996年に発行された小型シート）

大正天皇の病状の悪化、さらには、皇太子の外遊は先例がないことなど、さまざまな理由から日本国内で根強かった反対論を、半ば強引に押し切って、皇太子の訪欧を実現させた。さて、裕仁親王は、三月三日、御召艦「香取」に乗って横浜を出港。三月一〇日、最初の〝外国〟として英領香港に上陸している。

一九九七年二月に開催された香港切手展のキャンペーンの小型シート（図7）には、一九二〇年頃の香港島の遠景が描かれている。裕仁親王が香港上陸に際して眼にした風景も、おそらく、このようなものであったろう。

当時は、一九一九年に日本の植民地であった朝鮮で起こった三・一運動や中国の五・四運動の余燼がくすぶっており、中国や朝鮮での反日感情はかなり強かった。なかでも、朝鮮の独立活動家、金元鳳《きんげんぼう》が一九一九年に満洲で結成した義烈団は、〝日本帝国主義の心臓部に弾丸を撃ち込む必殺主義〟を唱えて、日本の朝鮮総督府や釜山、密陽の警察署などに対する爆破テロを展開しており、日本の皇太子が香港に上陸する機会をとらえて、皇太子の拉致・暗殺計画を企てていた。

当然のことながら、日本側もそうした不穏な空気を察知していたため、皇太子本人が香港島内を平服で見物している間、海軍の礼装を着用した〝身代わり〟が別の場所で陽動作戦を行うなどの対策を講じるなど、皇太子の身辺警護に神経をすり減らしていたという。

そうした苦労の甲斐もあって、裕仁親王は無事に香港を後にし、以後、イギリス、フランス、ベルギー、オランダ、イタリアなどをまわり、半年後の九月三日に帰国した。東洋の若きプリンスは、行く先々で熱烈な歓迎を受け、日本国内では、

◆8　皇太子（裕仁）ご帰朝記念の切手

皇太子の初めての外遊は成功裏に終わったと判断するものがほとんどであった。

さて、今回の皇太子の訪欧成功を受けて、日本政府は、七月一六日、記念切手の発行を決定した。もっとも、切手の発行が決定されてから二日後の一八日には、皇太子は最後の訪問地ナポリを後にし、一路、帰国の途についているため、切手発行の名目は、〝ご訪欧記念〟ではなく、〝ご帰朝記念〟になった（図8）。

切手に取り上げられたのは、御召艦の「香取」と、供奉艦の「鹿島」である。

これら二艦は、日露戦争の開戦後の一九〇四年（明治三七）五月、機雷によって失われた戦艦「八島」と「初瀬」の穴を埋めるべく、急遽、イギリスに発注された。しかし、両艦が完成した一九〇六年にはすでに日露戦争は終わっていた。しかも、同年、より性能のすぐれたドレッドノート型戦艦がイギリスで進水していたこともあり、生まれ落ちたその瞬間から、「香取」と「鹿島」は中途半端な存在となっていた。それにもかかわらず、皇太子の訪欧に用いられたのは、これらイギリス製の戦艦を派遣すれば、訪欧の主要な目的地であるイギリスの印象も良くなるのではないかとの政治的な配慮があったためである。

その意味では、イギリス世論における対日感情の向上という大役を果たした皇太子の〝ご帰朝〟を祝う記念切手の題材として、この両艦は格好の素材であった。

こうして、九月三日の帰朝当日、記念切手は発行され、皇太子の無事の〝ご帰朝〟に興奮する日本の国民はこぞってこの切手を買い求めたという。

プリンス・オブ・ウェールズの香港訪問

〝皇室外交〟によってイギリスの世論を味方につけたことを確信した大日本帝国は、日

◆9　香港で八人乗りの籠に乗り、パレードを行う皇太子（“香港今昔”の切手帳より）

英同盟の存続をかけて、一九二一年末から翌一九二二年にかけて、アメリカが召集したワシントン会議に参加する。しかし、その結果は、皇太子訪欧の〝成果〟に酔いしれていた彼らに冷水を浴びせるものでしかなかった。

すなわち、会議では、大戦後のアジア・太平洋問題と軍備制限が議題として取り上げられ、アメリカ・イギリス・日本の主力艦の保有率を五・五・三とする海軍軍縮条約をはじめ、太平洋での相互不可侵を決めた四ヶ国条約（アメリカ・イギリス・日本・フランス）、そして、中国の主権尊重・領土保全・門戸開放・機会均等を定めた九ヶ国条約（アメリカ・イギリス・日本・フランス・イタリア・中国・オランダ・ベルギー・ポルトガル）が締結された。この結果、日本は大戦中に獲得した山東半島の権益を放棄させられ、肝心の日英同盟も、四ヶ国条約の締結により意義を失ったとして破棄されてしまう。しかも、〝ご帰朝〟の記念切手に取り上げられた「香取」と「鹿島」は、このとき締結された海軍軍縮条約により、廃棄されるというオマケつきである。

皇室外交の〝成果〟なるものが、国際政治の冷酷な力学の前では、なんら実体を持たないということを見せつけるような結末といってよい。

もっとも、アメリカとイギリスは日本にこれら諸条約を呑ませるため、イギリスは東経一一〇度以東、すなわち、シンガポール以東の要塞を強化しないことを約束している。当然のことながら、イギリスの中国艦隊も減らされ、香港の軍事的価値は減少した。

さて、九ヵ国条約が掲げていた中国の主権尊重という大義名分は、それなりに実現され、イギリスは威海衛の返還に同意した。しかし、同時に中国側が要望していた新界の返還については、一顧だにされず、拒絶されている。

◆10　イギリス本国で発行されたエドワード八世の切手

こうして、パリ講和会議とワシントン会議の二回にわたって中国側が持ち出した香港新界地区の返還要求は完全に無視された。その後も、中国は不平等条約撤廃と新界の返還を主張し続け、イギリスがそれを拒絶するという構図がしばらく続くことになる。

一方、日英同盟が廃棄され、日英関係が微妙なものとなりつつあった一九二二年、日本との関係改善策の一環として、裕仁親王のイギリス訪問の答礼というかたちを取って、エドワード皇太子が日本を訪問している。

その途中、皇太子は香港にも立ち寄り、八人乗りの籠に乗ってのパレードを行ったほか（前頁図9）、精力的に香港各地を訪問。九龍の旺角《モンコク》と界限街《バウンダリー・ストリート》の間を東西に走る道はこれを記念して太子道《プリンス・エドワード・ロード》と名づけられた。

香港でのエドワード皇太子の一挙手一投足は、さまざまなメディアを通じて世界に発信された。こうした〝次期国王〟のパフォーマンスによって、大英帝国は、来るべきエドワードの御世においても、香港島と九龍市街地、そして新界租借地が一体となった〝英領香港〟の枠組を維持するのだという意思を世界に、とりわけ、中国に対して見せつけようとしたと考えてよい。

もっとも、それから一〇年以上が過ぎた一九三六年一月、国王ジョージ五世の崩御に伴い、皇太子エドワードは国王エドワード八世として即位したものの、アメリカ人女性、リス・シンプソンとの〝王冠をかけた恋〟によって一年足らずの間に退位してしまう。その結果、イギリス本国ではごく短期間にせよエドワード八世の肖像の入った切手（図10）が使われたものの、香港では、彼の肖像が入った切手はついに発行されないままに終わっている。

◆1　黄大仙廟

広東政府の影

あぁ、手のひらが赤いねぇ。あんた短気だろ。

えーと誕生日はいつだっけ。一九六七年一月二二日か。生れた時間はわかる？　午前一〇時四三分。なるほどねねぇ。えーと、それだと（分厚い暦のようなものをめくりながら）あんたは〝火〟の人だ。太陽だ。なに、名前が陽介だって。そりゃ良い名前をつけてもらったね。親に感謝しないと。

で、どこに住んでるの？　東京か？　方角的にはあんたは西がいい。とにかく西へ行きなさい。大阪でもどこでも良いから。とにかく西へ行ったら儲かるよ。えっ。香港も西じゃないかって？　そうだね、そういわれてみれば、そうだ。

仕事は何？　あぁ、モノ書きが本業で大学でもパートタイムで教えてる。うん、教師は良い。あんたの本質は火だから、木にあたる教育って仕事はあんたにパワーを与えてくれるはずだ。モノ書きも悪くないよ。こっちも木だから。とりあえず食えなくなるということはない。六四まで働いてリタイアするのが良い。

ちょっと手を詳しく見てみようか。この線はねぇ……。

香港最大の道教寺院、黄大仙廟《ウォンタイシン・ミュウ》（図1）には占い師たちが集まっている一角がある。

普段はあまり占いの類は気にしない僕だが、せっかくだから、本場・香港の風水占いはどんなものかと思って、黄大仙廟に参った後、英語のわかる占い師のところへ行って話を聞いてみることにした。料金は香港ドルで手相が三〇〇ドル、人相が三〇〇ドル、両方あわせて五〇〇ドル。さすがに、五〇〇ドル（八五〇〇円位か）を払う気にはなれなかったので、手相と人相、どっちが良いかと尋ねたら、手相だけ見てもらう人はいても人相だけ見てもらう人はほとんどいないといわれたので、手相と誕生日などで占ってもらった。

冒頭の一節はそのご託宣の一部。真偽のほどは定かではないけれど、そこそこ面白かったから、旅の土産話としてはよしとしよう。

黄大仙廟

香港を代表する寺院として有名な黄大仙廟だが、もともとは、香港ではなく、嗇色園の名で広州にあった。それが、一九二一年に香港に移ってきた最大の理由は、孫文と反対派の間で繰り広げられた広州での権力闘争にある。

一九一七年九月、袁世凱の流れを汲む段祺瑞《だんきずい》が中華民国の国務総理に就任すると、孫文らは、国家の基本法として、袁世凱が公布した『中華民国約法』（新約法）を廃し、一九一二年の中華民国成立時に革命派が制定した『臨時約法』（旧約法）を復活させるよう要求。段がこれを拒否すると、孫文は広東・広西・雲南・貴州・四川・湖南の各省の地方軍閥と提携して、広州に護法軍政府（いわゆる広東軍政府）を樹立し、北京政府に叛旗を翻した。

もっとも、当時、国際的に中国の正統政権として認知されていたのは、あくまでも北京政府であって、孫文らが広州で組織した〝革命政府〟は、その主義主張はどうあれ、建前の上では非合法政権でしかない。

北京政府は広東軍政府の切り崩しを図り、広西の陸栄廷《りくえいてい》・雲南の唐継尭《とうけいぎょう》との妥協を成立させる。この結果、広東軍政府は解体され、孫文は上海へと逃亡を余儀なくされた。

一方、広州出身の軍閥、陳炯明《ちんけいめい》は広東軍政府の下で、福建省へ勢力を拡大していたが、一九二〇年九月、〝粤人治粤《えつじんちえつ》〟（広東人が広東を治める）とのスローガンを掲げて広東に向かい、一〇月二六日、広州に入城する。上海の孫文を招いて第二次広東軍政府を樹立した。

さて、一九一五年、広西省の道士であった梁仁庵《りょうじんあん》は父親とともに香港島の灣仔《ワンチャイ》にやってきて、黄大仙《こうたいせん》を祀る道画を掲げて薬局を開業した。

黄大仙は俗名・黄初平《しょへい》。西暦三二八年に現在の浙江省金華県蘭渓市（赤松丘）で生まれた羊飼いの少年だったが、一五才のとき、神から不老不死の薬の製法を教わったとされ、信仰の対象となっていた。

梁の薬局を訪れた人々は、自然と掲げられた黄大仙の像に祈るようになり、薬局は人々の信仰の場としての機能も併せ持つようになっていた。しかし、一九一八年、薬局は火災で焼失してしまう。

また、広州では、一九二〇年にこの地の権力を掌握した陳炯明が、〝革命家〟として迷信の打破を政策として掲げており、道教寺院であった嗇色園も大きな打撃を受けていた。こうした中で、灣仔の梁は、一九二一年、埠頭から三六〇〇歩のところに祠廟を建てるよう、黄大仙のお告げを受けたという。

さっそく、梁は九龍の埠頭から指定の距離の地点として、竹園近くの獅子山の麓の土地をみつけて、地元の有力者の支援を受け、この地に嗇色園を移転した道教寺院を建立し、一九一五年に自らが描いた黄大仙の道画を奉納した。これが、現在の黄大仙廟のルーツであり、以後、香港の人々の篤い信仰を集める場所となったというわけである。

◆2　20世紀初頭の香港の波止場の風景。労働者たちが忙しく立ち回っている。

香港海員ストと蔣介石の登場

もっとも、黄大仙が安息の地を求めて広州から香港へと渡ってきた一九二一年という年は、香港の世情も決して安定したものではなかった。大規模な海員ストという事件があったからである。

貿易港であった香港は、必然的に海員の街でもあった（図2）。海員たちの給料は、他の華人労働者と比べると決して低いものではなかったが、同乗の西洋人との賃金・待遇の差は歴然としていた。また、外国航路に働く海員たちは、世界中を廻る過程でロシア革命後の労働運動の高揚を自分たちの目で確認することができたし、西洋人の海員たちが組合を結成し、賃上げを勝ち取っていることも知っていた。

こうした状況の中で、一九二〇年一二月、香港の華人海員たちは、労働組合として中華海員工業連合総会（以下、海員工会）を結成し、翌一九二一年八月と一一月の二度にわたって各輪船公司（船主側の団体）に賃上げの要望書を送ったが、反応は芳しくなかった。船主側は、一九二二年一月になってようやく交渉のテーブルには着いたものの、労働側の要求を拒否。このため、一月一二日午後五時から海員工会はストライキに突入した。

ストライキには、各国の一六六隻の船（図3）、二万人の中国海員が参加し、下船した海員たちは広州に集結。孫文の広東軍政府を後ろ盾に職場放棄の意思を明確にした。ま

◆3　香港船のひとつ、デルタ号。この船の海員たちもストライキに参加した。（1921年に同船の船内から差し出された絵葉書）

た、海員以外の運輸関係の労働者も同情ストを敢行。ストライキの参加者はあっという間に三万人にも達した。

これに対して、船主側を支援していた香港政庁は戒厳令を発して組合の解散を命じ、ストライキを押さえ込もうとしたが、これは火に油を注ぐ結果となり、広州ではイギリス商品のボイコットも始まった。また、組合とは無関係な香港華人の多くも広州へ引き上げはじめ、香港のイギリス社会は機能停止の状態に陥ってしまった。

焦ったイギリス当局は、三月四日、新界の沙田《シャーティーン》で香港から広州へ向かう華人の群れに発砲。六名が死亡し、数百名が負傷するという事件が起こった。いわゆる沙田惨案である。

沙田惨案の結果、香港と広州の反英感情は沸騰したが、イギリス政府はそれが上海に飛び火して、さらには中国全土に波及することを恐れた。このため、香港政庁に対して事態の早期収拾を厳命。また、香港華人の自治組織でもある東華醫院も調停に乗り出した。

結局、沙田惨案の翌日、三月五日に船主側は一五から三〇パーセントの賃上げに応じ、香港政庁も組合に対する解散令を撤回し、逮捕していたスト指導者を釈放。ストライキは海員工会側の全面勝利に終わった。

五六日にわたったストライキの勝利を祝って、広州では香港に復帰する労働者の歓送会が行われ、三〇万人のデモ行進が行われたという。

ストライキの高揚した雰囲気の中で、広州の孫文は、一九二二年二月二七日、広州から北方に攻め上り、北洋軍閥の支配する北京政府を打倒するとして〝北伐〟

を宣言する。

しかし、広東省の最大の実力者であった陳炯明は、孫文の北伐宣言に反対であった。そもそも、〝粤人治粤〟を掲げる陳にとっては、広東軍政府と北京政府は相互に不干渉であるのが望ましかった。陳からすれば、広東省における自治の確立と社会的・経済的安定を最優先すべきときに、ストライキを側面から煽動し、さらには広東経済に多大な犠牲を強いる統一戦争を発動しようとする孫文の行動は狂気の沙汰としか思えないものであった。

このため、広東省の実力者たちは、なんとか孫文に北伐を思いとどまらせようとしたのだが、五月四日、孫文は周囲の慎重論を押し切るかたちで北伐に踏み切り江西省南部に進攻してしまう。このため、六月一六日、陳炯明はついに広州でクーデターを起こして孫文の軍政府を攻撃し、孫文を広州から追放してしまった。

虚を衝かれた孫文は、広州を逃れて黄埔江に停泊していた永豊艦（後に、孫文にちなんで中山艦と改称）に乗り移り、香港を経て上海に向かった。このとき、急を聞いて永豊艦に乗り込んできたのが、売り出し中の若手将校だった蔣介石である。

蔣は一八八七年生まれ。一九〇七年、日本の振武学校に留学し、卒業後は日本軍の野砲第一三連隊に見習い士官として配属された経験がある。辛亥革命が起こると帰国して孫文陣営に加わったが、一九一九年から翌年にかけては上海証券交易所の仲買人を務めていた。その際、インサイダーまがいの取引を駆使して巨額の利益を上げ、一九二一年には巨額の革命資金を気前よく献金していたことから、孫文との強いつながりができたという。

永豊艦に乗り込んできた蔣介石に対して、落魄して失意の孫文は「君が一人乗り込んできたことは二万の援軍に相当するほど心強い」と感謝感激。以後、永豊艦はイギリス艦に

◆4　広州で列車に同乗する孫文と蔣介石

援護されながら、香港を経由して八月一四日に上海に到着する。この五五日間、蔣は孫文と苦難を共にする生活を送ったことで、最高権力者への階段を上り始めることになった。

その後、一九二二年一二月、孫文支持派の各軍が陳炯明に対する討伐戦争を起こし、広州を奪回する。そして、翌一九二三年三月、孫文は広州に大元帥大本営を開府し、第三次広東軍政府を樹立した。

図4は、第三次広東軍政府発足から間もない一九二三年七月六日、広西軍の広州攻撃に備えて広州駅から前線に向かう列車内の孫文と蔣介石の写真を取り上げた台湾の切手である。切手は蔣介石の生誕九〇年を記念して、彼が亡くなった後の一九七六年に発行されたものだが、彼が死してなお、彼の権威の源泉が〝孫文の後継者〟という点に求められていたことを象徴的に示すものとして、極めて興味深いものといえよう。

省港スト

一九二四年一月、「連ソ・容共・労農援助」を掲げる第一次国共合作が成立した。

孫文が共産党との合作を決断したのは、広州を追われて上海にたどり着いた一九二二年八月のことである。このとき、上海には、孫文の国民党と、一九二一年に創立されたばかりの中国共産党の中心人物が結集し、いわゆる国共合作の方針がまとめられた。

当時、陳炯明のクーデターによって全てを失った孫文には、共産党以外に頼るものがなかったのが実情だった。一方、連合諸国によるシベリア出兵の干渉戦争を経験していたソ連は、自国の防波堤として周辺に反帝国主義的な民族主義政権が樹立されるのは望ましいことと考え、コミンテルンの中国支部に対して、香港海員ストの後ろ盾となっていた孫文

◆5（右）　五・三〇事件22周年の記念切手。第二次大戦後、共産党支配下の東北解放区で発行されたもので、“反対帝国主義侵略”のスローガンが記されている。
◆6（左）　若き日の劉少奇

の国民党との合作を命じ、国民党への支援を開始した。

こうしたことを踏まえて、一九二三年一月、ヨッフェと孫文の共同宣言によって国共合作の方針が正式に発表され、翌一九二四年一月、合作が正式に成立したというわけである。

その後、孫文は国共合作を背景に、今度こそ北伐の実現を目指したが、一九二五年三月一二日、「革命いまだ成功せず」の言葉を遺して肝臓がんのために北京で亡くなった。

それから三ヵ月後の五月一四日、上海の日系企業・内外綿で、従業員の解雇問題をめぐる騒動から発砲事件が起こり、一人の死者が出た。さらに同月二八日、青島で、日本の要請で出動した軍閥系の兵士が数名を射殺した。

このため、五月三〇日、上海でこれらの事件に抗議する学生デモが発生したが、租界の警察はデモ隊に対して一斉射撃を行い、死者一三名、負傷者数十名、逮捕者五三名を出すという事件になった。いわゆる五・三〇事件である（図5）。

ときあたかも、翌五月三一日には中国の全国的な労働組織である中華全国総工会の地域組織として上海総工会が成立する。総工会の呼びかけに呼応して、上海全市はゼネストに突入し、労働側は列強諸国や北京政府に対して一七ヵ条の要求を突きつけた。

その後、事件は南京、北京、天津などへと飛び火したが、中でも凄まじいまでの勢いを示したのが、広州と香港の省港ストであった。ちなみに、省港の省とは広東省ないしはその省都である広州、港は香港の意味である。

一九二五年六月一九日、香港の労働者十数万人は、共産党の劉少奇《りゅうしょうき》（図6）、蘇兆《そちょう》徴《ちょう》、李立三《りりつさん》らの指導の下、大規模なストライキに突入。上海での一七ヵ条に加え、香港の香港政庁に対して、政治的自由、法律上の平等、普通選挙の実施、労働立法、家賃引き

◆7（右） 廖仲愷
◆8（中、左） 省港スト支援者のバッジ

下げ、居住の自由の六項目をつきつけ、さらには不平等条約撤廃の運動も展開した。

　これに対して、香港政庁は戒厳令を実施。このため、労働者は国共合作の拠点であった広州に走り、六月二三日には、国民党も党大会を開いて胡漢民《こかんみん》、汪兆銘《おうちょうめい》、廖仲愷《りょうちゅうがい》（図7）らが反英を訴えた。集会後、デモ隊が広州の外国人居留地、沙面の対岸、沙基に差し掛かったとき、イギリスとフランスの両軍が群集に向かって機関銃を連射。このため、多数の死者が出た。いわゆる沙基惨案である。

　このニュースは瞬く間に中国全土に伝わり、広東政府は香港に対する経済封鎖とイギリスに対する経済断交を宣言。香港の労働者は次々と広州に引き上げ、六月二八日までにほとんどの業種で香港と広州の労働者はストライキに突入した。

　広東政府による香港の封鎖は厳重で、労働者側は糾察隊をつくってスト破りを防いだほか、イギリス商品のボイコットも徹底して行われた。

　図8は、省港ストの闘争資金を集めるために販売されたバッジである。表面には勝利を意味する月桂樹の間に〝紀念章〟の文字が記されており、周囲には〝務達最后勝利〟のスローガンが記されている。一方、裏面は、国民党ないしは国民政府の青天白日章の中央に〝1925〟の年号を入れ、その周囲に〝各界擁護省港罷工〟というスローガンを入れたデザインとなっている。こうしたバッジを日常的に身につけることによって、人々は、省港ストを支援する姿勢を示していたのであろう。

　その後、ストライキは翌一九二六年一〇月まで一年四ヵ月にわたって続き、香港経済は壊滅的な打撃を受けた。また、清掃業者のストライキにより、ゴミや屎尿の回収も行われなかったため、街中は悪臭が満ち溢れ、香港は臭港になったとまで称された。ただし、郵

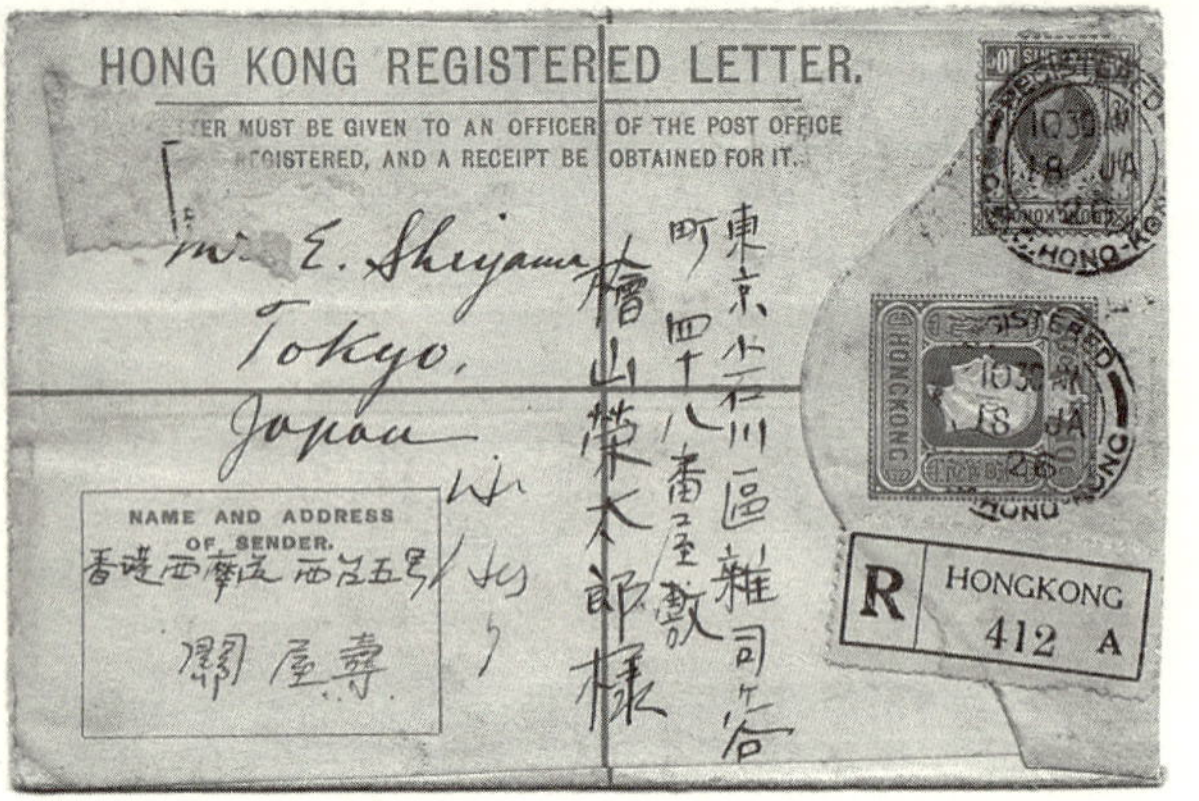

◆9　省港ストの最中に香港から差し出された書留便。裏面には1926年1月27日付の東京中央郵便局の消印が押されており、ストの最中でも郵便は行われていたことがわかる。

便はなんとか機能していたようで、図9に示すように、スト最中の一九二六年一月一八日、香港・西半山の西摩道から東京宛に差し出された書留便は東京まで届けられている。

このように、ストライキは激しく、かつ長期間にわたって続けられたが、それを可能にしたのは広州政府がストライキを全面的に支えていたからである。省港ストが始まって間もない一九二六年七月一日、国民党は孫文亡き後の新体制として、孫文時代の大元帥統治の軍政府を解体し、国民党中央執行委員会が指導する国民政府（広州国民政府）を樹立した。政府主席には汪兆銘が就任したが、政策決定は一六人の委員による合議制を取っており、コミンテルンから派遣されたボロディンが最高顧問となって共産党との合作も維持された。

しかし、孫文という強烈なカリスマの死により、国民党内の権力闘争が激化し、広州国民政府の発足からほどなくして共産党に親和的であった廖仲愷が暗殺されてしまう。廖の暗殺には廖と対立していた党内右派の大物、胡漢民が関与していたと疑われたことから、胡も政府中枢を追われることになる。

こうした権力の間隙を縫って台頭し、汪兆銘のライバルとして急浮上してきたのが蔣介石である。

蔣は、国共合作が成立すると赤軍の組織原理を調査研究するためにソ連に派遣され、帰国後、その経験を元に国民党軍の組織化を担当した。同時に、胡漢民失脚後の国民党右派の実力者として、左派が強い影響力を持っていた省港ストの指導部であった罷工委員会を包囲し、糾察隊を武装解除し、左派勢力に打撃を与えようとした。

◆10　ペニンシュラの売店で売っているチョコレートには、開業当時のホテルの外観を描く切手状のラベルが印刷されている。

こうして、省港ストをめぐって国民政府内部の対立が表面化すると、北京政権も国民政府に対する武力行使の姿勢を見せるようになる。また、イギリスも巻き返しに転じ、労働側との交渉を打ち切り、反英運動に弾圧を加えはじめた。

結局、一九二六年七月、蔣介石が孫文の遺志を継いで北伐を開始すると、国民政府はこれに力を注ぐようになって、ストライキを顧みる余裕を失ってしまう。

このため、後ろ盾を失った罷工委員会は、一〇月一〇日、民衆大会を開いて、イギリスに対して一方的にストライキの終息を宣言した。その後も、香港海員工会によるストライキが散発的に続けられていたが、最終的に、香港政庁と罷工委員会によって、ストライキ期間中の一六ヵ月間に対して、労働者には一〇ヵ月分相当の賃金が支払われることで省港ストは最終的に決着した。

半島酒店《ペニンシュラ・ホテル》の開業

省港ストは香港経済に大きな打撃を与え、スト以前の一九二四年に三五四七万トンあった出入り船舶の総トン数は激減した。しかし、一九二七年になると、出入り船舶の総トン数は三四四四万トンにまで回復し、香港経済にも明るいきざしが少しずつ見え始める。

こうしたなかで、一九二八年一二月一一日、九龍半島の先端に、省港ストをはじめとする幾多の困難を乗り越えて、香港で最も格式の高いホテルが開業した。

いわずと知れた半島酒店《ペニンシュラ・ホテル》である（図10）。

スエズ以東で最高のホテルを目指して半島酒店《ペニンシュラ・ホテル》の建設が始まったのは一九二〇年代初頭のことであった。

◆11　開業当時のペニンシュラ・ホテルの宿泊客用の荷札。リクシャ（人力車）に乗ったイギリス人が、当時としてはまだ珍しかった自動車でホテルに乗り付ける客の姿を眺めている。

開業当時のホテルの概要を記しておくと、建物はコの字型の七階建て。凹型のくぼんだところにエントランスがあり、一階には回廊がめぐらされている。ロビーにはギリシャ神話の神々を配した柱頭飾りをつけた大理石の列柱が並び、メイン・エントランスの正面の階段を上ると両側にバルコニーが張り出している。二階には四〇〇人を収容可能なメイン・ダイニングがあり、オーケストラの演奏スペースも設けられていた。三階から上は客室で、部屋数は二五〇。最上階の七階は宴会場として利用可能なホールがあった。当時としては珍しく、全ての客室に専用のバス・トイレがついていたほか、暖房設備が完備され、宿泊客用の四台のエレベーターのほか、荷物用の二台と料理用の一台のエレベーターが稼動していた（図11）。

当初、ホテルは一九二四年に開業の予定だったが、工事は遅れ、一九二五年にまでずれ込んでしまい、いわゆる省港ストの影響で建設作業は基礎工事の途中でストップする。

その後、一九二六年に省港ストが収束したことで工事は再開され、一九二七年からはようやく内装工事が始まったが、一九二七年になると、中国情勢の混乱によって建設工事はまたもやストップしてしまった。

すなわち、蒋介石による北伐が進展し、その軍勢が上海にまで及んでくると、列強諸国は北伐に対する警戒感を強めることになった。このため、イギリスは、権益の護持と居留民の保護を名目として、一九二七年二月、本国の第一三ならびに第一四旅団およびインド駐留軍を中国大陸に派遣する。

図12は、こうした状況の下で、一九二七年四月一二日、上海に置かれていたイギリス軍

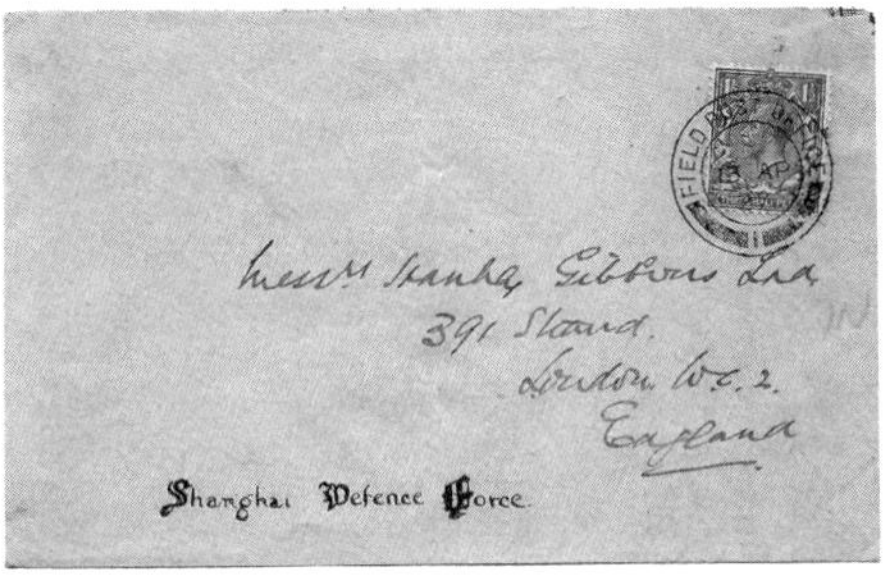

◆12　上海のイギリス野戦局から差し立てられたカバー

の第一野戦郵便局から本国宛に差し出されたものである。第一野戦局は、一九二七年二月二六日に開局し、同年六月六日まで上海で活動した後、六月九日からは天津に移動して一九四〇年二月まで活動を続けていた。

さて、上海に派兵し、現地の情勢から、軍閥打倒の統一戦争としての北伐が曲がりなりにも成功裏に終わりそうだと判断したイギリスは、各地の軍閥を背後から操り、軍閥同士の代理戦争によって権益の維持・拡大を図ろうとしていた従来の路線を転換し、個別の軍閥への支援を止め、蔣介石をかれらの〝総代理店〟として育成するように方針を転換した。そして、北伐を支援する条件として、蔣介石に対しては共産党との絶縁を要求。この結果、一九二七年四月一二日、蔣介石は上海で反共クーデターを起こし、上海総工会を解散させ、共産党幹部を虐殺し、国共合作は完全に破綻した。

これに対して巻き返しを狙う共産党員は、同年八月一日、江西省南昌で武装蜂起した。現在の中国人民解放軍の建軍記念日とされる南昌蜂起（次頁図13）である。

蜂起後、彼らは北伐の出発地である広州を目指して南下したが、汕頭《スワトウ》付近で国民党軍に包囲され、壊滅させられた。このとき、命からがら香港に逃げ延びた周恩来は、クイーンズ・ホテルに投宿して英気を養い、再起を誓っている。

国民党の生みの親である孫文がたびたび大陸から追われて逃げ延びてきた香港に、こんどは、国民党によって大陸を追われた共産党員が落ち延びてきたということに、歴史の因縁を感じるのは筆者だけではあるまい。

ところで、周恩来がクイーンズ・ホテルに宿泊していた頃、オープン前の半島酒店《ペニンシュラ・ホテル》はイギリス軍の宿舎として利用されていた。

◆13　南昌蜂起の模様を描いた油絵

一九二七年のイギリスの中国派遣軍は、シンガポールから直接中国大陸に上陸したわけではなく、まずは香港に寄港したから、そのための宿舎としては、休業補償の必要のない開業前のホテルが最適と判断されたのである。

こうして、後に半島酒店《ペニンシュラ・ホテル》と呼ばれることになる建物の前庭には兵士たちが練り歩き、オーケストラが使うはずだった二階バルコニーのスペースは機関銃の練習場として転用された。もちろん、多くの兵士たちが利用したことで、客室の浴槽には汚れがこびりついてしまい、高級ホテルの客室用としては使い物にならなくなってしまった。

このため、ホテル側は、イギリス軍に補修費用を請求した上で、あらためて内装工事を全面的にやり直す羽目になっている。

こうした紆余曲折を経て、一九二八年一二月一一日午後四時三〇分、半島酒店《ペニンシュラ・ホテル》はようやく、総督以下、香港社会の貴顕人士をくまなく招いてのオープニング・セレモニーにこぎつけた。

開業当時、ホテルの前には梳士巴利道《ソールズベリー・ロード》と平行に九広鉄路が走っているだけ（図14）で、視界をさえぎる建物は何もなく、ロビーからは維多利亜港《ヴィクトリア・ハーバー》を一望することができた。七階建てのホテルは、文字通り、九龍の中心地、彌敦道《ネイザン・ロード》の南端にそびえたっており、九龍市街地はホテルを中心に再開発されていくことになる。

ところで、ホテルの前を走っていた九広鉄路は、一九一一年、九龍＝広州間で全通・開業した。

一八九八年にイギリスが新界を租借したことに伴い、半島の先端から広州までの鉄道の敷設権がイギリスに付与されたが、これを受けて、イギリスと清朝との間で鉄道建設のた

◆14　1930年の九広鉄路を取り上げた絵葉書。画面の右側に開業してまもない半島酒店の建物の一部が見える。視界をさえぎるものがないので、尖沙咀の時計塔や対岸のヴィクトリア・ピークがよく見える。

めの具体的な話し合いが進められた。その結果、広州の羅湖《ローウー》にある深圳河の国境を境に、香港側の三五・五キロ（英段）をイギリスが、広州側（華段）の一四三・二キロを清朝が、それぞれ、分担して建設した。

開通当時の英段の駅は、九龍《カオルーン》（尖沙咀《チムサチョイ》）、油麻地《ヤウマテイ》（後に旺角《モンコク》）、沙田、大埔《タイポ》、大埔《タイポ》墟《・マーケット》、粉嶺《ファンリン》のみであった。現在の九龍側の始発駅は尖沙咀の東側、尖東になっているが、当時は尖沙咀のスターフェリーの乗り場のすぐ脇が駅になっていた。このため、駅舎の跡地には、現在でもその名残として時計塔が残っている（次頁図15）。

なお、「九広鉄路から粤漢《えつかん》鉄路（広州＝漢口間）、京漢鉄路（北京＝漢口間）、シベリア鉄道を経て香港からロンドンまでの直通列車が走っていた」と記述しているガイドブックが散見されるが、九広鉄路の広州のターミナル駅は広州市東部の大沙頭にあり、その西部にあった粤漢鉄路のターミナル駅、黄沙駅とは離れており、この記述は正確ではない。ちなみに、現在の広州駅は、中華人民共和国の建国後、同政府が鉄道を国有化し、広州市内に乗り入れていた鉄道各線をして、新たにターミナル駅として建設したものである。

ホテルの前を走っていた九広鉄路は、香港と広州の距離を縮め、両者を密接に結びつける役割を果たした。同時にこのことは、孫文らの広州政府と彼らがもたらした大陸の混乱の悪影響が、よりストレートに香港にも及んでくる結果をもたらしたことも否定はできない。当初の予定から、半島酒店《ペニンシュラ・ホテル》の開業が大幅に遅れてしまったことは、その一つの典型的な事例といってよいだろう。

◆15　1920年ごろの尖沙咀の九龍駅。フェリーが向かっている船着場の脇に、駅舎と時計塔が建っているのがわかる。（1996年に発行された香港アジア国際切手展〈香港97〉の記念小型シートより）

さて、半島酒店《ペニンシュラ・ホテル》が開業した翌年の一九二九年に起こった世界大恐慌によって、大英帝国の経済は壊滅的な打撃を受けることになる。しかし、スエズ以東の最高のホテルとしての地位を確立した半島酒店《ペニンシュラ・ホテル》だけは不況知らずで、恐慌の時代にも、連日、華やかなパーティーが盛大に繰り広げられていた。

それから一〇年以上の後、その繁栄にピリオドを打ったのは、やはり、広州方面からやってきた日本軍であった。

第三章

難民たちの都

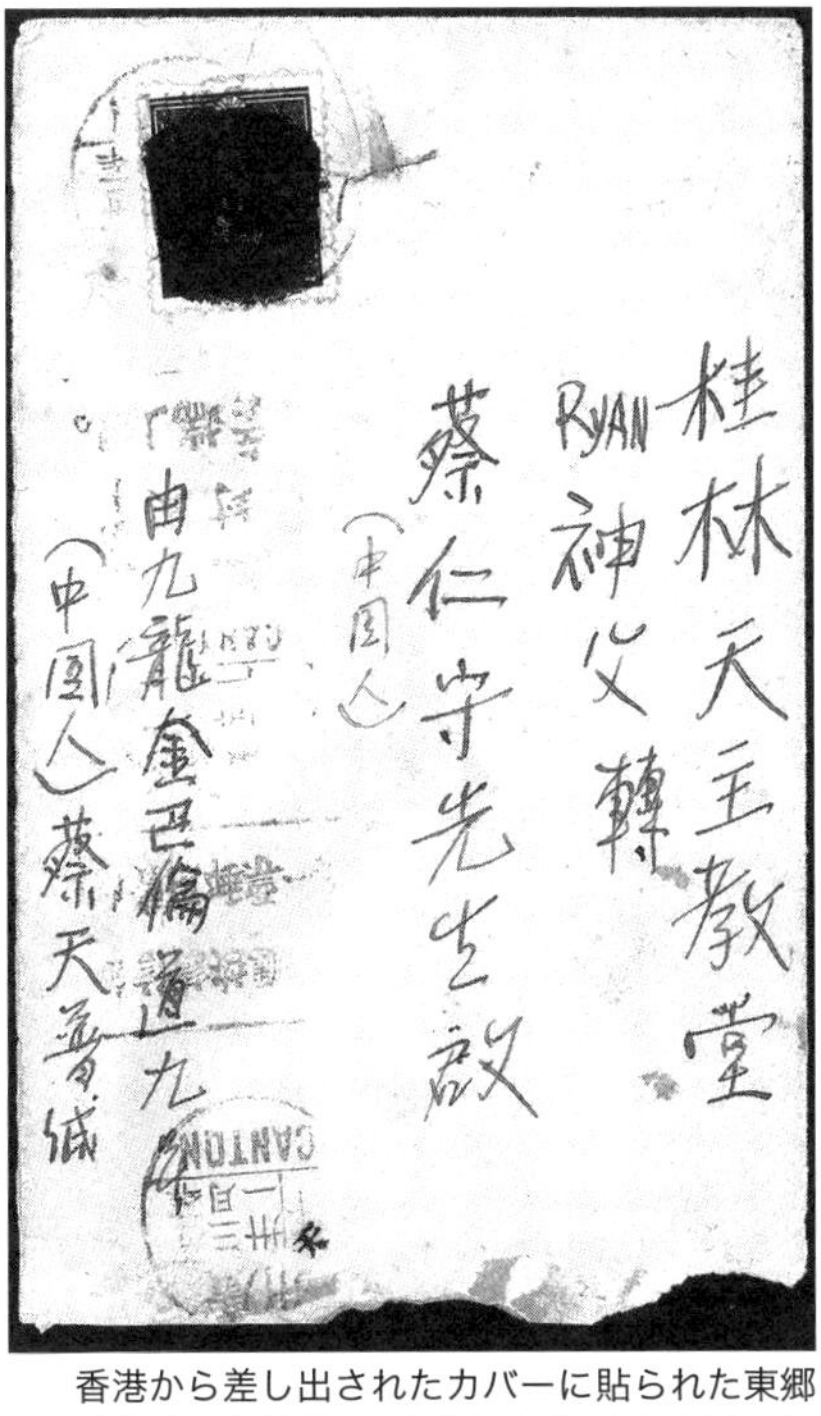

香港から差し出されたカバーに貼られた東郷平八郎の切手は、中国側に届けられた時、黒く塗りつぶされていた（225ページ参照）。

日中戦争から日英戦争へ

ＫＣＲ（九広鉄路）の沙田《シャーティーン》の駅で降りると、新城市廣場《ニュー・タウン・プラザ》と名づけられた巨大なショッピングセンターがある。街中の店を残らず全館冷房のコンクリートで覆ってしまったといってもよいような大規模なもので、バーゲンの時期に、奥さんなり彼女なり、あるいは娘さんなりを連れてここを素通りできる猛者がいたら、気の弱い僕は素直に尊敬する。

そのショッピングセンターのエスカレーターを下りて地上に出るとバス乗り場があるので、二九九番のバスを探すことにした。漁港で有名な西貢《サイクン》に行くためだ。

市場で生簀に入った魚介類を買って、その場で料理してもらうというのは、漁港ならではの楽しみだ。地下鉄の觀塘《クントン》の駅からバスで一五分くらいの場所にある鯉魚門《レイユームン》の市場は日本でも有名で、僕も最初は鯉魚門に行こうと考えていた。

ところが、ホテルのフロントで鯉魚門行きのバスについて尋ねたところ、フロントの女性は即座にこう言った。

「そういうシーフードでしたら、鯉魚門よりも、絶対に西貢の方がお薦めです。途中のバスからの眺めも良いし、なにより、質も値段も鯉魚門よりはずっと良いです。沙田の駅から二九九番のバスで小一時間。沙田までは、ここ（僕の泊まっていたホテルは尖沙咀《チムサチョイ》にあ

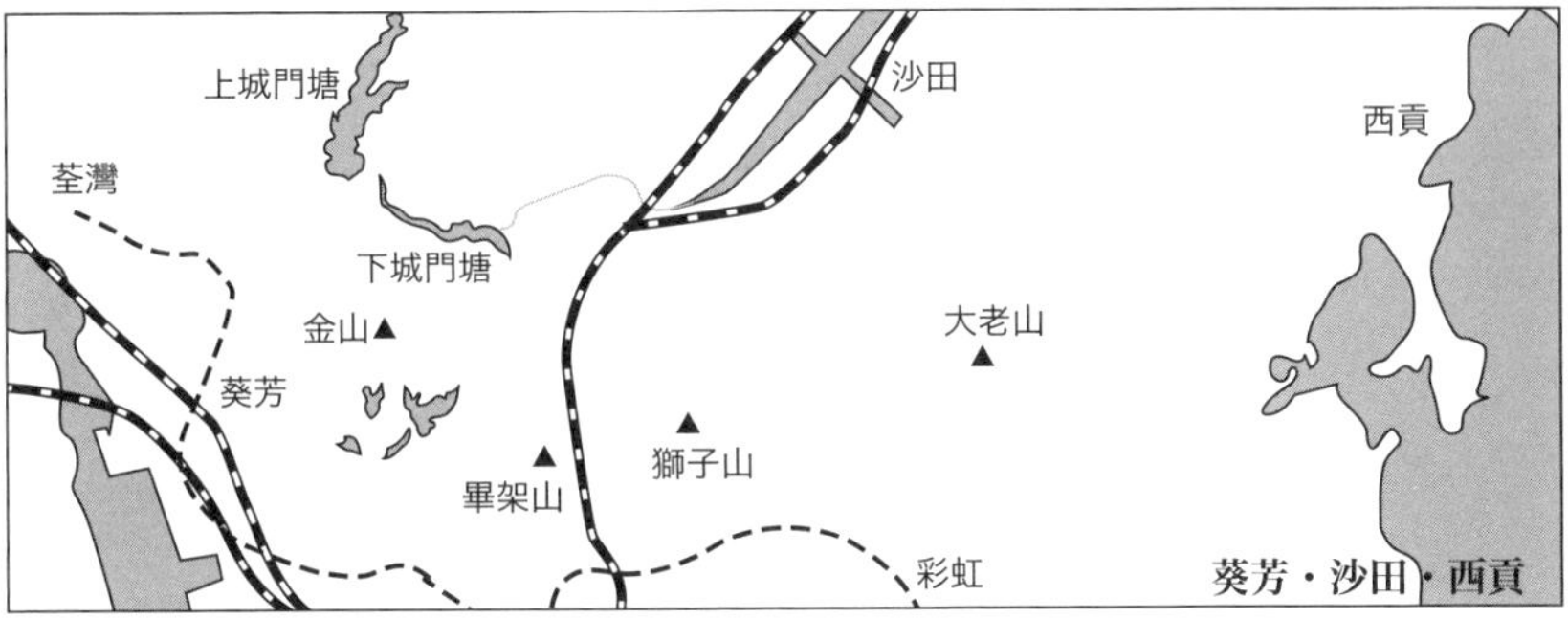

葵芳・沙田・西貢

り、KCRの尖東駅から歩いて三分のところにある）からならKCRで一五分。時間がないのならともかく、そうでなかったら、私は西貢をお薦めします。」

そこまでいわれりゃ、僕も男だ。西貢に行くしかあるまい。

というわけで、沙田の駅で足止めを食らわないように、買い物にはあまり興味がなさそうな鉄道マニアの友人を誘って遠足に出かけることにした。

沙田の駅から乗ったバスは、おおむね海沿いの眺めの良い山道を通って、予定通り小一時間で西貢のターミナルに着いた。

昼前からビールを飲んで、ロブスターをぱくつきながらぼんやりと海を見る。至福の一時だが、いい気になって大きなロブスターを頼みすぎたようだ。一匹を刺身と蒸し物、スープにしてもらったが、見かけ以上に量が多くて食べ切れない。結局、泣く泣く残してしまい、財布もすっかり軽くなってしまった。

食後はしばらく、動くことさえ辛かったが、いつまでもレストランの椅子に座っているわけにも行かないので、とりあえず、バスで地下鉄の彩虹《チョイフン》に出る。時間もまだ早かったので、鉄道マニアの友人と腹ごなしに鉄道でどこか、普通の観光客が行かないようなところに行ってみようと衆議一決。新界の真ん中、荃湾《ツェンワン》の方向を目指すことにした。

何気なく路線図を見ていたら、途中、地下鉄が葵芳《クァイヒン》を通ることを発見。あれ、この辺りはたしか昔の酔酒灣《ジン・ドリンカーズ・ベイ》じゃなかったっけ。それなら、今日は酔酒灣防線《ジン・ドリンカーズ・ライン》の日だ。

もっとも、かつての兵隊さんのように、山道をキチンと歩くわけじゃないけど……。

そんなことを考えていたら、急にすっきりしたジントニックが飲みたくなった。もっとも、葵芳のあたりじゃ、ジントニックやマティーニを飲ませるような気の利いた店は期待

◆1（右）　ロンドン版孫文の切手
◆2（左）　北京版烈士の切手

できないな……。そんなことを考えているうちに、僕は地下鉄の中でうとうとしていた。

香港で作られた中国切手

一九二八年に国民革命（北伐）が完了したことを受けて、中国郵政（南京国民政府の郵政機関）は一九三一年一一月から新しいデザインの切手の発行を開始する。

新切手は、中山服姿の孫文の肖像を描き、国民政府の徽章である青天白日章を配したもので、ロンドンのトマス・デ・ラ・ルー社に製造が委託された。いわゆる〝ロンドン版孫文〟と呼ばれる切手である（図1）。

一方、ロンドン版孫文と併行して、一九三二年八月一三日からは、革命の英雄（烈士）たちの肖像を描いた切手も発行されるようになった。こちらは、ロンドンのトマス・デ・ラ・ルー社で原版を制作したものを、北平（国民革命の完了後、北京から改称された）の政府印刷廠で印刷されたため、〝北京版烈士〟と呼ばれている（図2）。

こうして、ロンドン版孫文と北京版烈士は一九三〇年代の中国を代表する切手として日常的に使われることになる。

ところが、一九三七年七月七日に起こった盧溝橋事件をきっかけに、日中両国は泥沼の全面戦争に突入。北京（日本軍の占領により、旧称の〝北京〟に戻された）や上海、南京など、中国の主要都市や工業地帯は、たちまち、日本軍によって占領されてしまった。

その後、国民政府は南京から漢口、重慶へと逃げ延びて抵抗を続けていくのだが、戦前のように、中華郵政がロンドンや北京から直接切手を調達することは困難となった。

このため、国民政府の財務部は、南京陥落から間もない一九三八年早々に、香港の印刷所に切手を発注する。

日本軍が中国大陸に軍事侵攻したことは、第一次大戦後の中国問題のマグナカルタといわれた九ヵ国条約に明らかに違反する行為であった。このため、列強の中でも最大の中国権益を有していたイギリスや九ヵ国条約の生みの親であるアメリカは、日本と戦う国民政府を支援した。

その一環として、蔣介石政権に対する援助物資、いわゆる援蔣物資がさまざまなルートを使って運び込まれたが、日中戦争の初期の段階では、英領香港から広州に陸揚げされ、そこから粤漢《えつかん》鉄路（広州＝漢口を結ぶ一〇九六キロの鉄道）を経て、国民政府へと届けられるのが一般的であった。

こうした事情から、中国の切手は香港で製造されるようになる。

ところで、日中戦争の勃発以前から、香港には中国の主要な出版・印刷会社が工場を設けていた。清末以来、中国における出版・印刷の拠点は上海であったが、上海は一九三二年の第一次上海事変での市街戦により大きな被害を受けた。特に、当時中国最大の出版社であった商務印書館とその付属図書館である東方図書館（多数の稀覯本を含む五〇万部の蔵書があった）が日本軍の攻撃で破壊されたことは、事変による最大の文化的損失ともいわれた。こうしたことから、商務印書館以下、中華書局、世界書局、大東書局、開明書店の五大書店は、事変後、あいついで香港にも工場を設立する。

このうち、切手とも縁の深い商務印書館と中華書局について簡単にまとめておこう。

商務印書館は、一八九七年、上海の新聞社『北華捷報《ノース・チャイナ・ヘラルド》』館で職工長を務めていた夏《か》瑞芳《ずいほう》が、鮑咸恩《ほうかんおん》、鮑咸昌《ほうかんしょう》、高凰池《こうほうち》らと三七五〇元の資金を出しあって設立した。当初は教

◆3（右） 香港中華版の切手
◆4（左） 中華書局で印刷され、大東書局で目打の穿孔作業が行われた切手

会関係の書籍を印刷していたが、イギリス人がインド人学生用に編修した英語の教科書に中国語の注釈をつけた『華英初階』の印刷販売で成功し、一九〇〇年には日系の印刷会社であった修文館を買収し、多くの日本人技術者を雇い入れた。また、一九〇二年、全国に学校を設立することを命じた学堂章程が公布された機会をとらえて、学校教科書の印刷・出版に乗り出して成功し、学生を対象とした雑誌、『教育雑誌』、『少年雑誌』、『学生雑誌』などを創刊。さらに、当時の日本最大の教科書会社であった金港堂とも合弁事業を展開して、清末には中国全土に二〇を越える支館・分館を擁する一大出版社に成長していた。

ところで、商務印書館の総支配人となっていた夏は、会社の利益を株式に投資してさらに利益を上げていたが、一九一〇年六月、株式市場の暴落で巨額の損失を被ってしまう。さらに、翌一九一一年の辛亥革命で各省間の送金が困難になると、全国各地に支館・分館を抱えていたことが災いし、商務印書館の経営は悪化する。

こうした状況の中で、一九一二年一月、陸費逵《りくひき》、戴克敦《たいこくとん》、陳協恭《ちんきょうきょう》、沈知方《しんちほう》など、商務印書館に見切りをつけた従業員が独立して中華書局を設立した。

中華書局は、清朝から中華民国への政権交代に伴って学校教科書が一新されることを見越して、学校教科書の制作・販売に乗り出した。その際、中華書局は、商務印書館が日本企業と合弁事業を展開し、日本人技術者を雇っていたことを取り上げ、外国資本の入っている出版社には独立自尊・自由平等の教科書編集はできないと攻撃。それまで、商務印書館のほぼ独占状態にあった学校教科書マーケットを切り崩し、急成長を遂げる。

こうした経緯から、商務印書館と中華書局は宿敵ともいうべき関係にあったが、いずれも、日本の大陸侵攻に対しては抗日愛国の立場を鮮明にしていた。

◆5（左） 大東版孫文の切手

◆6（上） 中華版と大東版の違い（いずれも、右が中華版、左が大東版）

このうち、中華郵政が最初に切手の製造を委託したのは香港の中華書局である。一九三八年早々に中華郵政から切手製造を受注した中華書局は、ロンドン版孫文切手の枠のデザインを若干変更した〝(香港) 中華版〟(図3) とよばれる切手を制作。中華版の切手は、一九三八年一一月から発行され、中国全土で流通するようになった。

日中戦争の時代、日本軍は中国の各都市を占領したが、これらの占領地では、一九四一年まで中華郵政の切手がそのまま使われていた。日中戦争は宣戦布告なくして始まった〝事変〟であり、日本軍が占領していた地域に関しても建前としては〝中国〟(ただし、日本側のいう中国とは、重慶の蔣介石政権ではなく、日本軍が現地に樹立した親日派政権のことであったが) の主権下に置かれていることになっていたからである。

こうしたロジックは、一九四〇年に日本軍占領下の南京に〝還都〟(重慶に逃れた国民政府の嫡流が南京に戻ったという建前から、このような表現が使われた) した汪兆銘《おうちょうめい》の国民政府が発足した後も引き継がれ、日本軍ないしは親日派政権の支配地域と重慶政府の支配地域の郵便交換も、中華郵政の切手を用いて戦前同様に行われていた。

したがって、香港の中華書局は、中国全土の需要を満たすための膨大な切手の製造をゆだねられていたが、一九三九年には工場の労働者のストライキがあり、切手の供給が遅れることが懸念された。このため、一部の切手に関しては、大東書局の工場で目打の穿孔作業が行われることもあったほか (図4。機械の関係で目打のピッチが純粋に中華書局で製造されたものとは異なる)、印刷から目打作業まで大東書局で行われた〝(香港) 大東版〟の切手 (図5) も一九四〇年一一月から発行された。中華版の切手と大東版の切手は同じデザインだが、額面数字 (漢数字) の部分の字体が異なる (図6) ので識別できる。

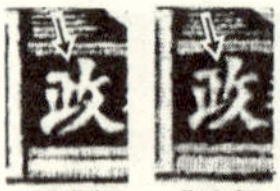

香港版　北京版

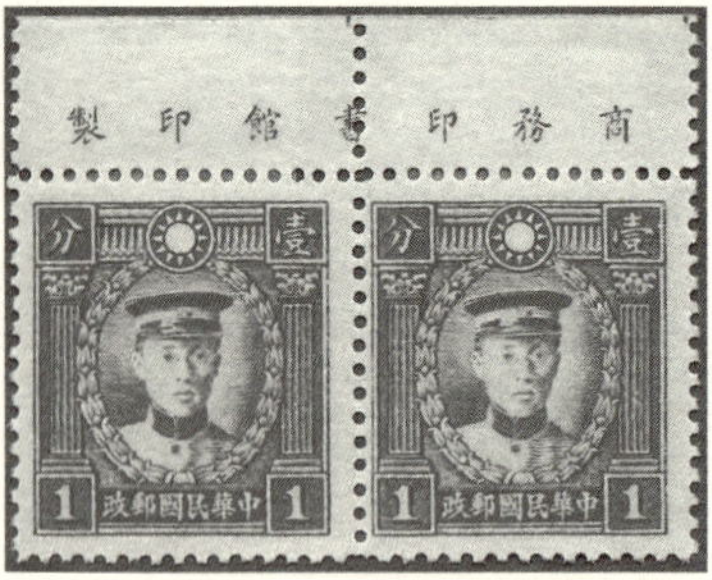

◆7（右）　香港版烈士の切手
◆8（上）　北京版烈士と香港版烈士の“政”の字体の違い。右が北京版、左が香港版

一方、中華書局のライバルであった商務印書館は、烈士の切手ならびに不足料切手（郵便料金の未納・不足分を徴収するための切手）の製造を請け負った。

このうち、烈士の切手は〝香港版烈士〟と呼ばれ（図7）、一九四〇年六月から登場している。香港版烈士は北京版烈士と同じデザインだが、〝中華民国郵政〟の〝政〟の字体が異なる（図8）ため、こちらも両者の識別は可能である。

広州陥落

さて、香港と広州が援蔣物資の供給源となっている以上、日本側としては、そのルートを遮断することが必要であった。

このため、同じく中国側の重要な拠点であった武漢作戦と併行して広東作戦が実行に移されることになり、一九三八年九月に編成された第二一軍が一〇月一二日、バイアス湾に奇襲上陸して同二一日には広州を占領した。漢口攻略の五日前である。

図9は、そうした広州攻略作戦の日本軍の広州上陸が目前に迫っていた一九三八年九月二〇日、広州からマニラ宛に差し出されたカバーだが、次のような抗日スローガンの印が押されている。

暴日來侵　禍患已浸　（暴虐な日本が侵略してきて災いが満ちている）
惟有抵制　救國方針　（ひたすら抵抗するのが救国の方針である）
同胞速醒　大家斉心　（同胞よ、速やかに目覚め、心を一つにしよう）

◆9　日本軍の侵攻直前の広州から差し出されたカバー。抗日スローガンの印が押されている。

援蔣ルートの重要な拠点であった広州では、他の地域にもまして抗日の空気が強かったが、このスローガン印もそうした人々の意識のあらわれとみなしてよいだろう。また、そうした土地柄であっただけに、日本軍による占領の後、広州から香港へは膨大な数の難民が流入することになり、香港の人口は急増することになる。このスローガンの印を押した人物が、その後、どのような運命をたどったのかは定かではないが、あるいは、彼（または彼女）もまた、対岸の香港へと逃れた一人である可能性は充分にある。

一方、次頁図10は、広州陥落から二周年にあたる一九四〇年一〇月二一日、日本占領下の広州で使われた特印（＝特殊通信日付印。記念スタンプのこと）である。記念銘は〝廣東更生二周年〟となっているが、これは、日本軍の占領によって、広州が蔣介石を支援するための中継地点から、東亜新秩序建設の拠点として生まれ変わったのだということをアピールしたいのだろう。

これに対して、次頁図11は、一九四二年一一月一九日、日本軍占領下の広州から差し出されたカバーで、〝粵區特用〟との加刷が施された切手が貼られている。

すでに述べたように、日中戦争が始まってしばらくの間は、日本軍の占領地と重慶政府の支配地域では、全く同じ切手が使われていた。しかし、戦争の長期化とともに、各地域の通貨事情は大きく変容し、中国全土で同じ切手を使い続けることには無理が生じてきた。

日中戦争勃発以前の中国大陸では、中国国民政府の法定通貨である法幣（イギリス・アメリカの支援の下、スターリング・ポンドと実質的にリンクしていた）とは別に、華北では朝鮮銀行券（朝銀券）が、華中では日本銀行券（日銀券）が、それぞれ影響力を持つ外貨として流通していた。ちなみに、朝銀券は植民地朝鮮の発券銀行が発行した紙幣だが、日銀券との兌換において、その価値が維持されていた。

当初、日中間の軍事衝突は短期間に終わるものと考えていた日本側は、日銀券や朝銀券を持ち込んで、必要な物資を調達すればよいと考えていたが、戦争の拡大に伴い、占領地域でそのまま日銀券や朝銀券の流通を継続・拡大すると、日本ならびに朝鮮にそれらの紙幣が還流し、国内にインフレをもたらす懸念が出てきた。

◆10　広州陥落２周年の記念印

そこで、一九三八年三月、華北の日本占領地域では中国連合準備銀行（連銀）が樹立され、朝鮮銀行券の代わりに連銀券が流通することになった。一方、華中では日銀券に代わり、軍票の流通を拡大するという政策が採られるようになる。

一九三八年一〇月の武漢陥落以降、日中の戦闘は膠着状態に陥ったが、それに伴い、戦争は経済戦の側面が大きな比重を占めるようになっていった。その際、法幣に対して、日本側は連銀券と軍票で物資の争奪戦を展開しなければならない。とりわけ、一種の徴発票として放置すれば紙屑になりかねない軍票の価値をいかにして維持していくかということが、この時期の日本側の重要な課題であった。

このため、軍票の流通が拡大することになった華中や華南では、〝七号事務所〟という秘匿名で呼ばれた支那派遣軍経理部上海出張所が、法幣との交換レートで軍票が下がったときは法幣を売って軍票を買い支え、軍票が上がりすぎたときには軍票を売って法幣を買ってレートを調整する価値維持工作を行い、レートの乱高下を抑えようとした。一種の

◆11　日本軍占領下の広州から差し出されたカバー（左）と、粵区特用の加刷切手

〝為替介入〟と考えてよい。その原資は、海関（税関）の資金などを流用した「乙資金」をはじめとする、各種の秘密資金であった。

また、いくら〝為替介入〟を繰り返しても、カネに対してモノが不足する状況が続けばカネの価値は下落してインフレが発生する。このため、軍票で物資やサービスを潤沢に購入できる環境を整えることも必要であった。このため、給料を軍票で支給される日本兵や軍票の所有者に対しては、一九三九年八月に設置された中支那軍票交換用物資配給組合（軍配組合）が、繊維製品、薬品、砂糖、穀物、肥料などと軍票との交換に応じていた。

こうした価値維持工作が一定の成果を挙げ、太平洋戦争の開戦以前、華中・華南の日本軍占領地域では、軍票は曲がりなりにも基軸通貨としての機能を果たすことができた。しかし、中国大陸全体から見れば、軍票経済圏はきわめて限定された地域でしかなかった。このため、結果として、日本側は法幣経済圏との交易に頼らざるを得ず、軍票は米英に支えられていた法幣と共存する以外の選択肢はなかったのである。

ところが、一九四一年三月、上海でのテロ事件をきっかけに、法幣の価値は急速に下落し始めていた。南京の汪兆銘政権の中央銀行である中央儲備《ちょび》銀行の発行する儲備銀行券（儲備券）との交換レートで見ると、当初、法幣は儲備券に対して優位を保っていたが、一九四一年末には法幣と儲備券はほぼ等価となり、さらに、両者の立場は逆転する。くわえて、おりからの戦時インフレとあいまって、法幣は急速にその価値を失い、国民政府の支配地域では猛烈なインフレが進行していった。

◆12　粤省貼用の加刷切手

単純に考えると、敵国がハイパー・インフレに見舞われて、敵国通貨の購買力が低下することは好ましいことであるが、法幣経済圏に包囲され、実質的に法幣とリンクしなければ物資が調達できなかった日本軍の占領地域では、法幣に引きずられて軍票の対外相場が下落し、最終的に日銀券の下落へとつながっていくことが懸念されるようになった。

こうした状況の下でも、郵便に関しては〝中華郵政〟の名の下に統一的に行われていたから、従来どおり、法幣と連銀券、儲備券を等価で扱って郵便サービスを提供すれば、日本軍の占領地域は大幅な為替差損を被ることになる。現に、法幣の価値が下がるや否や、法幣で購入した切手を連銀券や儲備券、日本軍の軍票などと交換して差益を得る投機が横行するようになり、深刻な問題となっていた。

このため、一九四一年七月以降、日本軍の占領地域では、順次、従来からの中華郵政の切手に切手の販売地域を特定するための加刷が行われるようになった。これに対して、重慶政府の支配地域では、従来の切手がそのまま使われていたから、こうした加刷のある切手は日本占領下の切手として重慶政府の切手とは容易に識別することが可能である。

図11のカバーに貼られている切手も、そうした事情から、華南地区限定（より具体的には、広州を中心とした珠江デルタ地帯と汕頭《スワトウ》などの沿岸、海南島）のものとして〝粤區特用〟の加刷が施されたものである。

なお、〝粤區特用〟の加刷切手は一九四二年六月一三日に発行されたが、加刷の文字が小さく見づらかったため、同年一一月一〇日、あらためて〝粤省貼用〟と加刷した切手（図12）が発行・使用されるようになった。

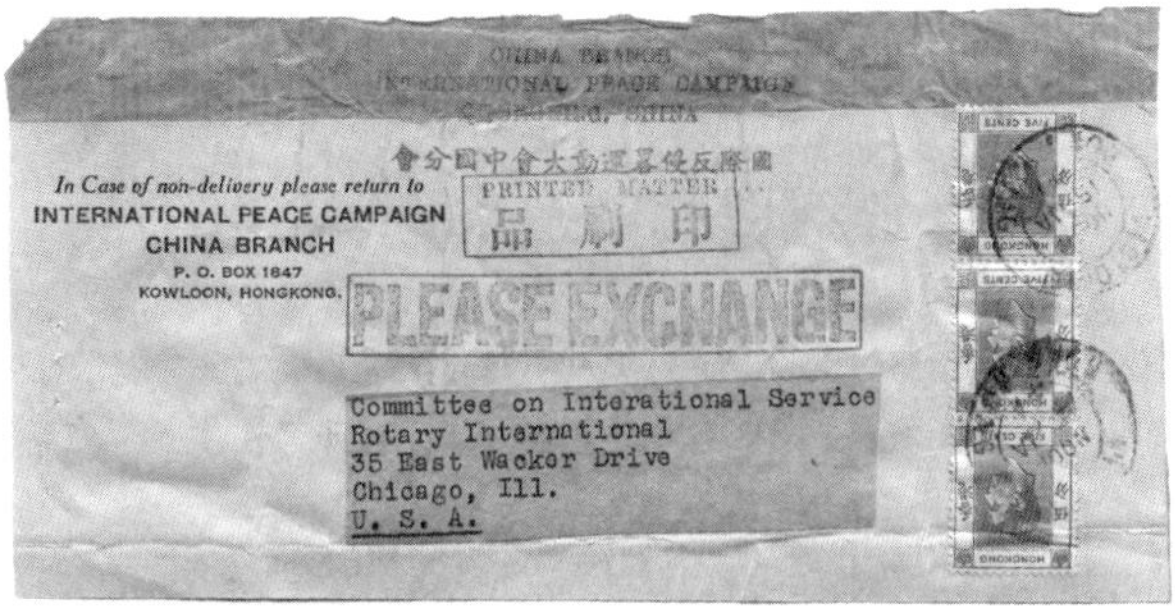

◆13　国際反侵略運動大会中国分会の機関誌が送られた帯封。1941年1月15日、アメリカ・シカゴの国際ロータリークラブの本部宛のもの

香港政庁の中立宣告

さて、広州が陥落したことで、重慶政府支援のための香港＝広州ルートは途絶することになるが、香港じたいは、むしろ、抗日の拠点としての重要性を増していった。

広州陥落と前後して、一九三八年には孫文未亡人の宋慶齢《そうけいれい》が抗日組織として保衛中国同盟を設立したほか、九龍には、近代中国最高の教育者といわれる蔡元培《さいげんばい》（元北京大学学長）を名誉会長に、周恩来夫人の穎超《えいちょう》らを理事とする国際反侵略運動大会中国分会が設立され、機関誌を発行して国際社会に対して抗日戦争の支援を呼びかけていた（図13）。

特に、一九三九年二月、国民党の第五回中央執行委員会第五次全体会議で、右派が主流派を占め、左派に対する圧迫が始まると、重慶や桂林から多くの左派人士が香港に逃れてくるようになった。作家の茅盾《ぼうじゅん》、鄒韜奮《すうとうふん》、夏衍《かえん》、郭沫若《かくまつじゃく》なども香港に亡命し、『華商報』を拠点に文学史上に残る傑作を残している。

ところで、日中間の対立に際して中国を支援していたイギリス本国は、日本の膨張政策の矛先が香港に向かってくることを想定し、香港の防衛に意を注いでいた。

すでに、日中戦争が始まる前年の一九三六年には、マジノ線（フランス・ドイツ国境を中心に構築されたフランスの対ドイツ要塞線）にならって、九龍半島の山岳地形を利用して、新界・葵涌《クァイチュン》一帯の醉酒灣《ジン・ドリンカーズ・ベイ》（現在の葵芳付近）から金山《ゴールデン・ヒル》、城門水塘《シンムン・リザーバー》、畢架山《マウント・バトラー》、獅子山《ライオン・ロック》、大老山《タテ・ケイルン》を経て西貢で牛尾海《ポート・シェルター》に出るまでの一八キロを結ぶ醉酒灣防線《ジン・ドリンカーズ・ライン》の建設が開始され、一九三八年までにこれを完成させていた。醉酒灣防線の西端には地下要塞が、東端にはトーチカが設置され、日本軍が広州を越えて新界に侵攻してきた場合には、そこで迎撃するというプランが建てられた。

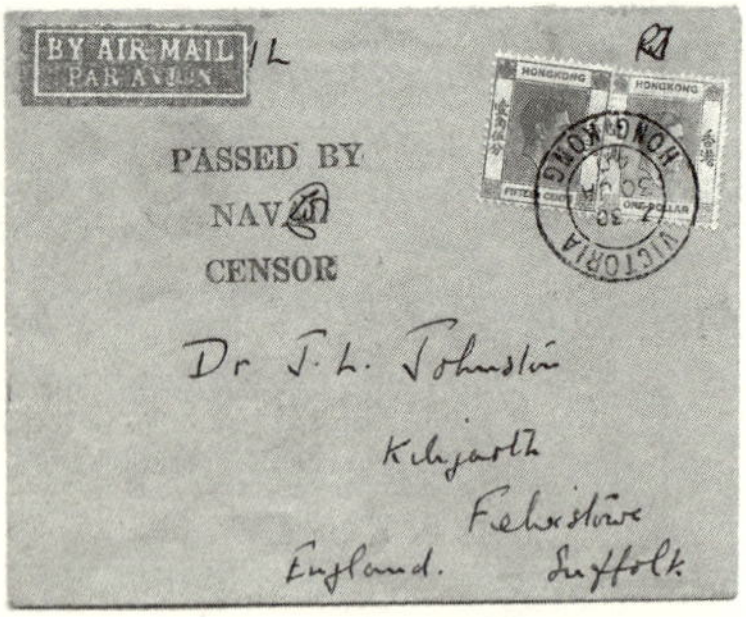

◆14　1940年1月に香港からイギリス宛に差し出されたカバー

しかし、その一方で、一九三八年九月以降、日本軍の広州占領という現実を前に、日本側を不用意に刺激すべきではないと判断した香港政庁は、微温的な対応を迫られる。すなわち、広州陥落直前の一九三八年九月、香港政庁は日中戦争に関して中立的態度を取ることを宣告。香港の商人が日中両国の船を修理したり、食糧を供給したりすることが実質的に禁止された。また、抗日組織を煽動する可能性のある集会は許可されず、抗日を宣伝する新聞やパンフレットは検閲の結果、不許可とされた。

宋慶齢や蔡元培の抗日組織が、団体名に抗日の文字をストレートに謳わなかった／謳えなかったのもそのためである。

欧州大戦の勃発と郵便物の検閲

しかし、一九三九年九月一日、第二次欧州大戦が勃発し、イギリスがナチス・ドイツに宣戦を布告すると、英領香港は否応無しに、イギリスの戦争に巻き込まれていく。そのとき、大陸の戦乱の余得として空前の好況に沸いていた香港にも、戦争の影は容赦なく押し寄せてくることになる。

すでに構築されていた醉酒灣防線のほかに、香港島南岸には鉄条網が準備され、灯火管制の演習も繰り返されたほか、白人男性の徴兵も始まった。

図14は、こうした状況の中で、一九四〇年一月三〇日、香港から英本国宛に差し出された郵便物だが、途中、イギリス海軍による検閲を受けたことを示す〝PASSED BY NAVAL CENSOR〟(海軍検閲済）の印が押されている。

貼られている切手は、一九三八年から発行が開始された国王ジョージ六世の肖像が入っ

◆15　中国の大理からオーストラリアのプララン宛に差し出されたカバー

たものである。

ところで、香港で検閲を受けたのは、香港宛ないしは香港差出の郵便物だけではなく、途中の経由地として香港を通過しただけの郵便物も同様であった。

たとえば、図15のカバーを見ていただこう。

このカバーは、一九四〇年三月二三日に大理から差し出された後、下関（中国・雲南省）、香港を経て、オーストラリアまで運ばれている。いわゆるビルマ・ロードを経て香港に運ばれたもので、中継地となった香港で開封・検閲されている。

ビルマ（ミャンマー）から雲南省を経て重慶方面へといたるルートは、古来、交易路として機能していたが、日中戦争が始まると、重慶政府への援助物資を運ぶための重要なルートとなっていた。それゆえ、日本軍としては、広州占領により遮断した香港・広州ルートについで、このビルマ・ロードも遮断し、重慶政府への援蔣物資の流入を阻止する必要に迫られていた。このため、欧州大戦でイギリスがドイツの攻勢の前に劣勢に立たされている状況を好機ととらえた日本は、一九四〇年六月二四日、イギリスに対してビルマ・ロードの閉鎖を要求。これに対して、イギリスも、七月一八日、いったんは日本の圧力に屈してビルマ・ロードを閉鎖した。しかし、同年九月の北部仏印への日本軍の進駐と日独伊三国軍事同盟は、アジア・太平洋地域の〝現状維持〟を求める米英の強い反発を招き、両国は日本を激しく非難するととも

◆16　図15のカバーに貼られている切手

に、中国国民政府への支援を本格化していった。これに伴い、イギリスは、一〇月八日、ビルマ・ロードを再開。以後、ビルマ・ロードは援蒋物資を運ぶ大動脈として、対中支援の象徴的な存在となる。

ところで、このカバーに関しては、貼られている切手（図16）にもご注目いただきたい。この切手は、一九三八年、中国国民政府が「美国（＝米国）開国一五〇年」を記念して発行したもので、中国の青天白日旗と米国の星条旗の背後に、中華民国の地図が描かれている。この切手には、日本との戦争に際して、少なからぬ対中援助・協力を行っていたアメリカに対する中国側の感謝の意がこめられていたと考えてよい。

また、切手の背後に描かれている地図では、当時、満洲国の支配下に置かれていた領域が中国の領土として描かれているという点も見逃せない。これは、中国が、切手というメディアを通じて、満州国の存在は絶対に認めないという強い意志を内外に明らかにしたもので、国民の抗日意識を鼓舞するねらいがあったことはいうまでもない。

前述したように、当時、北京や南京、上海などの大都市の多くは日本軍の占領下に置かれていたが、郵便に関しては、従来どおり、日本軍の占領地であっても国民政府の切手がそのまま使用されていた。しかし、この記念切手は例外で、日本の占領当局はこれを〝有害な切手〟に指定し、占領地域内でこの切手を郵便に使用することを禁止したばかりか、この切手を所持しているだけでも取り締まりの対象としたといわれている。

ちなみに、この切手で中華民国の領土とされている地域には、満洲国の支配下にあった東北部のみならず、ソ連の衛星国・モンゴル人民共和国の支配下におかれていた外蒙古や半独立状態にあったチベットなど、国民政府が独立を認めていなかった地域も含まれていることも付記しておく。

いずれにせよ、大理からプラランまで運ばれるまでの間、経由地の香港で開封・検閲を受けたこのカバーには、ビルマ・ロードを通じて中国を支援する英米両国という構図が象徴的に凝縮されているといってもよい。

爆撃機を買おう

一九四〇年六月、香港政庁は香港在住のヨーロッパ人の女性と子供をオーストラリアへ避難させるよう、住民に命じた。〝敵国〟(名指しこそないものの、それが日本を意味することは明白であった)から攻撃を受け、香港が戦場となる可能性が高まっていると判断したからである。

特に、一九四〇年九月、日本軍が北部仏印に進駐し、アメリカを仮想敵国とする日独伊三国軍事同盟を結ぶと、日本と連合諸国の関係は一挙に悪化し、香港社会の緊張も一挙に高まった。

市街地の重要なビルには土嚢が積み上げられ、天星小輪《スター・フェリー》の船着場にはおびただしい数の砲台が並べられた。灯火管制の演習は頻度を増し、新聞スタンドの売り子は「我々は最後の血の一滴まで香港を守ってみせる」と豪語していた。「根も葉もない噂に注意しよう」との香港政庁のキャンペーンが展開され、それをもじって「不確かな情報は国家を危機に追いやる。代わりに、タイガー・ビールについて話をしよう」という広告がいたるところで見られるようになった。また、各種の戦時公債・基金の募集もさかんに行われている。

次頁図17は、日英開戦直前の一九四一年一一月、香港島内の銀行間でやり取りされたカ

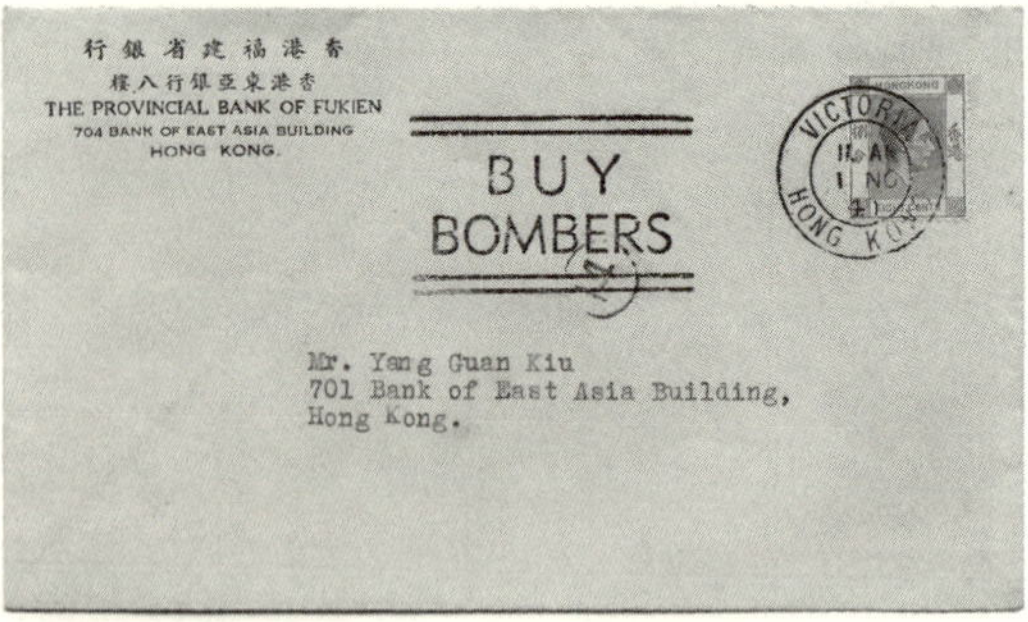

◆17　戦時公債の購入を呼びかける印が押されたカバー

バーだが、爆撃機購入のための募金を呼びかける〝BUY BOMBERS〟（爆撃機を買おう）のスローガンが入った印が押されている。第二次大戦中、英領香港で郵便物に押されているスローガン印としては、ほかに〝REMEMBER THE BRITISH WAR ORGANIZATION FUND〟（英国戦時基金をお忘れなく）ならびに〝ARE YOU SUPPORTING THE BRITISH WAR ORGANIZATION FUND?〟（英国戦時基金をサポートしていますか？）の二種類のスローガンと、勝利を意味するVの文字がデザインされたもの一種類の、計四種類が使われていることがわかっている。

これらの印はいわゆる郵便印ではないが、郵便局の承認の下、愛国団体などが押したものと考えられている。郵便物が配達される過程で多くの人の目に触れることを利用し、郵便物そのものを宣伝媒体として活用しようという発想によるものといってよいだろう。

もっとも、大英帝国の宰相チャーチルは、日本との戦争が始まった場合には香港の防衛は絶望的だし、日本の敗戦以外に香港を奪還することは不可能だとの見通しに立っていた。このため、一九四一年初頭の段階では、イギリスの香港駐留軍の内訳は、本国から派遣された歩兵二個大隊とインド軍二個大隊を中心にごくわずかな砲兵隊、自動車部隊、義勇軍、わずかな小型戦闘艦艇、飛行艇二機、三隻の水雷艇（ただし、いずれも肝心の水雷は装備していなかった）のみという脆弱なものでしかなかった。また、香港の守備隊を増強することはかえって日本軍を刺激して危険であるという判断さえなされていた。

これに対して、米英との開戦に踏み切るか否かとは別の次元で、援蔣ルートをなんとしても遮断しておきたかった日本側は、日英開戦に先立って事前に周到な準備を進めていた。

一九四〇年六月、深圳を攻略して中英国境を完全に封鎖した日本軍は、翌七月には、早くも、大本営の参謀であった瀬島龍三が三井物産の社員に扮して香港を偵察し、その情報を元に香港作戦概要が立案された。おそらく、欧州大戦でのイギリスの劣勢をみて、北部仏印進駐と同じように、香港進駐の可能性が考慮されていたのだろう。また、広東駐在の南支那派遣軍は香港によく似た地形の場所を選んで香港攻略を想定した実地演習を行うなど、準備に抜かりはなかった。

開戦一年前の時点で、すでに、英領香港はまさにがけっぷちに立たされていたのである。

開戦直前の豪華な記念切手

ところが、どういうわけか、一九四〇年から一九四一年にかけての香港社会には、日本軍がまさか香港を攻撃するはずがないという根拠のない楽観論が満ち溢れていた。じっさい、一九四〇年六月に香港政庁が欧米系の全婦女子に香港島からの避難を命じた後も、彼女たちのうちの九〇〇人は何かと口実をつけて、日英開戦まで香港に居残り続けていた。

こうした楽観的な世論の背景には、日中戦争の長期化に伴う余得で、香港が空前の経済的活況を呈していたという事情がある。

すなわち、一九三一年には八五万弱といわれていた香港の人口は、日中戦争の勃発した一九三七年には一〇〇万を越え、その後、上海や広州からの難民が大量に流入したこともあって、一九四一年の時点では一七五万人にまで膨れ上がっていた。その中には富裕な実業家も少なからず含まれており、香港には、日本軍の占領下で陸の孤島と化した上海に代わる中国経済の拠点という地位が突如として転がり込んできた。

一九四一年の秋には次年度の競馬のためのオーストラリア・ポニーが輸入され、競売で

◆18　英領香港100年の記念切手のうち、2セント切手と1ドル切手

一頭一万ドル以上の高値をつけていた。レストランや酒場は連日大賑わいで、上海からやってきたダンサーたちは最新流行のファッションを香港にもたらした。

こういう状況の中で、一九四一年二月二六日、英領香港の一〇〇周年を記念する六種セットの記念切手が発行された。

切手は、W・E・ジョーンズのデザインによるもので、ジョージ六世の肖像が入った枠の中に香港を象徴する風景を描いたもので、二セント切手は市街地の混雑、四セント切手は西洋式の汽船と中国式のジャンク、五セント切手は香港大学、一五セント切手はヴィクトリア・ピークからながめた港の風景、二五セント切手は香港上海銀行本店、一ドル切手は中国式の大型帆船と飛行艇、がそれぞれ取り上げられている（図18）。

これら六種の切手は、いずれも、手間のかかる彫刻凹版印刷の二色刷という豪華なものであった。ちなみに、英本国では一九四一年には記念切手の発行はなく、前年の一九四〇年五月六日に発行された切手一〇〇年の記念切手（図19）はグラビア単色刷で、デザインもヴィクトリア女王とジョージ六世の肖像を並べただけという質素なものである。

両者を比べてみると、印刷物としての品質の差は歴然としており、当時の香港がいかに経済的に潤っていたか（あるいは、イギリス本国が戦争によっていかに深刻なダメージを受けていたか）ということがよくわかる。

こうした楽観的な空気の中で、香港駐留のインド軍司令官、クリストファー・マルトビーは、香港の防衛に関して強気の見通しを持っていた。すなわち、マルトビーによれば、中国＝香港間の国境からイギリスの防御線である酔酒灣防線までは一二マイルもあり、国境の守備隊が九龍に撤退する時間は十分に稼げるし、シンガポールから援軍が到着

◆19　1940年にイギリスで発行された切手100年の記念切手

するまで守備隊は持ちこたえることが可能であるというのである。

強気のマルトビーに引きずられるかたちで、本国のチャーチルも、それなりに香港の軍備を増強すれば、香港が日本軍の進撃を食い止める防波堤として機能し、日本軍に大きな打撃を与えることも可能なのではないかと考えるようになった。

こうして、カナダから旅団司令部、通信中隊、歩兵二個大隊が派遣され、一九四一年一一月一六日、香港に到着。英領バルバドスから赴任してきたばかりの新総督マーク・ヤングの下に合計一万二〇〇〇名からなる香港防衛軍が編成された（次頁図20）。

しかし、カナダからの増援部隊の兵士は、ほとんどがフランス語圏の出身であったため、既存の香港駐留軍との連携が上手く取れなかった。しかも、彼らには実戦経験もほとんどなく、とうてい、実戦経験の豊かな日本軍に太刀打ちできるようなレベルではなかった。

これに対して、米英との開戦を決意した日本軍は着々と香港攻略の準備を進め、一九四一年一一月六日、すなわち、〝張子の虎〟のカナダ軍が香港に到着する一〇日前には大本営陸軍部が「香港攻略作戦要領」を完成させ、三九七〇人の兵員の配置を完了していた。

一二月のはじめまでに、広州の抗日ゲリラはこうした日本側の動きを察知し、香港のイギリス当局に通報。彼らは、イギリスと合同で日本に対することを提案し、マルトビーは八路軍と新四軍の香港弁事処に連絡を取り、中国共産党と具体的な協議に入った。しかし、ゲリラ側が武器の受領に訪れた際、現場のイギリス側担当者は、総督のサインがないことを理由に武器の引渡しを拒否。イギリスと抗日ゲリラとの連携の途は断たれてしまう。

日英開戦二週間前の一一月二五日、香港政庁は市民に対して、香港島と九龍市街地に数箇所の避難場所を設け、そこに食糧を備蓄していることを明らかにした。あわせて、住民

◆20　カナダが発行した第2次世界大戦50周年の記念切手には、カナダ軍による香港防衛の様子も描かれている。

の居住地ごとに、日本軍の攻撃が始まった場合の避難先も指定されている。在留日本人の帰国も相次ぎ、開戦三日前の一二月五日には日本語新聞も休刊になった。

こうして、日英開戦に向けての緊張が一挙に高まっていく一方で、香港の市街地では、依然、戦争は他人事といった空気も濃厚だった。開戦前日、一二月七日の新聞にはクリスマス・ギフトの広告があふれ、半島酒店《ペニンシュラ・ホテル》はクリスマスや新年のためのディナーやコンサート、宿泊の予約を募っている。

そのころ、国境を越えた深圳河一帯には日本陸軍の第三八師団が集結していた。彼らが暗号電「ハナサク　ハナサク」を受信し、深圳河をこえて進軍を開始するのは、香港の人々がまだ深い眠りの中にあった一二月八日午前三時五一分のことである。

◆1　淺水灣（“返還”以前の1995年に中国が発行した切手）

一八日戦争

跑馬地《ハッピー・ヴァレー》の脇の黄泥涌道《ウォンナイチュン・ロード》から香港島の中央部を貫く香港仔隧道《アバディーン・トンネル》を抜けると、バスは山道を下って海岸方向へ下り始めた。まもなく、目の前には水墨画の掛け軸そのままといった風情の深水灣《ディープ・ウォーター・ベイ》にさしかかったが、そこから岬をぐるっと回って淺水灣《レパルスベイ》（図1）のところまでやってくると、途端に景色はバタ臭くなる。

前日、あちこち歩き回ってこむら返りを起こしかけた僕は、たまには海を眺めながら、のんびりと本を読んでみようかと気分になって、何冊かの本をカバンに入れて淺水灣のザ・ベランダに行くことにしたのだ。

ザ・ベランダは、一九二〇年開業の高級ホテル、淺水灣酒店《レパルスベイ・ホテル》が老朽化のため一九八二年に取り壊されて大きな四角い穴（風水を考慮して龍の通り道を作ったのだという）の開いたリゾート・マンションに生まれ変わった後、かつてのエントランスの部分にホテル時代の雰囲気を残して作られたレストランだ。天井の扇風機をはじめ、ホテル時代のコロニアルな雰囲気を色濃く残していて、日本の旅行ガイドなんかでは「アフタヌーンティーがお薦め」というかたちで紹介されることも多い。

淺水灣酒店というと、僕の親たちの世代では映画『慕情』を連想する人が多いのだろうが、僕はむしろ、張愛玲《ちょうあいれい》の『傾城之戀』を思い出す。香港ローカルの映画俳優だった周潤發《チョウ・ユンファ》をいちやく〝亜洲影帝〟の座に押し上げた一九八四年の映画『傾城之戀（ラスト・ラブ　傾城の恋）』の原作といえば「あぁ、あれね」という人も多いだろう。

舞台は一九四〇年から四一年の上海と香港。主人公の白流蘇《パイリュウスウ》は離婚して上海の実家に戻った旧家の養女という設定だ。

物語は、彼女の妹に縁談が持ち上がるところから始まる。相手はイギリス帰りの実業家、范柳原《ファンリュウユアン》だ。ところが、范は見合いの席上、妹よりも流蘇に興味を持つ。その後、流蘇は徐夫人に香港に誘われ、香港に行くと、そこには范が待っていて、二人は逢瀬を重ねる。一度は上海に戻った流蘇だったが、もはや白家には身の置き所がなく、結局、香港に出てくる。そうしているうちに、太平洋戦争が勃発し、香港は日本軍によって占領されるが、かえってそのことが引き金となって二人は結婚することになる。

物語のあらましは、ざっとこんな感じだが、流蘇と范の香港での恋愛の舞台であり、日本軍の攻撃を逃れて二人が逃げ込む場所となっているのが、淺水灣酒店というわけだ。

そういうわけで、僕はテーブルに着くと、まず、はるか新界の醉酒灣防線《ジンドリンカーズ・ライン》に思いを寄せてジントニックを注文し、『浪漫都市物語―上海・香港'40S』を取り出して上田志津子訳の「戦場の恋」（「傾城之戀」の日本語訳ではベストという評判だ）を読み始めた。

ところが、それから一〇分もしないうちに、ガイドブックに載っていたアフタヌーンティー目当てと思しき日本人のオバサン軍団がやってきて、ピーチクパーチク、やかましいことこの上ない。なかには、調子っぱずれなハミングのLove Is a Many Splendored Thing（映画『慕情』の主題歌）を唸りだす奴まで出てくる始末。いい加減にしてくれ！

◆2　日本占領下の香港で使用された“大東亜戦争１周年”の特印

いま、目の前に日本軍がやって来たら、僕は一瞬のためらいもなく、目障りなオバサン軍団を蜂の巣にして欲しいと懇願したであろう。しかし、彼女たちの迫力に気圧された僕は、不機嫌に黙るしかなかった。かくして、柄にもなくちょっと気取った午後を過ごそうとした僕の目論見はあえなく粉砕。やっぱり、僕には海の家のカレーでも食べている方が似合っているらしい。ちなみに、ザ・テラスの脇には、スパイスというオープンエアのカレーレストランがある。

開戦から九龍攻略まで

さて、『傾城之戀』の二人が淺水灣酒店に逃げ込む原因となった香港での戦闘は、一九四一年一二月八日午前三時五一分、日本の第二三軍（総兵力三万九七〇〇名）が深圳河を渡り、新界の丘陵地帯を九龍に向けて進軍を開始したことで始まった。

夜明けとともに三六機の日本軍の爆撃機が啓徳《カイタック》空港を空襲。イギリス軍機と義勇軍使用の民間機の計一二機が炎上、二機が大破し、イギリス側は香港の制空権を喪失する。

図２は日本軍占領下で用いられた〝大東亜戦争一周年〟の特印で、香港上空を日本軍の戦闘機が飛んでいるが、開戦時の空爆の場面をイメージしてデザインしたものかもしれない。

当初、軍司令官の酒井隆は一週間程度の準備期間の後に醉酒灣防線への攻撃を開始する作戦を立てていたが、最後尾に配置されていた歩兵第二二八連隊（連隊長・土井定七）は、開戦二日目の九日夜、独断で醉酒灣防線の中枢にあたる城門水塘《シンムン・リザーバー》南岸の二五五高地を攻撃。若林東一ひきいる第一〇中隊が同日二三時三〇分、二五五高地のイギリス軍陣地を奪取。第一〇中隊は前進を続け、一〇日一時には三四一高地も占領した。

◆3　日本の香港占領地総督部は開戦1周年に際して発行した記念絵葉書に「自沈せるテーマー號」を取り上げた。

現場の〝暴走〟に激怒した司令部であったが、この機に乗じて攻撃を開始することを決断。一一日昼までに酔酒灣防線西側の防衛線である三三六高地と二五六高地を占領し、一三日までに九龍半島での掃討戦を完了する。

ちなみに、土井連隊長に関しては、作戦終了後、その越権行為に関して軍法会議に処すべきとの声もあったが、結局、「若林中尉が、前線を偵察中に偶然敵兵力配備の欠陥と警戒の虚を発見し、挺身敵陣地に突入しこれを奪取した」ことにして事態の収拾が図られた。

一方、イギリス側は、一一日一二時、全部隊に香港島への撤退を命じ、九龍造船所や海岸砲などを破壊した。また、港に残っていたアメリカ、イギリス、カナダの船は沈められたが、中立国のスウェーデン船もそのとばっちりを食うかたちで沈められてしまった。

図3は、日本の香港占領地総督部（後述）が一九四二年一二月八日の開戦一周年に際して発行した記念絵葉書で、テーマー号（添馬艦）が自沈する場面が取り上げられている。

テーマー号は、一八六三年に進水した戦艦で一八九七年以降、香港のイギリス海軍の司令部として用いられていたが、日本との戦争に際してイギリス軍が香港島に撤退した際、日本軍に接収されることを防ぐために自沈した。

日本側の発行した絵葉書には「嘗ては生麦事件に関聯して不遜にも帝国領土薩摩を砲撃に来りたるも反撃せられ周章狼狽錨を放棄したまゝ退却し其の後英国香港方面最高指揮官の司令部に充てられた軍艦テーマー号も大東亜戦争勃発と同時に自沈す」との説明書が付けられている。

草創期の日本海軍とイギリス海軍は、いわば、師弟関係にあった。その発端は、幕末の生麦事件とそれに続く薩英戦争で、敗れはしたものの薩摩藩が見せた奮闘ぶりにあった。

以後、イギリスは薩摩を支援し、それが結果として倒幕・維新につながったわけだが、敵国となったイギリスに対しては、過去の恩義も関係ないということなのだろう。

小磯良平の描いた黄泥涌の戦闘

さて、九龍半島を撤退して香港島での籠城作戦を取ったイギリス軍は、九龍要塞の攻略で戦闘が終わると思っていた日本軍に対して砲撃を浴びせて抵抗した。

このため、一二月一三日、九龍半島の貯水池から香港島への給水が絶たれ、イギリスに対する降伏勧告の軍使が派遣されたが、ヤング総督はこれを一蹴する。

このため、翌一四日、日本軍は香港島へ向けて砲爆撃を開始し、九龍半島対岸の海岸要塞には三日間で二〇〇〇発が打ち込まれ、一七日には再度、降伏勧告の軍使が派遣された。しかし、今回もイギリスはこれを拒否する。

そこで、翌一八日、日本軍は香港島北岸に上陸を開始。イギリス側守備隊との激しい戦闘の末、一九日未明までに渡海作戦を完了し、香港島北東部を確保した。その後、日本軍は香港島南部、赤柱《スタンレー》の海軍基地へ向かう部隊と、島の中央部、大平山に立てこもるイギリス軍主力部隊を攻撃する部隊の二手に分かれて進撃を続けた。

海軍地の攻略に向かった部隊は、二〇日、山越えして淺水灣の北側に到着。淺水灣酒店を拠点としたイギリス側の激しい攻撃で、多数の戦死者が出た。このため、日本軍の中にはホテルを砲撃して破壊するよう主張する者もあったが、宿泊客が多数いたことに加え、ホテルの一部が野戦病院としても使われており、中には傷病兵や看護婦もいたこともわかったため、香港攻略左翼隊長の田中良三大佐はこれを制し、二二日深夜、ホテルを占領し

◆4　黄泥涌の高射砲陣地をめぐる戦闘場面（大東亜戦争記念報国葉書の１枚）

た。ただし、戦後のイギリス側の裁判では、このときの戦争で日本軍が一五〇名の市民を捕虜にし、ホテル一帯で多数のイギリス側の負傷兵を〝虐殺〟したかどで、田中良三大佐は戦犯容疑に問われ、禁固二〇年の判決を受けている。

一方、大平山に向かった部隊は、一九日から二三日にかけて、黄泥涌《ウォンナイチュン》ダム付近の通称〝五叉路〟で激戦を繰り広げた。

この場所は、当時、香港島の北岸と赤柱の海軍基地を結ぶ唯一の道であった黄泥涌道が五方向に分岐する交通の要衝で、イギリス軍はここに高射砲の陣地を構えていたこともあって頑強に抵抗し、香港攻略線で最大の死傷者が出た。

図４は、一九四三年一二月八日に発行された「大東亜戦争記念報国葉書」の一枚で、小磯良平の戦争画「香港黄泥涌高射砲陣地奪取」が取り上げられている。

「大東亜戦争記念報国葉書」は、開戦二周年を記念して、図４のものを含めて三枚セットで発売されたもの。そのまま二銭葉書として使うことができたが、国防献金一〇銭を含めて三枚セット一組三〇銭で発売された。差額分の一四銭が、印刷代や葉書を入れるタトウの代金というのが当局の説明だ。

「香港黄泥涌高射砲陣地奪取」の作者、小磯良平は、一九〇三年、神戸市の出身。東京美術学校（現・東京芸術大学）西洋画科で藤島武治に師事し、在学中の一九二五年に『兄妹』で帝展入選、翌一九二六年に『T嬢の像』で帝展特選という華々しいデビューを飾り、東京美術学校を首席で卒業後、フランスに留学。新制作派協会（現・新制作協会）の結成に加わった。戦後は、東京芸術大学教授などを務めて後進の指導にあたり、定年退官後も迎賓館大広間の壁画『絵画』『音楽』を制作するなど、一九八八年に亡くなるまで日本洋画界の重鎮として君臨し、一九八三年には文化勲章も受章した。

一九三四年、小磯は非常勤講師として母校の教壇に立つようになるが、それから三年後の一九三七年、日中戦争が勃発して従軍画家の数が急増した。このため、彼らの団体として、一九三八年に大日本陸軍従軍画家協会が結成され、若い画家が自発的に中国戦線に飛び出していった。一方、軍の側もプロパガンダ政策の一環として戦争画制作のための従軍を画家たちに要請。一九三九年には二〇〇名を越える画家たちが戦地に赴いた。

若き小磯もその一人で、一九三八年以降、一九四五年の終戦までの間に、確認できているだけでも彼は四回、従軍している。

このうち、一九三八年五月、〝事変を永久に記念し国民教育の資料〟とするためとして、上海に派遣されて描いた「南京中華門の戦闘」は聖戦美術展に出品され、朝日文化賞を受賞。一九四〇年に再び中国に派遣され、北京南西の激戦地を主題として制作した「娘子《じょうし》関《かん》を征《ゆ》く」は、一九四一年に第一回芸術院賞を受賞し、師である藤島武二からも「戦争画中、出色の作品」と絶賛された。

太平洋戦争の勃発後は、一九四二年に宮本三郎、藤田嗣治らとともに日本軍占領下のマレー半島、タイ、シンガポールなどに渡り、図4の絵葉書に取り上げられた「香港黄泥涌高射砲陣地奪取」のほか、蘭印空軍の拠点を占領して降伏を誓わせた「カリジャティ会見図」や「日緬《にちめん》条約調印図」などの作品を制作した。ちなみに、このとき小磯と同行した宮本三郎も、香港攻略戦を題材とした作品「香港ニコルソン附近の激戦」を制作している。

小磯の戦争画には激しい戦闘場面を描いたものは少なく、「娘子関を征く」の苦しげな行軍の様子や、日本とオランダの将校を並列に描いた「カリジャティ会見図」の構図などから、勝利を強調するよりも客観的な記録に努めようとする視線が感じられると評されることが多い。その意味では、直接的な戦闘場面を取り上げている「香港黄泥涌高射砲陣地奪取」は例外的な存在といえるだろう。

戦後、小磯をはじめとする当時の画家たちの〝戦争協力〟を批判する声も少なくなかったが、当時の時代環境の中で創作活動を続けていくためには、軍の要望を断ることは事実上不可能であったろう。その意味では、画家として一番充実していた時期が戦争の時代に重なったことは、小磯にとっても大きな不幸であったといわざるをえない。

日本占領下の捕虜郵便

一九四一年一二月二三日、黄泥涌の高射砲陣地を陥落させた日本軍は、翌二四日、この地の貯水池を征圧して香港島内の給水を停止させた。この結果、香港市街は全面断水に陥り、イギリス側の抗戦継続はきわめて困難となった。

当初、イギリス軍は、在香港重慶軍事使節団長・陳策の「中国軍六万が国境に集結して日本軍を背後から攻撃しようとしている」との言葉を信じていた。また、真珠湾攻撃の詳細が伝えられるまでは米軍の来援も期待されていた。しかし、それらは、現実を直視しない希望的観測でしかなかった。さらに、イギリス海軍の旗艦レパルスとプリンス・オブ・ウェールズが南シナ海で撃沈されたことは、香港のイギリス軍にとって劣勢挽回の一縷の望みが完全に絶たれたことを意味していた。

さらに、この頃になると、香港華人たちのなかには、イギリス軍に見切りをつけて、香港島を出て九龍に戻る者も現れるようになったという。

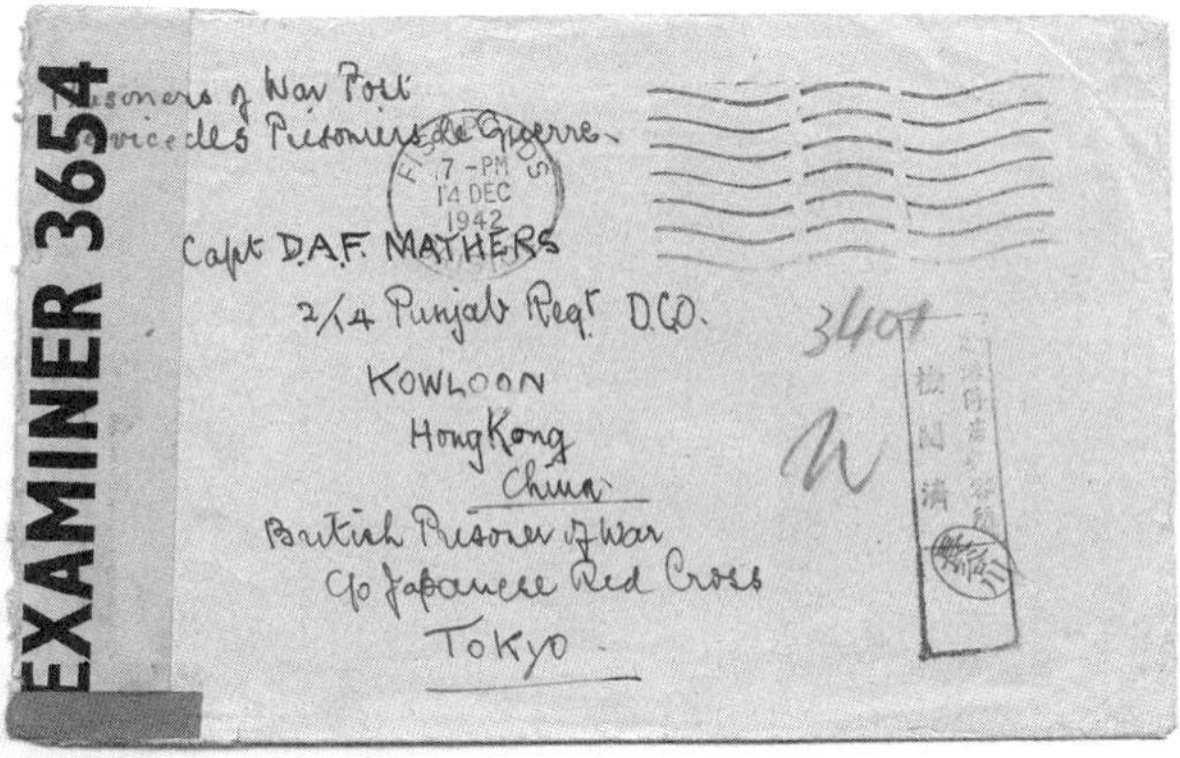

◆5　日本軍との戦闘で捕虜となったイギリス軍将校宛の捕虜郵便

こうしたことから、一九四一年一二月二五日一七時五〇分、香港島西部の陣地にあったヤング総督とマルトビー少将がついに白旗を掲げ、一九時三〇分、日本陸海軍司令官は停戦を命じ、ここに香港の戦いは終わった。

ときあたかもクリスマス当日であったため、香港の人々はこの日のことを黒色聖誕節《ブラック・クリスマス》と称した。開戦からわずか一八日間の戦闘である。

降伏の交渉は、日本軍が司令部を置いていた九龍の半島酒店《ペニンシュラ・ホテル》三階、三三六号室で行われ、蠟燭の光を頼りに降伏文書の署名が行われた。

なお、香港島内における戦いで、日本軍は戦死六八三名、戦傷一四一三名を出した。これに対して、イギリス軍の遺棄死体は一五五五、捕虜は戦闘間一四五二名、戦闘後は九四九五名である。

図5は、日本軍との戦闘で捕虜となったイギリス側の香港歩兵旅団パンジャブ第一四連隊第二大隊（英印軍）の大尉宛の捕虜郵便である。

日本軍占領下の香港では、香港島の七姉妹道《ツァツムイ・ロード》、深水埗《シャムシュイポ》、九龍の亜皆老街《アーガイル・ストリート》の三ヵ所にカナダ軍を含むイギリス軍の捕虜が、赤柱《スタンレー》に香港政庁の文官、一般市民などが、そして九龍の馬頭涌道《マタウチュン・ロード》にインド国籍の兵士が、それぞれ収容されていた。

このカバーは、一九四二年一二月、イギリスのブリストルから差し出されたもので、まず、イギリス側で開封・検閲を受けている。その後、赤十字経由で東京の捕虜情報局を経て亜皆老街の収容所に送られ、収容所での検閲（カバーの右側には〝香港俘虜収容所　検閲済〟とある）を受けた後、名宛人に渡された。カバーの裏面

◆6　赤柱の収容所に抑留されていた女性が差し出したオーストラリア宛のカバー

には〝一九四三年一二月一〇日午後六時四五分受取〟との記述があるが、これが正しいとすると、到着までにおよそ一年がかかっていることになる。

切手は貼られていないが、これは捕虜の処遇を定めたジュネーブ条約で、捕虜の差出または捕虜宛の郵便物は、その旨を記載した上で（このカバーでは左上に英語とフランス語で〝捕虜郵便〟と書かれている）無料で扱われることになっていたからである。

ところで、日本軍と戦って捕虜となった兵士たちの他にも、香港に残っていた連合諸国の民間人は抑留者として日本の収容所に送られた。

図6は一九四二年六月二七日、赤柱の民間人抑留所に収容されていた女性がシドニーの香港政庁連絡事務所気付でオーストラリアに避難していた知人宛に差し出したカバーである。すでに述べたように、一九四〇年六月の時点で、イギリスの香港政庁は香港在住の婦女子のオーストラリアへの避難を命じていたが、これを無視して日英開戦まで香港に留まっていた婦女子も少なくなかった。このカバーの差出人も、香港に留まっていて日本軍に抑留されたわけで、香港政庁の指示に従ってオーストラリアに避難していた名宛人と明暗が分かれることになったというわけだ。

日本軍占領下の香港では日本切手がそのまま使われていたため、富士と桜を描く二〇銭の日本切手が貼られている。二〇銭という料金は、香港からマカオ・インドシナ方面宛の料金であると同時に、日本から外国宛の書状（船便）の基本料金でもある。

一方、図7は、一九四二年一二月五日、おなじく赤柱の民間人抑留所から占領地内の九龍に送られた葉書である。

裏面の文章を見ると、差出人が葉書を書いたのは一一月一二日となっているから、この

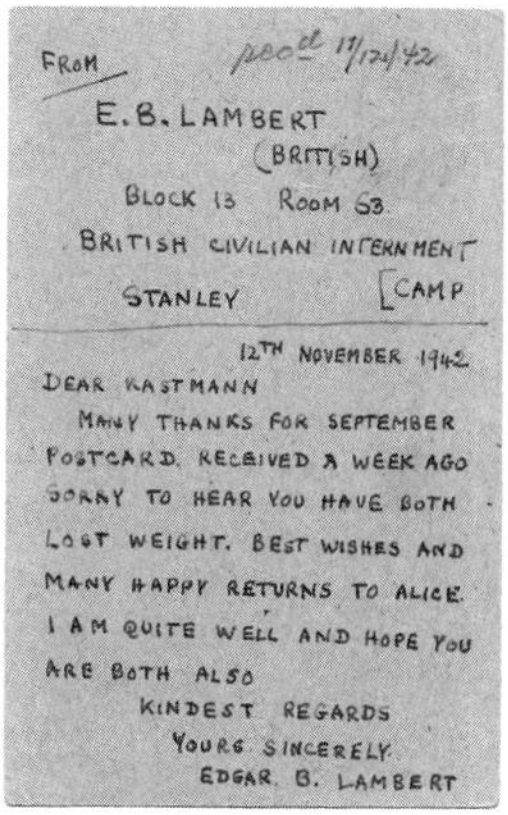

◆7　赤柱の収容所から香港島内宛の葉書

葉書が検閲をパスして、香港郵便局に持ち込まれるまで三週間あまりかかっている。さらに、受取人による〝一九四二年一二月一一日受取〟との書き込みが正しいとすると、手紙を書いてから宛先に届けられるまで、せまい香港内を一ヵ月もかかっていることになる。

葉書の差出人はイギリス人だが、名宛人はドイツ人となっている。当時、日本国内では臨時郵便取締令（一九四一年一〇月公布）によって外国人差出および外国人宛の郵便物には、外国人の国籍を書くことが義務づけられていた。この葉書に二人の国籍が記されているのも、そうした法律が日本占領下の香港にも援用されたためである。

ヨーロッパでは互いに敵同士として激しく戦っていたイギリスとドイツだが、香港ではともに白人として支配階級を構成していた。彼らの友情は、本国の戦争とは別に、遠く離れた香港では続いていたのであろう。しかし、日本軍の占領下でそうした個人の友情が考慮されるはずもなく、イギリス人とドイツ人は敵と味方に峻別されてしまったのである。

なお、手紙には「あなた方の体重が減ったとのこと、残念です」との記述がある。同盟国ドイツの市民として、比較的豊かな生活を送っていたはずのドイツ人でさえ体重が減ってしまうというのだから、日本占領下の香港市民の生活は推して知るべし、である。

太平洋戦争が勃発すると、一九四一年一二月一八日、アメリカはジュネーブ条約を日本人の捕虜・抑留者にも適用することを伝え、日本もアメリカ人の捕虜・抑留者に同条約を適用してほしいと通告してきた。アメリカに続き、一九四二年一月には、イギリス・カナダ・オーストラリア・ニュージーランドもアメリカと同様の意向を伝えてきた。

こうした照会に対して、ジュネーブ条約を批准していなかった（ただし、署名はしていた）日本政府は条約の〝準用〟を約束している。

もっとも、収容所の現場で捕虜や抑留者が〝人道的〟に扱われるかどうかは別の次元の話である。私的制裁の名の下にビンタが日常化していた日本軍では、捕虜を殴ることが虐待に当たると理解していたものはほとんどいなかった。また、食料や医薬品が絶対的に不足しており、戦争末期になると日本兵にも大量の餓死者が出ていた状況では、捕虜や抑留者に戦前と同様の生活（当時の標準的な日本人の感覚からすると、それはとてつもない贅沢だった）をさせることは不可能であったが、欧米人たちからすれば、日本兵と同じ生活を強いられることは〝虐待〟に他ならない。また、たとえば、日本兵と同じ処遇として、牛蒡《ごぼう》を食べさせたことは「木の根を食べさせられた」、床に蒲団を敷いて寝かせたことが「ベッドも与えられなかった」と受け止められるなど、彼我の文化や生活習慣の違いも、〝虐待〟を生み出す要因になった。

こうしたことから、香港のみならず、戦後、多くの日本軍将兵が〝捕虜虐待〟の罪に問われて処罰された。香港の場合、その他の戦争犯罪とあわせて、七一名の容疑者に対して、一四名の死刑、一名の終身刑、四四名の有期刑という判決が下されている。報復裁判の色彩が強い戦犯裁判の常として、このなかには、ずさんな審理で冤罪に泣く人も少なからずいたようだ。彼らもまた、戦争の犠牲者であったことを忘れてはなるまい。

〝三年有八箇月〟の諸相

ある晩遅く、ホテルに帰ってシャワーを浴びた後、翌日の天気をチェックしようと思ってテレビをつけた。ドラマや音楽番組、バラエティなんかの多い時間帯だったが、チャンネルを回しているうち、その日の競馬の結果が流れている局があった。日本なら、スポーツ・ニュースの次はローカルニュースか天気予報と相場が決まっている。競馬の話題なんて、そう長続きはしないだろうと踏んでしばらくテレビを見ていたのだが、一五分経っても画面はなかなか切り替わらない。どうやら、スポーツ・ニュースの一コーナーで競馬を取り上げているのではなく、競馬の専門番組のようだ。

やれやれ、と思ってその日はそのまま寝てしまった。

競馬に限らず、僕はギャンブルの類は一切やらない。競輪、競艇、パチンコの類はもちろん、宝くじだって買う気にならない。筆一本のモノ書き稼業は、基本的には〝板子一枚下は地獄〟の零細個人企業でしかないから、生活そのものがバクチみたいなものだ。わざわざ金を出さなくたって、のるかそるかのスリルなら毎日いやというほど味わっている。

ただ、世の中にはバクチが好きな人が大勢いることも十分承知しているし、そういう他人様の趣味嗜好についてはとやかく言うつもりはないけれど……。

香港でのギャンブルといえば、なんといっても競馬だろう。香港には跑馬地《ハッピー・ヴァレー》と沙田《シャーティーン》の二ヵ所に競馬場がある。特に、都心に近いビルの谷間にある跑馬地の競馬場のナイター競馬は、日本人観光客にも人気があるから、五〇ドル払ってエアコンの効いたガラス張りのメンバー席から、自分の買った馬券の馬を応援した経験がある人もいるかもしれない。

香港では、はやくも一八四五年に沼地を埋め立てて跑馬地の競馬場が作られ、翌一八四六年からレースが行われてきた。ただし、その頃の競馬は、支配者であるイギリス人の贅沢な遊びであって、一般の華人の娯楽という雰囲気ではなかった。

それが一挙に庶民の娯楽として定着したのは、日本軍占領下のことであったという。

香港を占領した日本軍は、〝東洋精神〟（実態としてはよくわからない言葉だが）を強調して住民に窮屈な生活を強いた。とはいえ、いくら崇高な理念を振りかざそうとも、人間はそうそう禁欲的に生きられるものでもない。そこで、占領当局が収益という点をも考慮して重要視した娯楽が競馬だったのである。

このため、一九四一年一二月の日英開戦とともに中断されていた香港の競馬は、早くも翌一九四二年四月二五日からレースが再開されている。

開催スケジュールは毎週土曜日ないしは日曜日で午後から大体一一レース前後が行われた。占領以前は、高温多湿の香港の気候を考慮して、夏季のレースはなかったが、占領下では通年開催となり、その分、レース途中で倒れる競走馬も激増した。

この点について、華人医師の李樹芬《りじゅふん》が占領当局の衛生局長に「夏場も休ませないのはいささか残忍ではないか」と意見を具申したところ、衛生局長は「わが皇軍は炎暑の夏であろうと、日曜日であろうと変わることなく戦場で日夜奮戦している。ましてや畜生などは

香港占領地總督部管理競馬場
百萬市民の健全娯樂場として朗色觀覽席に滿つ

◆1　日本軍占領下の香港競馬場（総督部発行の絵葉書より）

いうまでもないではないか」と応じたという。

結局、競走馬への負担を無視してレースは行われたが、入場券・馬券ともに占領以前に比べて大幅に値下げされたため、競馬は庶民の娯楽として定着・普及。一九四二年秋の大レースでは馬券の売上げは一二万枚にも達したという。

図1は、一九四二年一二月八日の開戦一周年に際して香港占領地総督部が発行した記念絵葉書の一枚で、跑馬地の競馬場が描かれている。絵の脇には「百万市民の健全娯楽場として朗色観覧席に満つ」との解説文が付けられているが、制作時期などを考えると、このときの秋季大レースの際の情景を取り上げたものなのかもしれない。絵葉書を発行した総督部としては、占領行政が順調に行われ、市民生活が安定を取り戻していることをアピールするために、こうした題材を取り上げたのであろう。

いずれにせよ、競馬を庶民の娯楽として定着させたことは、結果的に、日本占領の遺産として戦後の香港社会に受け継がれていく。占領日本軍の数少ない功績の一つといっても良いかもしれない。

日本切手を使って郵便再開

〝黒色聖誕節《ブラック・クリスマス》〟の一九四一年一二月二五日、香港を占領した日本軍は半島酒店《ペニンシュラ・ホテル》に軍政庁を設置して軍政を施行した。

香港史上、〝三年有八箇月〟と呼ばれる日本占領時代の開幕である。

その後、日本軍は、一九四二年一月一九日に香港上海銀行の本店ビルを接収して香港占領地総督部（以下、総督部）を設置し、二月二〇日に香港総督として赴任した磯谷廉介中

◆2　日本の香港占領地総督部が発行した記念絵葉書のタトウ

将の下、本格的な占領行政が開始された。磯谷の基本的な考え方は、次のような談話によく表れている。

かつての香港は遊蕩人集中の場所であったが、今の香港は生産蓬勃たる場所とならなければならない。従前は暖衣飽食の徒多く、東洋精神を失っていたが、かかるものはすでに存在の要がない。

（一九四三年一〇月一五日付『香島日報』）

図2は、開戦一周年を記念して総督部が発行した記念絵葉書のタトウである。九龍側から見た香港の風景が描かれているが、画面の左側、香港上海銀行のビルにはしっかりと日章旗が翻っており、この建物が総督部として利用されていたことが明示されている。

さて、開戦とともに停止されていた郵便物の取り扱いも、一九四二年一月二二日、香港局ならびに九龍局で業務が再開されたのを皮切りに、以下のような日程で各局の業務が再開されている。

一月二二日　香港、九龍
二月一四日　灣仔《ワンチャイ》、上環《ションワン》、油麻地《ヤウマティ》、深水埗《シャンシュイポ》、九龍城《カオルンセン》
三月二六日　西營盤《サイインプン》、大埔《タイポ》、元朗《ユンロン》
五月　一日　赤柱《スタンレー》
一一月一五日　九龍塘《カオルントン》

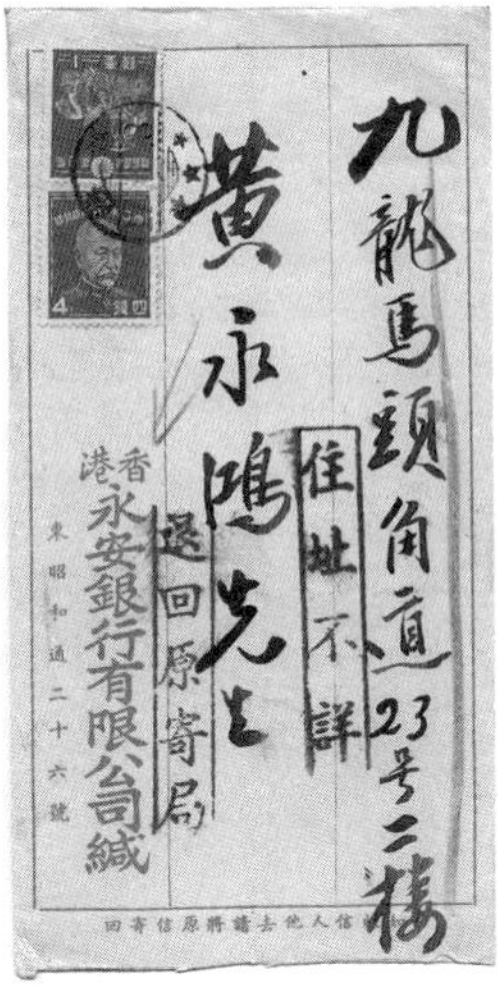

◆3　日本占領下の1942年６月に差し出されたカバー。日本切手が貼られている。

このうち、九龍城局は一九四二年一一月一四日に閉局となったが、その他の局は終戦まで業務を行っていた。

これらの郵便局では、日本切手がそのまま使用されていた。香港局と九龍局での業務再開の初日には、日本の植民地であった台湾の台北局から派遣された日本人局員が、とりあえず、一銭（田沢型）、二銭（乃木大将）、三銭（発電所）、四銭（東郷元帥）、一〇銭（日光東照宮陽明門）、三〇銭（厳島神社）の六種類の切手を持ち込んでいる。なお、郵便料金は、一九四五年四月までは、基本的には日本の料金と同じである。

これらの郵便局で使われていた消印は、〝櫛型印〟と呼ばれる日本式のものだが、日付の上下の〝櫛〟の部分は植民地の台湾と同じく横線（他の地域の櫛型印は縦線）となっている。消印の日付は昭和年号で表示されているが、他の地域では引受時刻を表示しているスペースには、時刻の代わりに三ツ星が入れられた。

図3は一九四二年六月三日、永安銀行が九龍の顧客宛に差し出したもので、当時の書状基本料金に相当する五銭分の切手が貼られ、香港局の消印が押されている。

カバーの裏面には六月四日の九龍局の印が押されており、九龍までは配達されたものの、宛先に尋ねあたらなかったため、そのことを示す〝住址不詳〟印が押されたのち、〝退回原寄局〟との印が押されて差出人に返送されている。

占領行政の開始に伴い、〝敵性〟とみなされた銀行は容赦なく接収され、清算されたが、永安銀行は敵性銀行の指定を免れ、一九四二年二月二四日に業務再開を認められている。

業務の再開後、永安銀行は顧客に対して所在確認の郵便物を大量に差し出している。一八日間の戦闘に加え、日本の占領当局による疎散政策もあって、顧客の実態がつかめなくなっていたからである。

もともと、香港では生産人口が少なく、住民の多くは、商業を含めて物資の流通に関わって生計を立てていた。しかし、日本軍の占領によって海外との交通が途絶したため、香港は流通の拠点としての機能を喪失。日中戦争以来、大量の人口流入が続いていたこともあって（いわゆるホームレスも多く、正確な数字は算出できないが、日本軍による占領時には〝二〇〇万になんなんとした〟という表現がさかんに用いられていた）、占領地香港はその経済力に比して明らかに人口過剰となっていた。

このため、総督部は「無為徒食の華人を管外に帰郷せしむる」として、少なくとも二年間で九七万三〇〇〇人の住民を香港から追い出した。もっとも、抗日運動の指導者などは、この人口疎散政策を逆手にとって、香港からの脱出に成功した例が多かったが……。

図3のカバーの名宛人が元の住所に居住していなかった理由はわからないが、当時の状況から考えると、この疎散政策のゆえに香港を離れた可能性が高いと推測される。

ところで、差出人の永安銀行の住所表示は〝東昭和通〟となっているが、これは、日本の占領下で徳輔道《デボー・ロード》が改称されたものである。

日本の占領行政は、イギリス色を払拭したうえで、「彼らをして日本人となるべきことを要求せず、彼らが真の中国人として更生することを強く要求」し、〝皇土・香港〟を建設することを根本に掲げていた。〝真の中国人〟の意味もわかりにくいが、要するに、親日派の中国人ということであろう。

こうした政策の一環として、香港神社・忠霊塔・仏舎利塔の三大建設が計画され（ただし、日本の敗戦により未完に終わった）、一九四二年四月二〇日、各地の地名は日本式に改められた。その代表的なものは以下の通りである。

皇后大道《クイーンズ・ロード》 → 明治通
德輔道《デボー・ロード》 → 昭和通
堅尼地道《ケネディ・ロード》 → 大正通
彌敦道《ネイザン・ロード》 → 香取通
干諾道《コンノート・ロード》 → 住吉通
太子道《プリンス・エドワード・ロード》 → 鹿島通
山頂《ヴィクトリア・ピーク》 → 香ヶ峰
淺水灣《レパルス・ベイ》 → 緑ヶ浜
跑馬地《ハッピー・ヴァレー》 → 青葉峡

永安銀行の住所となっている東昭和通は香港島の心臓部、德輔道中《デボー・ロード・セントラル》のことで、ここには数多くの日本企業が進出していた。その主なものだけでも、横浜正金銀行、東京海上火災、服部洋行、朝日新聞、毎日新聞、東洋経済新報、松坂屋……といった具合である。また、総督部や南支那艦隊司令部もここにあった。

もっとも、日本の総督部は香港の主要な地名を日本的なものに改称したが、実際に香港華人たちの生活の中にはそうした新地名は浸透せず、会話などでは、彼らは占領以前の地

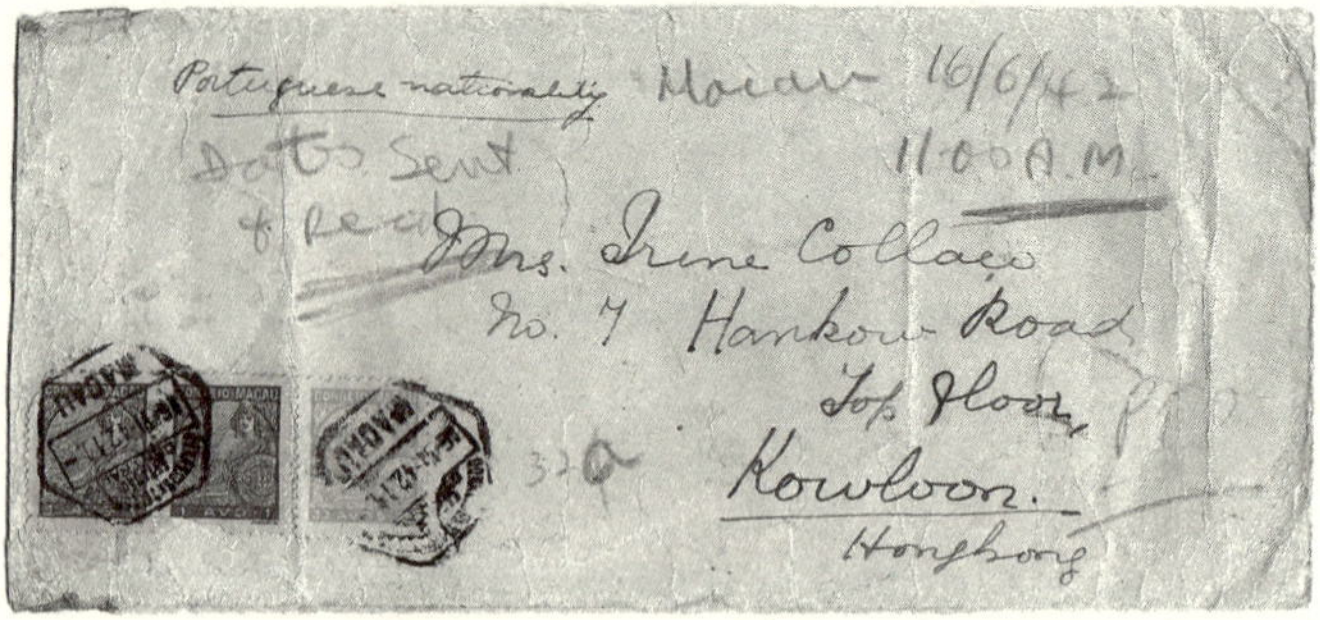

◆4　太平洋戦争中の1942年６月にマカオから九龍宛に差し出されたカバー

名を従来どおり使い続けていた。いくら制度として強制しようとも、人々の意識までをも変更させることは、やはりできないのである。

軍票と香港

日本軍による占領行政のうち、現在にいたるまできわめて評判が悪いのは、軍票の無秩序な発行によって引き起こされたハイパー・インフレであろう。

太平洋戦争が始まるまで、日本軍は中国大陸での軍票の価値を維持することにそれなりに腐心していた。

しかし、太平洋戦争の開戦から一年以上が過ぎ、一九四三年に入ると、これ以上、華中・華南で軍票の価値維持工作を続けていくことは困難との判断から、三月末限りで軍票の新規発行が停止され、四月以降、南京の汪兆銘《おうちょうめい》政権の中央銀行、中央儲備《ちょび》銀行の発行する儲備券を華中の日本軍占領地域の基軸通貨として、中央儲備銀行が軍票を回収するよう、政策が大きく転換された。こうして、儲備券は、実質的に軍用紙幣としての性格も併せ持つようになり、軍票の肩代わりをすることになる。

ところで、華中・華南から回収された軍票は、そのまま廃棄されたわけではなく、一九四三年四月以降も軍票経済圏に置かれていた海南島と香港に流れ込んでいった。

占領当初の香港では、イギリス時代の香港ドルと日本の軍票が併行して流通させられていたが、一九四一年一二月末から九龍で、翌一九四二年一月から香港で、軍票一円に対して香港ドル二円の割合で交換が開始された。この交換レートは、同年七月には軍票一円に対して香港ドル四ドルへと変更され、香港ドルを駆逐して軍票を占領香港の基軸通貨とす

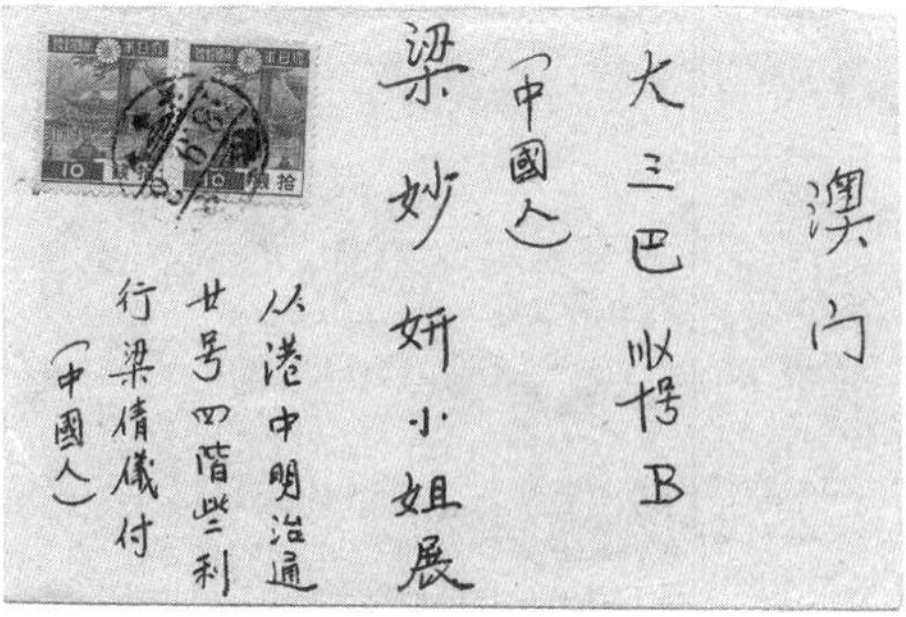

◆5　1943年９月に日本占領下の香港からマカオ宛に差し出されたカバー

るプランが着々と実行に移されていった。公租公課の納入が軍票に限定され、軍票需要者に対する軍票交換所が設けられたのもこの時期である。

さらに、一九四三年七月以降、占領香港の行政機関である香港占領地総督部は香港ドルの使用を全面的に禁止し、住民に対して香港ドルをすべて軍票に交換することを義務づけた。その際に発せられた総督令には「軍票の流通を拒んだり、香港ドルを隠し持ったりしている物は厳罰に処する」との内容の文面があり、憲兵政治の下で、香港の住民が軍票の使用を余儀なくされていた状況がうかがえる。

こうして住民から回収された香港ドルは、国際的には、イギリスの信用により価値が維持されていたため、中立国のマカオでの物資購入の資金に充てられた。

第二次大戦中、ポルトガルは中立国であったが、日本軍はポルトガル領のチモール島を占領している。これに対して、マカオの場合は、日本側に〝国際社会への窓〟として活用したいという意図があり、日本軍は海上封鎖こそ行ったものの、占領はしなかった。

図4は、一九四二年六月一六日、マカオから九龍宛に差し出されたカバーだが、戦前発行のマカオ切手がそのまま使われており、太平洋戦争の勃発がマカオの郵便には影響を及ぼさなかったことがよくわかる。一方、図5は、一九四三年九月八日、占領下の香港からマカオ宛に差し出されたもので、外国郵便料金の二〇銭分の切手が貼られている。

太平洋戦争中も香港とマカオの間では交通・通信が盛んに行われていたため、日本軍がマカオで使用した香港ドルが、まわりまわって、香港へと戻ってくることも少なからずあったようだ。もっとも、香港ドルを持っていることが日本の憲兵隊に見つかれば、厳しい処分を受けることは必至であった。じっさい、香港ドルの〝不法所持〟によって憲兵隊に

◆6　1943年以前に作られた軍票

連行されて暴行を受け、結果的に命を落とした人も少なくなかったという。

さて、一九四三年四月以降、華中・華南で儲備券に取って代わられた軍票は、香港（と海南島）に流れ込むことになったが、その後の戦況の悪化に伴い、香港でもハイパー・インフレが起こり、それと連動して軍票は増刷され続けた。そうなると、軍票以外に通貨が流通していない香港では、さらなるインフレが進行し、総督部はより高額の軍票を増発せざるを得ないという悪循環に陥っていく。

この結果、香港では、一九四三年までに華中で用いられていた各種の軍票（図6）に加え、一九四四年には香港華人行ビルの地下印刷工場で作られた現地製の軍票（図7）も出回るようになった。現地製の軍票は工程の簡単なオフセット印刷で製造されたため、かつての軍票に比べて印刷物としてのクオリティは粗末な印象がぬぐえない。こうしたところにも、日本軍の戦況の悪化は見て取ることができる。

ハイパー・インフレの進行は、郵便にも影響を及ぼし、一九四五年四月一日には、書状基本料金がそれまでの七銭から三円に、葉書料金がそれまでの三銭から一円五〇銭に、それぞれ値上げされている。

このときの料金改正は値上げ幅が大きく、なおかつ三円ないしは一円五〇銭という高額の切手もそれまで発行されていなかったため、占領当局は、従来の日本切手に「暫定××圓」ならびに「香港総督部」の文字を加刷した切手を応急措置として発行している。ただし、日本の占領中には、〝暫定〟の文字のない切手はついに発行されなかったが……。

図8（次々頁）のカバーは、その〝暫定〟切手が貼られたもので、敗戦直前の一九四五年七月三〇日、香港の赤十字国際委員会代表名で上海の同代表宛に差し出された。香港か

◆7　日本占領下の香港で使用された現地製の軍票

ら上海宛郵便物の基本料金は三円で、二倍の六円分の切手が貼られていることから、内容物は規定の二倍の重量であったと考えてよい。

この郵便物が差し出される以前の一九四五年四月頃には、すでに、日本軍は南シナ海の制海権を完全に失っており、香港から大陸宛に海路、郵便物を運ぶということはほとんど不可能となっていた。おそらく、このカバーも郵便局で受け付けられはしたものの、実際には上海まで届けられずに香港で終戦を迎えたのではないかと思われる。

塗りつぶされた東郷平八郎

僕の手元には、日本の占領時代、九龍塘から差し出されたと思われるカバー(中扉)が一通ある。〝九龍塘から差し出されたと思われる〟と曖昧な表現をしたのは、消印が読めないからで、消印が読めないのは、切手と消印の部分が塗りつぶされているからだ。

塗りつぶされている切手は、一九四二年四月一日に発行された東郷平八郎の五銭切手。印が強く押されているので日付の活字のかたちに紙が凹んでおり、一九四三年三月二七日の差出であることはわかる。宛先は、国民党政府の支配下にあった桂林だ。

太平洋戦争中、日本軍による香港占領は不当なものだと主張する中国の郵便局員は、抗議の意思を示すために、香港からの郵便物に貼られている日本切手を黒く塗りつぶして配達することがあった。ただし、貼られている切手が無効とされたわけではなく、切手が塗りつぶされているがゆえに不足料金が徴収されることはなかった。

このカバーもその一例で、宛先の桂林に向かう途中、日本軍の占領地域を出た後、中国側の中継局で東郷平八郎の肖像が塗りつぶされたものと考えられる。

◆8　暫定的な加刷切手が貼られたカバー

差出人は蔡天普《さいてんふ》。重慶政府の特務だったとも、日本の占領当局との二重スパイだったともいわれている人物だが、詳しいことは調べ切れなかった。ただ、この男が差し出した郵便物にはかなりの確率で九龍塘の消印が押されている。

九龍塘局のすぐ近くには日本の憲兵隊の建物があったといわれている。日本占領中の九龍塘の消印のある郵便物があまり残っていないのは、一般の香港華人が同局になかなか寄りつけなかったかららしいのだが、蔡のような人物なら、抵抗なく、ここを利用できたのかもしれない。

現在の九龍塘は高級住宅街であり、大学のある文教地区であり、さらにラブホテルが点在する地域として知られている。ブルース・リーが最後に住んだといわれている大邸宅、栖鶴小築もこのエリアにあって、いまでも熱心なファンが聖地巡礼に訪れるらしい。もっとも、僕にとっては、ブルース・リーの旧宅よりも、九龍塘の郵便局とそのすぐ近くにあったという憲兵隊の建物の跡地がどうなっているのか気になって、一度、地下鉄に乗って行ってみたのだが、結局、目的の場所を探し当てられなかった。

日本の占領行政は香港の住民に多大な犠牲を強いるものであったから、それに抵抗しようとする人々が現れるのも自然なことであろう。

すでに、一九三八年一〇月に広州が陥落した時点で、広州の東部、東江（江西から恵州、東莞を経て広州近くで海に入る川）の流域を拠点として、抗日ゲリラ組織、東江抗日遊撃隊が組織されていたが、その下部組織として、香港陥落後の一九四二年二月、新界の西貢を拠点として東江縦隊港九大隊が結成され、抗日ゲリラ活動を展開した。この辺りの話は、日中戦争下の〝中国人民〟の華々しいレジスタンスとして、中国政府が盛んに喧伝しているけれど、その内容が歴史的事実に即して正確なのかどうか、僕には判断できない。

もっとも、一般市民には生活がある。いくら日本の占領当局を憎んでいるからといって、日々の生活を捨てて武装闘争に身を投じるなんて、あらゆる面でリスクが大きすぎて現実的じゃない。そういう〝英雄的〟な行動に走るのは、全体から見ればごく僅かな数でしかなかったはずだ。圧倒的多数の善男善女は、ともかく生き延びていこうとすれば、面従腹背しながらでも、高圧的な日本の占領当局と折り合いをつけて生きていく以外に選択の余地はない。だから、彼らにとっては、せいぜい、このカバーのように、貼られている日本の切手を黒く塗りつぶして憂さを晴らすのが関の山だったろう。

だから、日本の占領当局が、臨時郵便取締令によって、封筒にわざわざ〝中国人〟と書かせて占領者と被占領者の区別を明確にさせているのを見ると、香港での自分たちは招かれざる異民族の征服者でしかないという現実を彼らがまったく認識していなかったことを見せ付けられて、その鈍感さに暗澹たる気分になる。

日本軍が徳輔道を昭和通と改称してみても新しい地名は香港華人の間ではまったく定着しなかった。制度的に〝日本化〟することを強要しても、現実の人間の意識がそれについていけるか否かはまったく別の次元の話なのだ。

郵便物に貼られている日本の切手を黒く塗りつぶすことで、日本軍の香港占領という現実に抗議し、〝中国人〟としての精神的なバランスを保つことで、〝三年有八箇月〟と称される占領時代を行きぬこうとした人々が、たしかに存在した。

この〝民族〟の意識を読み取ることができなかったことこそが、実は、日本の敗戦の最大の原因だったのじゃないかと僕には思えてならない。

英領香港の復活

北角《ノース・ポイント》のバス・ターミナルから出た六五番のバスが終点の赤柱《スタンレー》に着いた時、乗客は僕一人だった。ドアが開くと、こちらから聞きもしないのに、運転手は「赤柱市場《スタンレー・マーケット》」と一言いって、右の方を指差してくれた。僕はとりあえず、自分の知っている数少ない広東語で「唔該《ンゴイ》（ありがとう）」とだけ言ってバスを降りたが、別に外国人観光客を相手とするマーケットを覗いてみる気は初めからない。

赤柱には太平洋戦争中に亡くなったイギリスの軍人や収容所の抑留者たちが眠る墓地がある。もともとは通常のイギリス人墓地だったのだが、第二次大戦後、戦没者墓地として整備されたのだという。美しい芝生の霊園は週末には地元の若者のデートコースにもなっていると聞いたので、興味をそそられて見に行ってみる気になったのだ。

バス・ターミナルの前を通る赤柱村道《スタンレー・ヴィレッジ・ストリート》が二又に分かれるところで「赤柱軍人墳場《スタンレー・ミリタリー・セメタリー》→」の表示を見つけた僕は矢印の方向へ黄麻角道《ウォンマコク・ロード》を歩いていった。道の右側にはいかにも南洋風の木々が茂り、時々、その隙間から海が見える。途中、一台か二台、自動車が僕の脇を通り抜けていく以外には、波の音と鳥の声しか聞こえてこない。跑馬地《ハッピー・ヴァレー》のイギリス人墓地がそのロケーションのゆえに都会の喧騒の中にあるのとは対照的に穏やかな場所だ。

一〇分ほど歩いたところで墓地入口のモニュメントと階段が見えてきた。階段を上って墓標の並んでいるところを歩いてみる。墓標には埋葬されている人たちの亡くなった年月、享年などが記されているが、一九四一年一二月の戦闘が終わってからの死者が多いことに驚かされる。おそらく、収容所の劣悪な環境の中で亡くなった人が多いのだろう。僕はある墓標の前で足を止めてみた。そこにはこう記されてあった。

SGT
H.W.JACKSON
HONG KONG POLICE
DIED 23 SEPTEMBER 1945

昭和天皇の玉音放送で日本の無条件降伏が公表されたのが一九四五年八月一五日、東京湾に停泊していたアメリカの軍艦、ミズーリ号で降伏文書の調印が行われたのが九月二日。イギリス海軍司令官のハートコートが日本軍の降伏を受け入れて、日本軍による香港の占領が完全に終結したのは、九月一六日のことだ。ジャクソン警部が亡くなったのはそれから一週間後。もう少し早く、香港の〝戦後〟が始まっていたなら、彼は解放されて生きながらえることができたのかもしれない。

ふと周りを見ると、いくつかの墓標の前に真新しい百合の花が手向けられていた。そうか、今日は中国では墓参りの日、清明節だったな。ジャクソン警部の子供や孫も、香港に

◆1　重慶政府が発行した
不平等条約撤廃の記念切手

いればここに参ることがあるのだろうか。

むかし戦争があったことを想起することが困難なほどに穏やかな丘の上で、僕はぼんやりと海のほうを見ながら、自分が多忙を理由に久しく祖父母の墓に参っていなかったことを思い出していた。

不平等条約撤廃交渉

第二次世界大戦というと、ナチス・ドイツや大日本帝国に対してアメリカ・イギリス・ソ連を中心とする連合諸国が団結して戦った戦争として語られることが多い。

たしかに、日本やドイツは、連合国にとっての共通の敵であった。この共通の敵を倒すことにおいて、彼らが団結していたということは紛れもない事実である。

しかし、連合国陣営の中でも各国の国益はそれぞれ異なっており、彼らは必ずしも一枚岩と呼べる状態にはなかった。香港の〝戦後〟をめぐる議論は、まさに、そうした連合諸国の微妙な関係を象徴するものだったのである。

図1の切手を見ていただこう。

これは、一九四三年の不平等条約撤廃を記念して、蔣介石の重慶国民政府が一九四五年七月七日に発行した切手である。

切手は、〝1943〟の文字が入った中国地図を中央に、蔣介石と自由の女神を配し、米英中三国の国旗を並べたデザインである。米英中の三国の関係が真に対等なものであるなら、アメリカを象徴する自由の女神に対応するイギリスの象徴が描かれていても良さそうなものだが、そうはなっていないところに、当時の三国の微妙な関係が反映されている。

◆2　対日戦争の開戦により、アメリカから香港宛の郵便物は取り扱い停止となり、差出人に戻された。このカバーには、“RETURNED TO SENDER SERVICE SUSPENDED”のスタンプが押されている。

日本との戦争が始まる直前の一九四一年八月、ルーズベルトとチャーチルは連合国の戦争目的として大西洋憲章を発表し、枢軸側の侵略を一切認めず、領土変更や政体についての民意尊重、さらには領土不拡大といった基本方針が確認された。

もっとも、伝統的に門戸開放政策を続けてきたアメリカと、広大な植民地を有していたイギリスとでは、領土問題をめぐって意見の相違が出てくるのは当然である。結局、この問題については、チャーチルの主張が全面的に認められ、住民による政体選択の権利はイギリスの植民地には適用されないことで決着した。

この時点では、イギリスの香港支配に疑問がさしはさまれる余地は何もなかった。

ところが、一九四一年一二月八日、日本との戦争が勃発する（図2）と状況は一変する。

一九三七年以来、独力で抗日戦争を戦ってきた中国は、米英二大国が日本との戦争に突入したことで、速やかに戦況が好転することを期待していた。

しかし、開戦当初、日本軍は香港占領を皮切りに、東南アジア・太平洋地域を席捲し、中国戦線の状況も中国の期待したようには好転しなかった。また、当時のアメリカの基本戦略では、ドイツ打倒が優先されていたため、中国に対する軍事支援は必ずしも十分ではなかった。当然、重慶政府は不満であり、十分な援助が得られなければ、対日戦線から離脱することさえほのめかしはじめた。

あわてたアメリカは何とかして中国をなだめて、抗日戦争を続けさせようとする。このため、アメリカは、連合諸国（特にイギリス）に対して、中国を〝大国〟として扱うことの重要性を強調し、不平等条約の撤廃と中国が失った領土の回復に向けた調整を開始する。

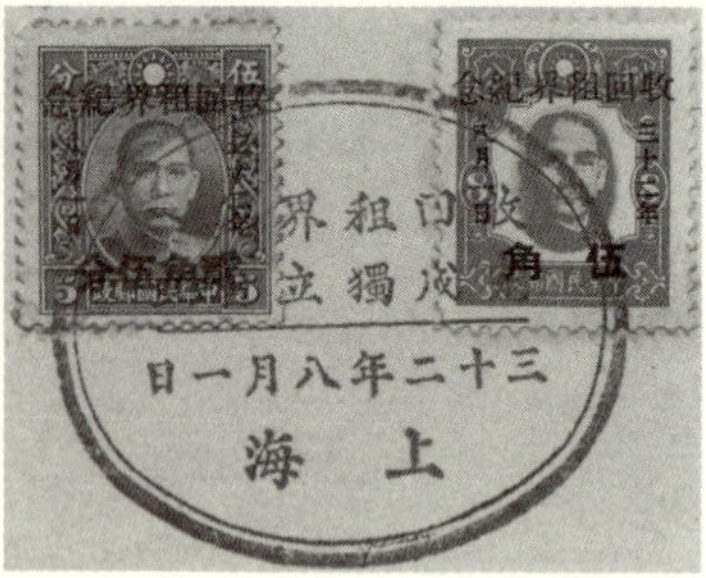

◆3　汪政権の発行した租界回収の“記念切手”

これに対して、アヘン戦争以来、莫大な中国権益を積み重ねてきたイギリスは、治外法権の撤廃は認めたものの、租界などの返還については強硬に反対した。

こうしたことから、一九四二年一〇月に始まった不平等条約撤廃交渉では、米中間の話し合いが順調に進んだのに対して、英中間の話し合いは難航した。

特に英中間の懸案となったのが、新界租借地の返還問題であった。

当時のイギリスは、日本軍の香港占領によって香港の支配権を失っていたにもかかわらず、最終的には対日戦争に勝利を収めて香港を回復できると信じきっていた。そんな彼らからすれば、香港の生死を握っている新界を中国に返還するなど論外である。

一方、中国側にしても、アヘン戦争以来の不平等条約を撤廃して新条約を結んだにもかかわらず、香港の祖国復帰はおろか租借地であった新界の返還も実現できないのであれば、新条約の価値も色あせてしまうことになる。

このため、英中間では新界問題をめぐって激しい応酬があったが、最終的には中国側が妥協し、「戦勝後にその将来について再交渉する」というかたちで問題は棚上げされた。「九龍（新界）問題だけのために、新条約がふいになり、さらには連合国の団結にひびが入ることのないよう譲歩した」というのが蔣介石の弁である。

もっとも、蔣介石が妥協に応じた背景には、日本と汪兆銘《おうちょうめい》政権との間で租界返還・治外法権撤廃の交渉が進められていたという事情もあった。

すなわち、戦況が次第に不利になっていく中で、日本は、一九四三年一月九日、汪政権に対して米英への宣戦布告を行わせ、その代償として、租界返還・治外法権撤廃に関する協定を調印した。当然のことながら、汪政権はアヘン戦争以来の租界返還を自らの功績として大々的に宣伝し、その一環として記念切手も発行している（図3）。

汪政権は実質的には日本の傀儡政権だったが、それでも、その支配地域で米英の租界がなくなったことは紛れもない事実であった。「一般の人々はニセ条約が児戯に類するものであることをはっきりと知っているとはいえ、中米新条約がそれより遅れて発表されたのでは、色あせたものになることを免れない」と蔣介石が嘆いたのも当然であろう。

こうして、一九四三年一月一一日、米英両国は「在中国治外法権および特殊権益の解消に関する条約」に調印。アヘン戦争以来の不平等条約体制は、とりあえず、解消された。

しかし、中国は不平等条約撤廃交渉のなかで新界租借地の問題を解決できず、香港返還のチャンスは遠のいた。そして、〝大国〟としての地位が保証されるはずの新条約でも新界租借地が温存されたことは、かえって中国の無力を際立たせる結果となったのである。

こうした背景があったから、蔣介石はアメリカとの関係を優先し、イギリスとは距離を置いていた。不平等条約の撤廃を記念して発行された図1の切手が、とりあえず米英中の三国の国旗を並べていながら、アメリカの自由の女神に対応するイギリスのシンボルを何も取り上げていないのも、そうした蔣介石政権の姿勢が反映されたものとみてよいだろう。

カイロ・テヘラン・ヤルタ・香港

連合諸国の間で〝戦後〟についての具体的な議論が本格的に始まるのは、一九四三年秋のことである。

ルーズベルトが考えていた戦後の東アジア政策の基本構想は、旧帝国主義勢力をアジアから排除し、門戸開放原則を実現してアメリカの経済的影響力を高めていこうとするもの

◆4（上） 英ソの野合を皮肉ったドイツの謀略切手
◆5（下） 図4の元になったイギリス切手

であった。その目玉として考え出されたのが、香港の主権を中国に返還させ、その上で香港を国際自由港にするというものであった。

一九四三年一一月に行われた米英中のカイロ会談では、中国は正式に四大国の一つとされ、日本によって奪われた全ての地域が中国に返還されることが約束された。蔣介石との二人だけの会談で、ルーズベルトは、満洲・台湾・澎湖島に加え、旅順・大連の返還を約束した。さらに、ルーズベルトは香港が中国に返還されることを希望し、蔣介石は返還後の香港を自由港にすることに同意した。

カイロ会談の内容は、続いて開催された米英ソのテヘラン会談でスターリンの原則承認を得た。この会談で、ドイツ降伏後のソ連の対日参戦の方針が確認されたが、スターリンはその代償として極東に不凍港を獲得したいとの希望を示唆した。スターリンが要求した〝代償〟の中身をにらみつつ、イギリスは香港支配の復活に向けて布石を打っていく。

図4の切手を見ていただこう。

これは、テヘラン会談に対抗してナチス・ドイツが制作した〝謀略切手〟（ただし、切手として郵便に使うことはできない）といわれるもので、一九三七年に発行されたジョージ六世戴冠式の記念切手（図5）をもとに作られたパロディである。

ドイツ製の謀略切手では、オリジナルの王妃エリザベスの肖像がスターリンに代えられているほか、左右の上部にはダビデの星が描かれている。また、印面上部の〝POSTAGE〟は〝SSSR〟に、〝REVENUE〟は〝BRITANIA〟に、印面下部の日付はテヘラン会談の日付に、それぞれ取り替えられ、王冠には共産主義のシンボルである〝槌と鎌〟が付けられている。さらに、中央の飾り文字は〝SSSR〟になっており、右側には鳥に代わって星印（ソ連の国章の一部）が入れられている。

テヘラン会談を、国王を戴く君主国のイギリスと共産主義国家ソ連との〝野合〟として痛烈に皮肉ったデザインといえよう。

戦後、東欧問題をめぐってイギリスとソ連は激しく対立し、それが東西冷戦の序曲となっていくのだが、中国問題に関しては、イギリスはソ連を利用することでアメリカを牽制し、蔣介石をねじ伏せようとしていた。その意味では、戦後世界におけるイギリスとソ連の〝野合〟というものは、確かに存在していたのである。ただし、ヒトラーのドイツが、そうした中国問題に目を向ける余裕があったとは見えないが……。

さて、一九四五年二月、米英ソ三国首脳がクリミア半島のヤルタで会談する。この会談では、表向き、ドイツ降伏後の戦後処理問題と国際連合の創設が決定されたが、その裏では、米ソの間で秘密協定が結ばれ、ドイツ降伏後二―三ヵ月後にソ連が対日参戦する代わりに、ソ連に対しては千島・樺太の領有、不凍港としての大連の優先的使用権と海軍基地としての旅順の租借権などが認められている。

このうち、香港問題と密接にリンクしていたのが大連問題である。

すなわち、ルーズベルトは「中国人に代わって発言することはできない」としながらも、基本的にはスターリンの要求を受け入れる姿勢を示し、香港との関係から「国際委員会のある形態の下で大連を自由港とする」ことが望ましいと応じている。

しかし、たとえ大連を自由港にするにしても、そこにソ連の権益を認めることは、極東から帝国主義勢力を一掃するというルーズベルトの構想と矛盾するものであった。

この秘密協定を決めた会談に参加できなかったチャーチルだが、秘密協定については迷うことなくこれを支持し、香港維持を主張する際の根拠としてこれを最大限に活用する。

結局、一九四五年四月にルーズベルトが任期半ばで亡くなると、後任のトルーマンは香港問題には関心を示さず、問題の解決を当事者である英中両国に委ねた。こうして、中国は香港返還論の後ろ盾を失い、英領香港の復活に向けて事態は大きく前進する。

三年八ヵ月ぶりに配達された郵便

もっとも、ヤルタ協定はあくまでも秘密協定であったから、日本軍の降伏に際して中国が力ずくで香港を回収してしまえば、状況が一変する可能性は少なからず残されていた。

一九四五年八月一五日、昭和天皇が〝終戦〟を正式に発表すると、重慶政府は翌一六日、香港の日本軍の降伏を受け入れるとの声明を発表する。すでに八月一一日、アメリカは中国に対して、北緯一六度線以北の〝中国戦区〟内の日本軍は中国当局に降伏するようにとの命令を連合国軍最高司令官の名義で出すことを約束していた。ただし、中国は「香港における日本軍の降伏受理は中国戦区の統帥部が行うが、中国政府は香港に対してなんら領土的野心を持っておらず、香港の問題は最終的に外交交渉を通じて解決されるべきである」とイギリスに伝えており、新界の返還問題はとりあえず棚上げにする姿勢を示している。

すでに、終戦とともに中国大陸の各地では、日本軍の降伏受理をめぐって、国民党と共産党が激しい主導権争いを演じていた。蔣介石には、とりあえず香港で日本軍の降伏受理を行って、共産党との主導権争いを有利に進めたいとの思惑があった。来るべき共産党と

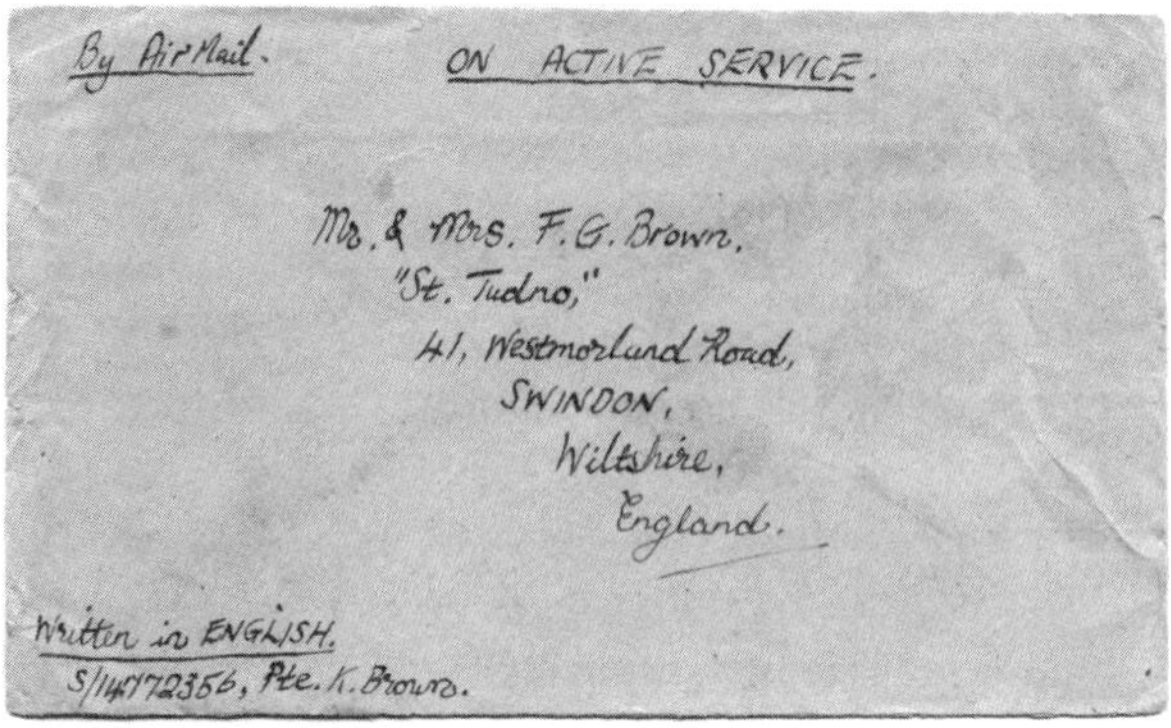

◆6　戦後間もなく香港に進駐したイギリス軍が差し出したカバーとその消印

の内戦に備え、共産党が旧日本軍を接収した地域で占領軍として居座るということだけは、何としても阻止したいというのが、彼の本音である。

一方、蔣介石が共産党による占領の既成事実化を恐れたのと同様に、イギリスも蔣介石の軍隊が香港に駐留し、それを既成事実として香港に居座ることを恐れていた。

すでに一九四三年の時点で、イギリスは香港計画局を設立し、戦後の香港統治再開に向けて動き出していたが、一九四五年五月には、中国軍の香港進駐を阻止するために香港計画局の軍備化に着手する。

香港陥落と同時に、戦前の香港政庁の幹部はことごとく逮捕され、赤柱の収容所に抑留されていたが、このうち、総督のマーク・ヤングは途中で満洲の奉天（現・瀋陽）に移送されたため、一九四五年八月一六日、赤柱の収容所で日本の降伏が発表された際、戦前の行政長官だったフランクリン・ギムソンは自分が香港の臨時総督であると宣言した。

これ受けて、八月二〇日、イギリス政府は、香港での日本軍の降伏受理はイギリス側が行うことを表明し、中国側との対立姿勢を明らかにする。

結局、両者の対立は、中国政府が香港占領のために軍隊を派遣しないという前提の下、イギリス側が投降接受の委託を中国側から受けるという形式を取ることで妥協が成立。八月二九日にイギリス軍が進駐する。九月一日、海軍司令官のハートコートがラジオを通じて臨時香港軍政庁の成立を宣言した。

図6は、戦後間もなく香港に進駐したイギリス軍の野戦郵便局から差し立てられたカバーである。消印上には〝香港〞を意味する表示はないが、222という野

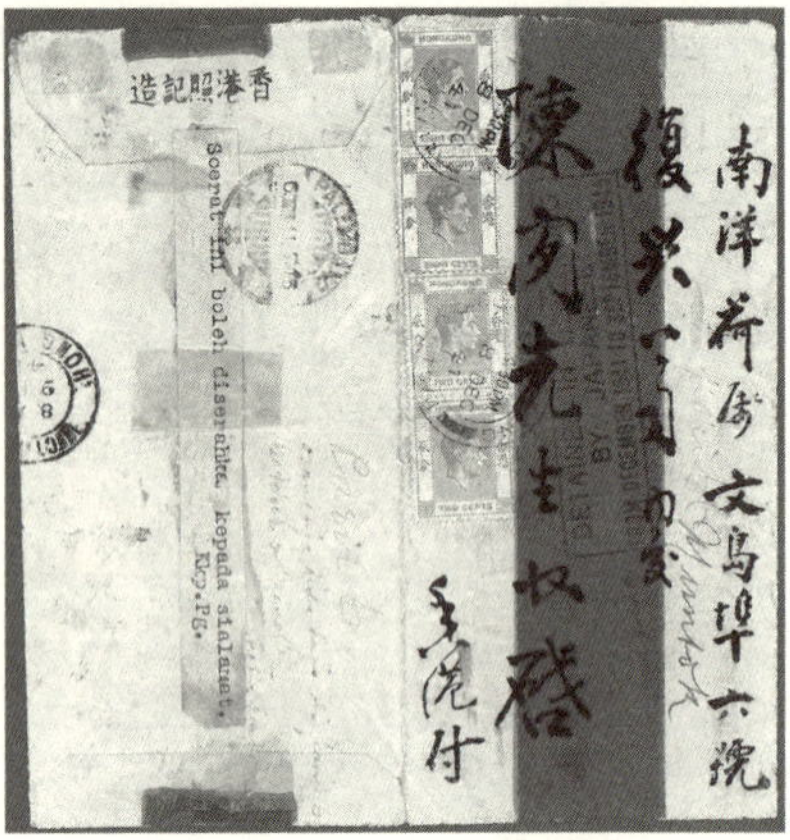

◆7　日英開戦日にパレンバン宛に差し出されたものの、配達不能となり、終戦まで香港に留め置かれていたカバー

戦局（FPO：Field Post Office）の番号によって、このカバーが香港駐留軍差出のものと判別できる。

軍政庁は、まず、収容所を解放するとともに、戦犯容疑者や対日協力者を逮捕・起訴し、屈辱の歴史を一掃することに着手した。ついで、日本占領下で最悪の状況にあった食糧事情を改善すべく、ビルマから米を輸送させるなど、生活物資の補給を急ぐとともに、建物や工場、ドックなどの復旧作業に力を入れた。

また、軍政庁の設置と前後して、占領時代の日本の行政機構の撤退も進められ、八月三一日限りで日本の郵便局は閉鎖となり、イギリス側が各地の郵便局を接収した。

こうした一連の過程の中で、香港中央郵便局に入ったイギリス側の関係者は、地下の倉庫で、占領時代を通じて配達されないまま眠り続けていた郵便物を発見する。

日英開戦により、香港から海外宛の郵便物のルートは完全に途絶した。開戦前、香港からの最終便は一九四一年一二月六日に出航したが、それに間に合うように差し出された郵便物は一二月四日正午の消印が押されたものが最終となった。

その後、一二月八日に戦争が始まり、二五日の黒色聖誕節《ブラック・クリスマス》の間までに差し出された海外宛の郵便物は、配達の見込みもないまま郵袋に入れられて、とりあえず、香港中央郵便局の地下に保管されることになったが、上陸してきた日本側は中央郵便局を接収して郵便業務を開始した後も、地下に保管されていた郵袋には気づかなかったらしい。

このため、終戦後、郵袋が無事であることを発見したイギリス側は、遅ればせながら、放置されていた郵便物をあらためて配達することにした。その際、配達が遅れた事情を説

◆8　イギリスの再上陸後、切手到着までは切手の代用として角型の印が用いられた。

明するため、このとき発見された郵便物には〝DETAINED IN HONG KONG/ BY JAPANESE/ FROM DECEMBER 1941 TO SEPTEMBER 1945〟（一九四一年一二月から一九四五年九月まで日本人によって留め置かれた）との事情説明の印を押している。

図7はその実例で、日英開戦日の一二月八日の午後、灣仔からパレンバン（現・インドネシア）宛に差し出され、翌九日には中央郵便局に運び込まれたものの、その後は終戦まで中央郵便局を出ることなく、終戦後、事情説明の印を押して配達されたものである。

三年八ヶ月にも及んだ戦争をはさんで、宛先不明で差出人戻しとなる郵便物もかなり多かったのだが、図7のカバーに関しては、名宛人が戦前同様の住所にいたため、〝Soerat ini boleh diserahkan kepada sialamat〟（本郵便物は宛先地への配達可能）との付箋が到着地のパレンバン局で付けられ、実際に名宛人まで配達されている。

暫定的な無料郵便の実施

一方、終戦後に民間人が差し出す郵便物（イギリス軍関係者は、図6のように野戦郵便局を使えばよい）に関しては、香港中央郵便局が一九四五年九月五日、まずは市内便に限って業務を再開した。しかし、再開時には中央郵便局には英領香港の切手の在庫はなかったため、とりあえず、図8のカバーに示すような〝HONG KONG/ 1945/ POSTAGE PAID〟（香港・一九四五年・郵便料金支払済）との角印を押して郵便物が引き受けられた。こうした角印は、九月二八日に中央郵便局に英領香港切手が到着するまで暫定的に使用された。

なお、料金支払済との表示があるものの、実際には、ほとんどすべての郵便物が無料で配達されたらしい。これは、日本占領下で強制的に住民に割り当てられていた軍票が無効

◆9　第2次大戦終結50周年の小型シート

となり、香港の人々が無一文に近い状況に追い込まれたためである。

すなわち、九月二日の降伏文書調印を受けて、同六日、連合国軍最高司令官は「法貨に関する覚書」を発し、「日本政府、陸海軍ノ発行セル一切ノ軍票及ビ占領地通貨ハ無効無価値ニシテ、カカル通貨授受ハ一切ノ取引ニオイテ禁止ス」として軍票の無効と取引禁止を布告。日本の大蔵省も、これを受けて、同一六日、同じ内容の声明を発している。

こうして、日本軍が各地で発行し続けてきた大量の軍票は、一瞬にして紙屑となったわけだが、この間の事情は肝心の現地住民にはほとんど知らされていなかった。

このため、軍票の使用を義務づけられていた香港市民は（日本の占領政策に忠実であれば）、何の罪もないまま、一瞬にして全財産を失うことになってしまう。

戦後まもなく、香港軍票の無効を宣言したイギリス側は、「軍票の流通をこのまま放置するとインフレの懸念があり、早急に無効を宣言する必要があった。したがって、九月に軍票の無効を宣言すると、二ヵ月後には香港での軍票の流通はほとんどなくなった」と説明しているが、実際には、「この軍票は額面相当の日本通貨と兌換する」旨の軍票の裏面の文言を信じて、軍票を保管し続ける住民も少なくなかった。また、日本による賠償（実際には行われなかったが）を見越して、軍票の投機的な思惑買いが行われ、終戦直後のごく短期間、軍票の相場が高騰し、住民のダメージを増大させる結果となったという。

香港切手の復活

こうして、終戦に伴うさまざまな混乱の中で、九月一六日、イギリス海軍司令官のハートコートが日本軍の降伏を受け入れて、日本軍による香港の占領は完全に終結した。

◆10　図９の元になった写真

ハートコートによる降伏接受の場面は、一九九五年に香港で発行された「第二次世界大戦終結五〇周年」の小型シート（図９）に取り上げられているのだが、小型シートの写真では、元の写真（図10）に映っていた青天白日旗がトリミングでカットされている。

降伏接受の式典に際して、イギリス側は中国戦区最高統帥であった蔣介石について、一言も言及しなかったという。イギリスが中国の委託を受けて日本軍の降伏を受理するという建前は、実際には完全に無視された。このことを聞いた蔣介石は「イギリスは受降式において自国を優先し、中国代表をことさらに冷遇した」と憤慨したが、後の祭りである。

図９の小型シートが発行されたのは、一九九七年七月一日に予定されていた香港返還のわずか二年前のことである。イギリス当局としては、日本の敗戦後、香港はイギリスが回収したことを強調することで、宗主国としての最後の意地を示したのだろうか。

さて、軍政庁による戦後復興政策は、急ピッチで進められ、一九四五年九月二八日には中央郵便局に、一〇月一日には九龍郵便局に、それぞれ、戦前と同じデザインのジョージ六世の肖像の入った切手が配給された。

一九四五年末には、占領中の疎散政策で六〇万人程度にまで落ち込んでいた香港の人口は一〇〇万人規模にまで回復。戦前の香港総督だったヤングも満洲の収容所から解放され、ロンドンを経て、年末までには香港に帰任していた。こうして、一九四六年四月末をもって軍政庁は廃止され、五月一日からは戦前同様の香港政庁による支配が再開される。再開後の最初の香港総督は、もちろん、ヤングである。

ヤングは総督に復職すると、かつての市政局に代わって市議会を組織すると宣言。三〇名の議員のうち、華人と〝洋人〟を一五名ずつとし、三〇名のうちの二〇名（華人・洋人

◆11　戦勝1周年の記念切手

一〇名ずつ）を民選とするという改革案を発表した。

もちろん、香港の人口の圧倒的多数を華人が占めているという現実を考えるなら、華人と洋人の議席配分を半々とするのは公平とはいえないだろう。また、選挙権資格についても、洋人は一年以上の香港居住で得られるのに対して、華人は一〇年以上の香港居住が必要とされるなど、華人に対する差別的な待遇はさまざまな形で残っていた。

それでも、戦前の市政局に比べると、市議会における華人議員の議席は飛躍的に増大した。また、華人がヴィクトリア・ピーク山頂付近に居住することを実質的に禁じていた規定も撤廃されるなど、香港政庁は華人社会に対して大幅な譲歩を行っている。

華人に対するイギリスの宥和的な姿勢は、日本軍の占領によってイギリスの香港支配が中断された結果、華人とイギリス人がともに日本軍によって支配され、苦難の体験を共有したことで、ある種の連帯意識が芽生えたという背景によるものと見てよいだろう。

たとえば、戦勝一周年の記念切手（図11）を見ていただこう。

この切手は、占領中、赤柱の収容所に抑留されていた中央郵便局長が、解放の日を夢見て一九四三年に描いたスケッチを元に作られたもので、〝鳳鳥復興　漢英昇平〟のスローガンも入れられている。これは、「（日本軍に占領されて死に瀕していた）鳳凰の復活は、華人とイギリス人にとっての平和回復の象徴だ」という程度の意味だが、〝漢英〟というかたちで華人とイギリス人が併置されている点は、やはり、この時代の空気を象徴している。

ちなみに、この切手は当初、終戦記念日の一九四六年八月一五日に発行される予定だったが、イギリス本国からの到着が遅れたため、イギリス軍再上陸の記念日にあたる八月二九日に発行された。

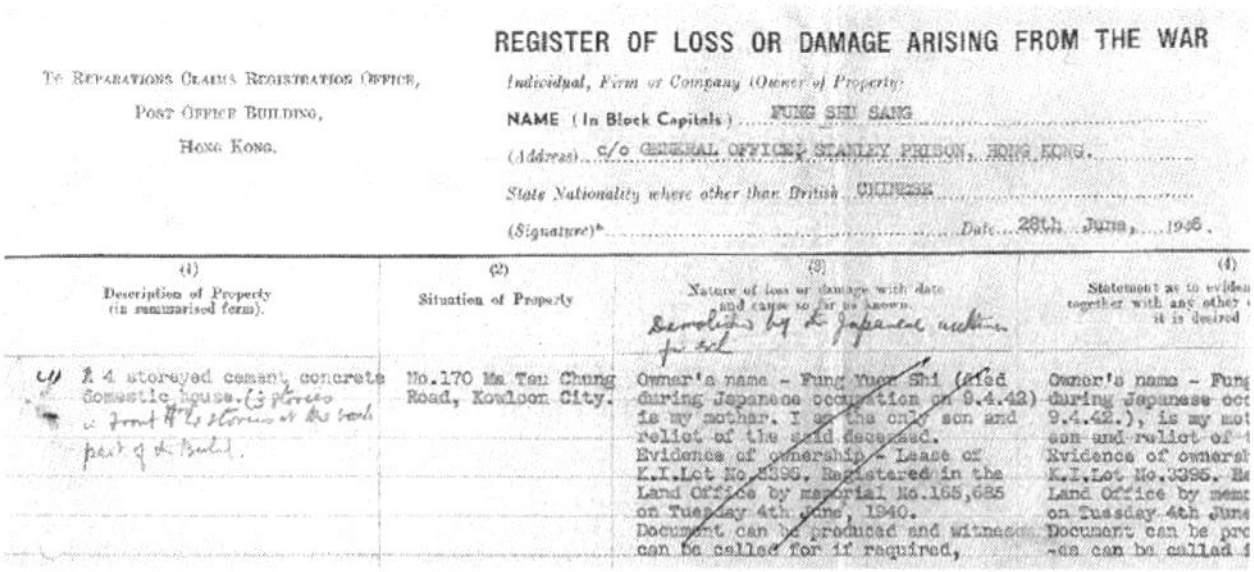

REGISTER OF LOSS OR DAMAGE ARISING FROM THE WAR

To Reparations Claims Registration Office,
Post Office Building,
Hong Kong.

Individual, Firm or Company (Owner of Property)
NAME (In Block Capitals) FUNG SHU SANG
(Address) c/o GENERAL OFFICE, STANLEY PRISON, HONG KONG.
State Nationality where other than British CHINESE
(Signature)* Date 28th June, 1946.

(1) Description of Property (in summarised form).	(2) Situation of Property	(3) Nature of loss or damage with date and cause so far as known.	(4) Statement as to eviden… together with any other … it is desired …
(1) A 4 storeyed cement concrete domestic house.	No.170 Ma Tau Chung Road, Kowloon City.	Demolished by the Japanese … Owner's name - Fung Yuen Shi (died during Japanese occupation on 9.4.42) is my mother. I am the only son and relict of the said deceased. Evidence of ownership - Lease of K.I.Lot No.3395. Registered in the Land Office by memorial No.165,685 on Tuesday 4th June, 1940. Document can be produced and witnesses can be called for if required,	Owner's name - Fung … during Japanese occ… 9.4.42.), is my mot… son and relict of … Evidence of ownersh… K.I.Lot No.3395. Re… Land Office by mem… on Tuesday 4th June… Document can be pro… -es can be called f…

◆12　香港政庁に対する戦争被害の登録書（部分）

寛大な講和という結末

こうして、国家のレベルでは、香港の戦後はイギリス支配の復活というかたちで決着したが、一般市民にとっての戦後処理はしばらくくすぶり続けることになる。

その最大の火種が戦後補償の問題であった。

日本軍の占領に伴う被害の補償については、当然のことながら、イギリスとしては日本に対して賠償請求を行う心積もりであった。このため、イギリスは、香港のみならず、ビルマ、マライ、シンガポール、ボルネオ島北部などの英領地域全域で、対日賠償請求の基礎資料を作るため、終戦直後から被害登録を行っていた。

図12は、占領期間中の戦争被害の明細を香港政庁に対して登録した書類だが、日本軍に接収された家産の内容やその現況、被害にあった物品や不動産の所有権を裏付ける証言や被害額などが細かく記されている。こうした書類を作成し、基礎資料を積み重ねていくことで、イギリスは対日講和条約の条件を算定しようとしていた。

しかし、東西冷戦が進行していく中で、アメリカは日本を西側陣営の一角として再建・育成していく方針を固め、日本への賠償請求に難色を示すようになる。その結果、イギリスもアメリカの方針に引きずられて、次第に、賠償請求権を放棄する方向に傾いていく。

はやくも一九四七年八月に開催された〝補償のための委員会〟では、マテソン委員長が、香港が目覚しい経済復興を遂げたことなどを理由に、香港に対してはイギリス政府として補償を行わないという方針を決定した。

さらに、朝鮮戦争中の一九五一年六月、対日講和条約の米英共同草案がまとめられたが、そこでは、日本の賠償義務を認めながらも、日本側に支払能力がないことを理由に、連合国は賠償請求を放棄するという方針が固められた。

こうして、同年九月、日本側全権の吉田茂が〝寛大な講和〟と感謝したサンフランシスコ講和条約が調印され、香港を含むイギリスの賠償請求権は放棄された。この結果、香港の戦争被害はイギリス本国によって切り捨てられることになった。

これを不服とする人々は、一九六八年、日本政府による補償を求めて香港探索協会を発足させた。上述のような経緯からすれば、本来、彼らはイギリス本国に対して〝善処〟を求めるのが筋であろう。しかし、この頃、イギリス本国は経済的停滞がひどく、それに対して、高度成長期の日本企業がさかんに香港へと進出するようになっていたことから、彼らは日本に補償を要求したほうが〝得策〟と判断したものと考えられる。

当然のことながら、日本政府は「講和条約で解決済み」として探索協会の要求を退け続けた。このため、一九九〇年代に入って、軍票に対する日本政府の補償を求めて、香港の住民が日本で訴訟を起こしたが、二〇〇一年一〇月、最高裁で住民側の敗訴が決定。結局、国家の論理の前に、一般市民が泣き寝入りするというかたちでこの問題は決着した。

現在、旧日本軍の軍票は、香港の土産物屋に行けば割合簡単に買うことができる。値段はまちまちだが、とりあえず一枚ほしいというのなら、おおむね数百円も出せば十分だろう。その意味では、ごくごく僅かだが、現在の日本人観光客が彼らの損害を補塡していると言えないこともない。

もっとも、僕自身は、街で軍票が売られているのを見かけても見てみぬふりをしている。土産物屋で売っている軍票は概して状態が良くないし、香港の歴史に興味のある日本人だとわかると、いろいろと絡まれて面倒なことになりそうだから……。

第四章

中国香港への道

英領香港郵政が発行した最後の小型シート（313ページ参照）

香港ズボンとホンコンフラワー

長谷川町子の『いじわるばあさん』には、こんな一頁がある。

主人公の〝いじわるばあさん〟こと伊知割石が梅の枝を持って梅園を歩いている。園内の枝を手折ったものと見咎めた管理人が石をつかまえると、石は「よくごらん。ホンコンフラワーだよ！」と一喝する。〝冤罪〟で年寄りを捕まえた管理人は平身低頭するが、「なにもそんな紛らわしいものを持って歩かなくても良いじゃないか」とぼやくというものだ。

ここで言うホンコンフラワーは〝造花〟の意味だが、石の持っていた梅の花が実際に香港で製造されたものか否かは疑わしい。なぜなら、僕が子供の頃、実際に見ていたホンコンフラワーには、ホンモノと見まがうような精巧な作りのモノはなかったから……。

ホンコンフラワーとは、もともとは香港で作られたプラスチック製の造花（ポリフラワー）のことだ。

一九四九年、李嘉誠《りかせい》のプラスチック工場で生まれたこの造花は、それまでの紙や布の造花と違い、丈夫で長持ち、さらに汚れたら水洗いできるのがメリットで、値段が安いこともあって、まず、アメリカで爆発的なヒット商品となる。その後、急速に世界的に普及し、一九六一年以降は日本にも本格的に輸入されるようになった。ただし、当初はそれなりの

〝高級品〟であったから、日本での売上げはそれほどでもなかったらしい。しかし、高度成長の波に乗って、日本でもホンコンフラワーの売上げは急速に伸び、一九七〇年代になると、普通の家のトイレに飾られることも珍しくなくなった。じっさい、僕も子供の頃、学校の廊下や友達の家の水洗トイレでホンコンフラワーを見た記憶がある。

もっとも、友達の家のトイレに飾ってあった造花が実際に香港製のものであったかどうか、そんなことは今となってはわからない。ただ、香港製のポリフラワーやその類似品が身の回りにあふれていたことは事実で、そこから、いつしか、その産地や材質を問わずに、みんなが造花のことをホンコンフラワーと呼ぶようになったのだろう。

それでは、このホンコンフラワーなるもの、どういう経緯で生まれたものなのか。

国共内戦と難民の流入

中国大陸の情勢が不安定化すると、香港には大量の難民が流入する。

一九世紀の太平天国の乱、二〇世紀に入ってからの義和団事件、辛亥革命、日中戦争などの時期には香港の人口はいずれも急激に拡大した。

一九四六年六月頃から本格的に始まった中国共産党と国民党の内戦（国共内戦）に際しても事情は同様で、第二次大戦が終結したとき、占領中の疎散政策で六〇万人程度にまで落ち込んでいた香港の人口は、一九四五年末には一〇〇万人規模にまで回復していたが、国共内戦の進展とともに、一九五〇年末には二三六万人にまで膨らんだ。

国共内戦に際して、香港の宗主国であるイギリスは「貿易の増大とお互いの繁栄が唯一の関心事である」として中立の立場を取っていた。アメリカが東西冷戦の文脈から積極的に国民政府を支持していたのに対して、イギリスは国民党であれ共産党であれ、内戦を収拾し、貿易再開を果たしてくれる安定的な政府が樹立されるのであれば、それでよかったからである。したがって、一九四九年二月、中国人民解放軍の攻勢を受けた国民政府が南京（日中戦争後、蔣介石の国民政府は重慶から南京に戻っていた）から広東に撤退した際、イギリス大使はこれに同行せず、南京に留まっていた。

その一方で、イギリスは、中国の新政府には敵対しないものの（一九四九年四月二五日、イギリス外務省は「共産党政権を事実上の政府と認め、友好関係を確立したい」と声明した）、英領植民地としての香港は死守することを表明。一九四九年三月、南京と上海の軍艦については速やかに撤去することを発表したが、同時に、香港の海軍基地を増強するために二隻の巡洋艦を派遣し、香港駐留のイギリス軍兵力は三万を越えた。

こうして、共産中国との共存の道を選んだイギリスだったが、香港への難民の流入が急増し、香港社会が不安定化することはなんとしても避けたかった。

そこで、国境での出入国の管理を厳格化するため、中国と国境を接している新界地区の行政機構も再編され、一九四八年には新界民政署が設立される。

一八九九年に新界地区を租借したイギリスは、一九〇七年に新九龍と新界、周辺の小島を管轄する行政機関として大埔《タイポ》に理民府を設けた。理民府は、土地の測量や住民間の紛争調停、地方の治安維持などを主に担当し、一九一〇年に大埔、沙田《シャーティーン》、上粉沙打《ションファンシャータ》（上水《ションシュイ》、粉嶺《ファンリン》、沙頭角《シャータウコク》、打鼓嶺《タクウリン》をあわせた地域。北區）、西貢《サイクン》、元朗《ユンロン》、青山《キャッスル・ピーク》（屯門《テュンムン》）を管轄する北約理民府と、新九龍、荃灣《ツェンワン》ならびに周辺の小島を管轄する南約理民府に分割された。

さらに、難民の流入など、中国との国境が緊張してきたことを踏まえ、一九四七年、イ

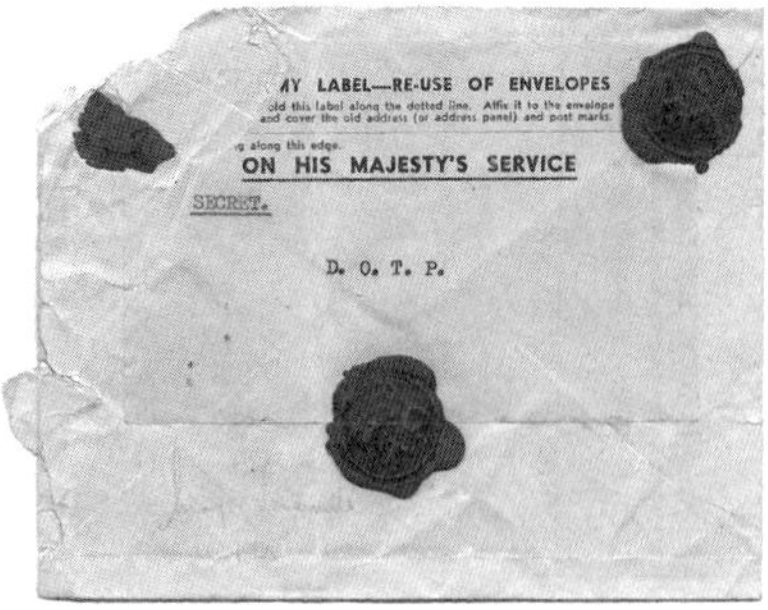

◆1　理民府が差し出した公用便

ギリス当局は北約理民府を元朗理民府（元朗と青山を管轄）と大埔理民府（大埔、沙田、上粉沙打、西貢を管轄）に分割し、情報収集や香港駐留軍との連携などの業務を拡充した。一九四八年に成立した新界民政署は、これらの各理民府を統括する行政機構として設けられたものである。

図1は、大埔理民府宛（District Office of Tai-po を意味する〝D.O.T.P.〟との宛名がある）の公用便である。公用便であるため料金は無料で切手は貼られていないが、一九四七年以前の北約理民府を意味する〝D.O.N.T.〟（= District Office North, Tai-po）の封蠟が押されていることから、元朗理民府との理民府間の通信であったと考えられる。

消印が押されていないので差出の日付を特定できないのだが、公用の表示が〝On His majesty's Service〟となっているから、エリザベス女王が即位する以前のジョージ六世時代、すなわち、一九五二年以前のものであることは間違いない。

残念ながら中身は残されていないのだが、エコノミー・ラベル（一回使われた封筒を再利用するために、貼られるラベル。その上に宛名などが記される）には秘密（Secret）との表示もあり、国境の現場で大量の難民たちと直面していた担当者たちの間でどのようなやり取りがあったのか、いろいろと想像が膨らんでくる。

赤い資本家たち

さて、一九四九年一〇月一日、毛沢東が北京で中華人民共和国の成立を宣言した時点では、共産党政権は中国大陸の大半を征圧していたものの、重慶や広州には依然として国民党の勢力が残っていた。

◆2（右）　香港で作られた広州解放の記念切手
◆3（左）　広州市長時代の葉剣英

人民解放軍第四野戦軍が広州に進駐し、香港との境界にまで迫ってきたのは一〇月一五日のことである。

広州の〝解放〟に伴い、この地を管轄することになった共産党の郵政機関、広東郵政管理局は、一九四九年一一月四日、海珠橋を描く広州解放記念の切手（図2）を発行した。海珠橋は広州市内の珠江に掛かる橋で、現在の行政区域でいうと、越秀区の起義路と海珠区の江南大道北を結んでいる。開通は一九二九年だが、人民解放軍の進駐前日の一〇月一四日、国民党が広州を撤退する際に爆破された。現在の橋は一九五〇年に再建されたもので、切手には爆破前の姿が描かれている。

さて、この切手は広州在住の画家、馬次航《ばじこう》が原画を作成し、香港の永発印刷所で製造された。広州の〝解放〟から記念切手の発行まではわずか半月ほどしかないから、共産党側は広州進駐以前にすでに香港で切手の印刷を手配していたと考えるのが妥当であろう。

切手の発行時期は広州解放作戦の展開とも密接に関わっているわけだから、共産党としては機密の保持という点で信頼できる印刷所を選ばねばならない。その意味で、記念切手の印刷を請け負った永発印刷所は共産党の息がかかった企業だったのだろう。

実際、香港では中共系の資本家たちが少なからず活動していた。たとえば、長征にも参加した共産党の大幹部で、広東軍司令官にして広州市長の葉剣英《ようけんえい》（図3）の弟は香港で商事会社を経営していた。葉剣英自身も、衛城道《キャスル・ロード》でパン屋を経営し、宣撫工作として地元の住民のために安価なパンを提供していたという〝伝説〟もまことしやかに囁かれている。

彼らは、大陸での政治と香港でのビジネスを別の次元のものと割り切っており、香港が英領であり、自由港であるがゆえに、彼らの資金源になりうることを十分に理解していた。

◆4　中ソ友好同盟相互援助条約の記念切手

一九四九年七月、〝向ソ一辺倒〟を表明し、ソ連への忠誠を誓っていた中国共産党は、一九五〇年二月に中ソ友好同盟相互援助条約を調印し、ソ連から多額の援助を引き出すことを期待していた。条約の調印をうけて、一九五〇年一二月一日、中国は毛沢東とスターリンが握手する記念切手（図４）を発行しているが、ソ連側では記念切手は発行されていない。このことからも、中国側がいかに同条約とそれに基づくソ連からの援助に期待し、ソ連との友好関係を謳いあげることに汲々としていたか、わかろうというものである。

しかし、中国が実際にソ連から得られたのは三億米ドルの借款でしかなく、中国側の期待は裏切られた。それゆえ、中国としては、ソ連以外に自らがコントロールできる資金源として、香港との貿易に期待を寄せていた。そのためにも、自由港・英領香港という枠組は維持されなければならなかったのである。

また、当時の国際環境からすれば、中国にとっては香港を解放しないことのメリットはきわめて大きかった。たとえば、周恩来は次のように語っている。

> 香港をイギリス人の手に残すことは、我々の主体的な意志によるものである。我々がイギリス人の辮髪をつかんで、イギリスを引き込んだ結果、イギリスは香港の保全のためにアメリカの中国封じ込め政策およびその極東戦略と足並みを揃えることができなくなってしまった。このように、我々は英米の中国政策における対立を拡大させ、それを利用することができたのである。
> （中略）香港は東南アジア、アジア、アフリカ、中南米および西側に通じる窓口となり、世界を相手にしたときの展望台、気象台、前線基地となるだろう。アメリカをは

じめとする西側陣営の中国封じ込め政策を打破するための前線基地でもある。

（許家屯『香港回収工作』より）

このように、中国は、香港をあえてイギリス領にとどめておくことで、西側陣営に楔を打ち込み、東南アジアにおける政治工作の拠点として活用しようと考えていたのである。

一九五〇年一月、イギリスは西側先進国の中で最初に中華人民共和国を承認する。ただし、イギリスは、国連の代表権については依然として台湾の国民政府を支持していた。また、一九七二年まで、両国の間で正規の大使は交換されず、臨時代理大使が交換されるのみという〝半国交〟の状態が続く。

それでも、イギリスが新中国を承認したことで、イギリスは香港への外交上の安全保障を得て極東における拠点を維持し、中国は新国家建設に必要な外貨や資材を香港から安定的に確保することになったのは、英中両国にとっては大きなメリットだった。

◆5　朝鮮戦争時最中の1952年4月18日に香港のイギリス野戦局から差し出されたカバー

安価な労働力で工業化を実現

こうして、英中両国が〝半国交〟のランデブーと称される関係を築きつつあった一九五〇年六月二五日、朝鮮戦争が勃発したため、西側陣営の大国であったイギリスは国連軍の一員としてこれに参加した（図5）。

朝鮮戦争の勃発を機に、膨大な軍事特需が発生したため、英中両国の商人たちは香港で大量の物資の買い付けに乗り出した。特に、中国側は輸入代金を調達するため、大量の中国製品を香港に輸出した。また、国共内戦末期の一九四九年六月以来、国民党軍が行っていた大陸封鎖は、トルーマンによる台湾海峡中立化の方針によって解除され、香港と中国大陸の貿易を妨げていた要因がなくなったことも、香港の好景気に拍車をかけた。

一九五〇年八月、香港政庁はアメリカの圧力に屈して中国への戦略物資の輸出禁止令を発したが、実際には、香港政庁がせっかくの好景気を冷やしたくないと考えていたこともあって、これはザル法で、中国大陸と香港の貿易はかえって拡大したほどである。

ところが、一九五〇年一〇月、中国が壊滅寸前の北朝鮮を救うため、〝人民志願軍〟の派遣というかたちで朝鮮戦争に参戦。事態は一変してしまう。

すなわち、一九五〇年一二月三日、アメリカは香港・マカオを含む中国全土に対して全面禁輸を実施し、同月一六日にはアメリカの客船・航空機が中国へ行くことを禁じた。さらに、翌一九五一年五月には、国連が香港・マカオを含む中国全土への禁輸措置を決議し、六月にはついにイギリス本国が中国と香港の間の貿易を管制下に置いてしまった。

当然のことながら、一連の禁輸措置によって香港経済は壊滅的な打撃を受け、それまでの特需景気は吹っ飛んでしまった。

こうして、中継貿易港としての地位を失った香港社会は、内戦を逃れて流入してきた大量の難民を抱えて、一時期、途方にくれることになる。

しかし、彼らはほどなくして逆転の発想で、大量の難民たちを安価な労働力として活用し、それまでの中継貿易を中心とした経済構造から、加工貿易を中心とした経済構造への転換をはかるようになる。

もちろん、それまでの香港に製造業が全くなかったわけではない。

二〇世紀初頭には紅磡《ホンハム》の造船所が本格的に稼動していたし、大戦間期にはナム・ジャム

◆6　アモイ・カニング社のメモ帳。1950年代のもの

懐中電灯、アモイ・カニング醬油（図6）、香港ゴム、ユニオン・メタル自転車などの工場が操業を開始していた。しかし、そうした製造業の売上高は、中継貿易をはじめとする商業分野の売上げに比べると、微々たるものでしかなかった。

したがって、一九五〇年前後に大陸から香港へ逃れてきた資本家や、技術者、熟練工という戦力を得て、ようやく、香港の本格的な工業化が開始されたと考えてよい。

ときあたかも、一九五二年二月六日、大戦の時代を象徴する国王ジョージ六世が崩御し、エリザベス二世が新女王として即位し（図7）、一九五四年一月五日からは女王の肖像を描く新切手（図8）の発行も始まった。国王の代替わりのタイミングで香港社会の構造も大きく変わり始めたのは、偶然の一致であるにせよ、不思議な因縁といってよいだろう。

李嘉誠（彼自身は、一九四〇年に日中戦争の戦禍を逃れて香港にやってきた）がポリフラワーの工場を立ち上げた一九四九年という年は、まさに、そうした香港の工業化を目前に控えた時期であった。それまで、プラスチック製品を扱うセールスマンだった彼は、親類縁者から資金を借り集めてプラスチック工場の経営に乗り出したわけだが、それは、まさに、工業化の波を先取りした絶妙のタイミングだったといってよい。

もちろん、その後の李の成功には、彼の能力や経営手腕、ヨーロッパでの先進的なプラスチック成型技術を貪欲に学んだことなどの要因がさまざまに絡み合っているわけだが、〝時の利〟がそれを大きく後押ししたことは紛れもない事実である。

フランス製手袋の危機

さて、こうして朝鮮戦争を機に本格的に始まった香港の工業化だが、李のホンコンフラ

◆7（右） 1953年６月の戴冠式にあわせて香港で発行された女王戴冠式の記念切手
◆8（左） エリザベス２世の肖像が描かれた通常切手

ワーが最初からその中軸を担っていたわけではない。

初期の段階で香港の工業化の主役となっていたのは、繊維産業であった。

現在ではさすがに死語となっているが、僕が子供の頃は、明治生まれのお年寄りの中には、〝香港ズボン〟という言い方をする人がいた。ジーンズのことである。

日露戦争が終わった一九〇五年、リーバイスがすでに日本でジーンズの商標登録を行っているが、ジーンズの存在が社会的に認知されるようになったのは、一九二三年の関東大震災の後、世界中から届けられた救援物資の中におそらく香港製もしくは香港から送られてきたジーンズがあったのがきっかけだったといわれている。その後、ジーンズは〝香港ズボン〟という名で輸入されたものの、戦前はほとんど普及しなかった。なお、ジーンズが本格的に日本人の生活に浸透してくるのは、アメリカ文化の大量流入がはじまった戦後のことというのは、あらためて説明するまでもないだろう。

このように、香港からは戦前の日本向けにほとんど需要がなかったジーンズの輸出が行われていたが、本格的な工業化が始まると、香港の製造業（特に繊維産業）は当初から輸出志向で出発した。これは、香港の経済発展という点できわめて重要な点である。

たとえば、台湾や韓国の場合、国内市場がそれなりの規模を有していたため、国内の製品価格を抑えることが国策として優先された。それゆえ、彼らはアメリカ政府の援助を受けた綿花を原料として利用したが、このことは、逆に、アメリカ向けに安価な製品を輸出しようとすれば、原料の供給を停止されかねないリスクを負うという宿命があった。

これに対して、香港の繊維業者は、中継貿易の拠点としての一世紀以上にもおよぶ伝統もあって、完全な自由市場で最も安価な綿花を購入することが一般的であったから、アメ

◆9　1952年12月に香港から差し出された郵便物には、香港製品展覧会を宣伝する標語の入った消印が押されている。

リカ市場に対しても、アメリカの意向を気にすることなく、より安価な製品を提供できた。さらに、一九五〇年代初頭の時点では、ヨーロッパ諸国の工業は大戦中のダメージから完全に脱しきっていたわけではなく、自国の製品だけでは拡大する需要にこたえることができないでいた。

こうした隙をつくかたちで、工業化が始まったばかりの香港では、スイスやアメリカの最新型の機械を導入した繊維工場が、それなりの品質の製品を安価で製造。香港製品はまたたくまに欧州市場に食い込んでいった。

当然のことながら、香港政庁もそうした香港の工業化と輸出攻勢を全面的に支援し、香港の工業製品を外国に広くアピールするための見本市を盛んに開催している。

図9は、一九五二年一二月、香港から差し出されたエア・メールの一部で、〝HONG KONG PRODUCTS / TENTH EXIBITION / 15DEC1952-4JAN1953〟(第一〇回香港製品博覧会　一九五二年一二月一五日から一九五三年一月四日まで）との宣伝文の入った消印が押されている。

イギリス当局としては、香港在住者はもとより、広く世界各国の人々にも博覧会に足を運んでもらい、香港製品を直接見て、最終的には買ってもらいたいという願いを込めて、消印というメディアを用いてアピールしていたわけである。

かつて、日本の首相だった池田勇人はド・ゴールから〝トランジスタのセールスマン〟と揶揄されたが、官民一体になって自国の製品を広く世界に販売して行こうとしていた点では、この時期の香港政庁も本質的にはなんら変わりはなかったといえよう。

そのド・ゴールのフランスでは、はやくも一九五〇年代半ばには、香港製品の進出に頭

◆10(右)　フランスは切手を用いて自国製の手袋をアピールした。
◆11(左)　1979年発行の「香港工業」の切手。上から順にエレクトロニクス工業（20セント）、玩具（1ドル30セント）、衣料品（2セント）を取り上げたもの

を悩ますようになっていた。

たとえば、図10の切手を見ていただこう。

これは、一九五五年にフランスが発行した切手で、フランスが自国の手袋をアピールするために発行したものである。

香港では一九五二年にアメリカ向けの手袋の生産が始まり、その製品は瞬く間に欧米市場を席捲した。このため、伝統あるフランスの手袋業界も大きな打撃を受けることになる。そこで、フランス政府としては、急増する香港製品への対抗上、切手というメディアを用いて自国の手袋をアピールする必要に迫られたのである。

このように、香港の繊維産業の急速な発展は、欧米各国との間に深刻な貿易摩擦を引き起こした。実際、宗主国のイギリスは香港側の〝分をわきまえない〟輸出攻勢に激怒し、一九五七年には香港製品のイギリス向け輸出を規制しているほどである。

かくして、繊維産業を牽引役として急速な工業化を達成した香港では、一九五〇年代も半ば以降、雑貨や玩具、電気製品など、輸出製品の種類も多様化していく。

ちなみに、一九七九年一月九日に発行された「香港工業」と題する三種類の切手（図11）には、香港を代表する輸出製品として、二〇セント切手にエレクトロニクス工業製品が、一ドル三〇セント切手には玩具が、二ドル切手には衣料品が、それぞれ、取り上げられた。

それぞれの産業の基盤が確立した時期が早いものほど額

面の高い切手に取り上げられているところに、〝長幼の序〟を重んじる儒教的伝統の名残を感じてしまうのは、いささか穿ちすぎであろうか。

お前も中国人じゃないのか

子供の頃、暗くなっても家に帰らず外で遊んでいると、「人さらいに連れて行かれて香港辺りで売り飛ばされちゃうよ」と脅かされた経験は誰にでもあると思う。もっとも、現実の〝人さらい〟は拉致した人間を香港で売り飛ばすわけではなく、北朝鮮に連れて行ってしまったのだけれど……。

余談だが、北朝鮮による拉致犯罪では、日本人の一七名に対して、韓国人四八六名が被害にあっている。この数字は両国政府が公式に認定した分だけだから、実際には、被害者の数はもっと多いはずだ。

韓国人の拉致被害者のうち、最も有名な人物は女優・崔銀姫《チェウンヒ》と映画監督・申相玉《シンサンオク》の夫婦であろう。崔は偽の映画話を持ちかけられて、一九七八年一月、香港入りし、淺水灣《レパルス・ベイ》から高速艇に乗せられて北朝鮮まで連れて行かれた。その後を追うように、申がやはり香港で北朝鮮の工作員によって拉致されたのは同年七月のことである。

この事件は、各国の工作員が暗躍する謀略の拠点としての一つの側面を象徴するものだが、香港で非合法な謀略工作を行っていたのは、何も北朝鮮だけではない。

◆1　中国はバンドン会議の栄光を記念して会議10周年の記念切手を発行した。

カシミール・プリンセス号事件

一九五〇年代、大陸の共産党政権は、〝中国〟を代表する存在として着々とその国際的な地歩を固めていた。

一九五四年にインドと共同で発せられた「平和五原則」は、内政不干渉の美名の下にチベットにおける共産党政府の苛烈な支配への批判を封じようとするものだったが、当時の国際世論の大半は、無邪気にその美辞麗句を信じていた。また、同年七月、インドシナ戦争の停戦を決めたジュネーブ会議では、中国は自国の防衛のためにベトナムを南北に分割したうえでその北半部をアメリカに対する防波堤として確保することに成功したが、国際社会は北ベトナムの犠牲には目をつぶり、中国主導の〝平和〟を賞賛した。

このように、中国の国際的なプレゼンスが高揚していくことに強い危機感を抱いた台湾は、大陸に隣接する香港で、大陸に対抗すべく政治工作を展開する。

香港における台湾の工作活動には、合法的なもののみならず非合法のものも含まれていたが、その代表的な事例がカシミール・プリンセス号事件である。

一九五五年四月、インドネシアのバンドンで開催される「第一回アジア・アフリカ会議」に出席する代表団のため、中国はインド国際航空の〝カシミール・プリンセス号〟をチャーターした。当時の中国民航は中国本土からインドネシアに飛行できる民間航空機を保有していなかったからである。

このため、北京を出発した代表団は、同月一一日、香港でカシミール・プリンセス号に乗り換え、インドネシアに向けて出発することになっていた。そこで、中国国民党の特務機関は、香港の空港に勤めている中国人清掃員の一人を買収し、旅客機右翼の着陸装置の

◆2　帰国した周恩来を出迎える毛沢東（毛沢東没後１周年の記念切手の１枚）

格納庫に発火装置を仕掛けて、事故に見せかけて周恩来を暗殺することを計画した。

しかし、計画を事前に察知した中国側は、虫垂炎の手術という理由で周恩来の出発を四月一四日に延期。このため、カシミール・プリンセス号は報道記者五名（新華社の記者三名とポーランドとオーストリアの通信社の報道記者）と中国政府派遣団六名の乗客一一名と乗員八名を乗せて、予定通り香港を出発。離陸から四時間後に南シナ海のボルネオ島沖の上空一万八〇〇〇フィートの地点で爆発し、不時着水の結果、一六名の死者が出た。

事件後、中国外交部は「事件はアメリカ合衆国と国民党特務が周恩来総理暗殺を目的として企てた謀略事件」との声明を発表。香港政庁に対しても、中国側が事前に注意を促していたにもかかわらず、事件を防げなかったことを非難し、事件の徹底究明を求めた。

捜査の結果、事件にはアメリカ製のＭＫ—７爆弾が使用されていたことが判明。また、容疑者として国民党に買収された中国人が特定されたが、容疑者は台湾に逃亡。台湾側は容疑者の香港当局への身柄引き渡しを拒否した。このため、香港政庁は香港で活動している台湾の特務を国外追放とし、事件の決着を図っている。

一方、バンドン会議は成功裏に無事終了し、インドとともに〝平和五原則〟の提唱者となった中国は、第三世界の盟主としての威信をとどろかせる（図1）ことになった。もちろん、周恩来も無事に香港経由で北京に帰国している（図2）。

幻に終わった〝マカオ四〇〇年〟

カシミール・プリンセス号の捜査が一段落した一九五五年一〇月、香港総督のアレクサンダー・ウィリアム・ジョージ・ハーダー・グランサムが非公式に北京を訪問した。

◆3　マカオで発行されたポルトガル切手発行100年の記念切手。ポルトガルの切手発行は1853年のことで、その100周年は1953年のことだったが、マカオでの記念切手発行は1954年にずれこんでいる。

これは、バンドンからの帰途、非公式に啓徳《カイタック》空港に立ち寄った周恩来に対してグランサムの親書が届けられ、周がこれに応えたことによるものである。

グランサムと会見した周恩来は、事件を未然に防げなかったことで香港当局を責めたが、抗議は形式的なものだった。

会談では、①中国は英領植民地としての香港の存在を受け入れ、これを転覆しない、②香港は歴史が残した問題であり、時間をかけて解決する、③中国が現状を受け入れるためには、イギリスは秩序を維持し、香港が自治政体や国民党の基地になるのを許さないことが必要である、という中国側の姿勢が、非公式ながら、確認された。

それと同時に、この会談ではマカオ問題も重要な議題として話し合われた。

一五五七年、ポルトガルは当時の明朝からマカオの居住権を得た。このため、一九五七年はその四〇〇周年にあたっており、ポルトガル本国とマカオの双方で、〝マカオ植民地創設四〇〇周年〟の各種記念行事が大々的に行われる予定となっていた。

しかし、〝第三世界の盟主〟としてアジア・アフリカ諸国の反植民地主義運動を支援していた中国は、ポルトガル当局が植民地マカオの存在を誇示するようなことは看過しがたい挑発と理解した。その意味では、こうした状況の中で、マカオ郵政が一九五四年に入ってからポルトガル本国の切手発行一〇〇年を記念する切手（図3）を発行し、マカオを含むポルトガル帝国の存在を誇示したことは、中国当局をいたく刺激することになった。

こうした状況の下で、香港総督のグランサムと会談した周恩来は、ポルトガルのマカオ成長に対する強い不快感を示し、「もし、この行事が中止されないのなら、マカオと香港で重大なトラブルが引き起こされるだろう」と恫喝した。

しかし、ポルトガル当局は事態を楽観視していた。

一〇月一二日、マカオ政庁は来る一一月を〝マカオ植民地創設四〇〇周年〟の記念行事月間にあて、記念碑の建立や記念切手の発行など各種記念行事を行う計画を発表した。

これに対して、中国側は公式には沈黙を守っていたが、一〇日後の一〇月二二日、マカオ政庁は突如、各種記念行事の中止を発表した。もちろん、記念切手の発行も中止された。

こうしたポルトガルの変心の背景には、中国側からの無言の圧力と同時に、中国を不用意に刺激しないよう、グランサムが必死の説得を行ったということがあった。

太平洋戦争の際、広州から侵攻してきた日本軍がいとも簡単に香港を占領したことは、大陸からの本格的な軍事攻勢の前には香港の防衛がいかに困難であるか、香港の人々に思い知らせることになった。この経験は、香港にとっては深刻なトラウマとして残り、中国本土には力で逆らっても無駄なのだという潜在的な意識に繋がったといわれている。

それゆえ、周恩来からじきじきに「マカオと香港で重大なトラブルが引き起こされるだろう」と恫喝されたグランサムは、香港を守るためにも、マカオと中国との関係改善は急務と考えたのである。

マカオ政庁が記念行事を中止したことを受けて、中国は、マカオが〝いずれ中国に回収されるべき領土〟であるとの声明を発表した。

マカオが〝いずれ中国に回収されるべき領土〟であるのなら、香港もまた同様というのが中国側の本音であることは、誰の目にも明らかであった。

九龍双十節事件

このように、共産中国が着々と香港でのプレゼンスを高めていったことは、結果的に、香港の華人社会の亀裂と緊張を増幅させることになる。

一九五〇年代の香港では、国民党の支持者と共産党の支持者の勢力が拮抗していた。このため、毎年一〇月になると、中華人民共和国の建国記念日である一日の国慶節と、辛亥革命の記念日で中華民国の建国記念日にあたる一〇日の双十節には、それぞれの支持者がそれぞれの国旗を掲げて、自分たちの支持する政権の建国記念日を祝っていた。当然のことながら、両者は対立する陣営の祝賀行事を互いに苦々しい思いで眺めており、小競り合いやトラブルが発生することもしばしばであった。

さて、一九五六年の双十節のことである。

九龍市街地の北部、石硤尾《セッキップメイ》に香港政庁が建てた公営アパートがある。

もともと、この地域には大陸の共産化を嫌って香港に逃れてきた難民たちが自然に住み着いて掘っ立て小屋を建てて生活していた。ところが、一九五三年の暮に辺り一帯を焼き尽くす火事があり、香港政庁が難民用の公営アパートを建設した。もっとも、とりあえず難民を収容できれば良い、彼らが中心部でスラム化しなければ良いというのが香港政庁の発想だったから、一戸分のスペースは一二〇平方フィート、一一・二平方メートル弱、一辺三・三メートルほどしかない。ここに、二～三家族、一〇人前後が住んでいたというのだから、もはや住居というよりも〝小さな檻〟と呼ぶのがふさわしい。

この石硤尾の一角は、〝石硤尾人文館〟として、一九五〇年代から一九九〇年代までの、ここでの生活を再現する展示施設を設け、土曜日の午後だけ公開されていた（どうやら、

◆4　エリザベス女王戴冠40周年の記念切手には、1954年（80セント）、1963年（1ドル80セント）、1975年（2ドル30セント）、1992年（5ドル）の各時代の香港の風景が取り上げられている。

最近、取り壊されたらしいが）。それぞれの〝檻〟の中には年代ごとの生活用品が並べられているだけなのだが、年を追うごとに少しずつ部屋の中が小奇麗になり、八〇年代の展示ではドラえもんのぬいぐるみがベッドに転がり、日本の女優のポスター（誰だったか忘れたが、和服姿だった記憶がある）が壁に貼られていたのには、思わずクスリとさせられる。

　この間の香港の目覚しい経済発展の様子は、たとえば、一九九三年六月二日に発行されたエリザベス女王戴冠四〇周年の記念切手（図4）においてはっきりと表現されている。

　すなわち、記念切手は、一九五四年、一九六三年、一九七五年、一九九二年の各年代の香港島中心部の風景写真が取り上げられた四種の切手から構成されているが、それらを並べてみると、開発が進んでいった風景の変遷がよくわかる。

　石硤尾人文館の各年代の展示もまた、そうした香港の経済発展の足跡とリンクしているわけだが、それでも、部屋そのもののスペースが一貫して狭いままであったという事実はいかんともしがたい。まさに、香港の経済発展は〝檻〟の住民の努力によって達せられたということを雄弁に物語っているといってよいだろう。

　いささか脱線した。話を元に戻そう。

　まだ、石硤尾の公営住宅が新築に近かった一九五六年の双十節に、ここの住民がアパートの管理人室の上の階に青天白日旗を掲げた。ここに住むようになった経緯からして、彼らの圧倒的多数は中国共産党に対しては恨み骨髄で、国民党のシンパであった。遠目に見ると、アパート全体が青天白日旗を掲げて双十節を祝っているようにみえた。

　ところが、公営アパートの管理人は香港政庁の職員である。そして、その香港政庁の基本的な立場は、総督のグランサム以下、大陸の共産政権を刺激したくないというものであった。当然のことながら、職務に忠実な管理人氏は旗の撤去を住民に命じた。

おそらく、最初はちょっとした口論だったのだろう。ところが、前述のように住民が密集して住んでいる場所柄、すぐに、周囲に野次馬が群がってきたらしい。彼らは、もともと狭いところに閉じ込められて、日々、イライラしている。また、〝お上〟に対する不満も少なからずあったにちがいない。

住民たちは、「お前も中国人じゃないのか、祖国の旗を掲げて何が悪い？」と管理人をつるし上げる。しだいに騒ぎは大きくなり、二〇〇〇人がデモ行進を行い、警官隊が催涙ガスでデモ隊を解散させるほどの騒ぎとなった。

翌一一日、イギリス当局の対応に抗議する人々がさらに大規模なデモを展開し、青天白日旗を掲げて九龍のメインロードを練り歩き、白人や白人の自動車を攻撃した。スイスの副領事の車も襲撃され、運転手が即死し、副領事婦人は病院に運ばれて死亡、副領事も重傷を負っている。また、一〇日前の国慶節に大陸の五星紅旗を掲げていた商店や学校を襲撃するなど、大規模な暴動となった。

この結果、香港全市に戒厳令が敷かれ、市民の外出が禁止されたほか、フェリーも運航停止となった。一三日に暴動が鎮圧されるまでの間の死者は四五名、負傷者は三五八名、逮捕者五三〇〇名以上という数字が残っている。

この暴動に対して、周恩来は北京駐在のイギリスの代理大使を呼び、「国府系特務の取締りをないがしろにした香港政庁」に対して厳重に抗議している。

これに対して、事件の発端は自然発生的なもので、国民党の特務が関与する余地がなかったことは明白だったから、香港政庁は事件が政治的謀略であることは明確に否定した。

それでも、最終的には、事件は親台湾系の住民が〝黒社会〟に煽動されたものという結論を出すことで、中国側の主張を認めざるを得なくなった。

これら一連の出来事は、まさしく、落ち目の大英帝国に代わって、中国側が香港問題のイニシアティブを握りつつあることを象徴的に示すものであったといってよい。

難民潮の脅威

その後も、香港社会に対する大陸のプレッシャーは強まることこそあれ、弱まることはなかった。

一九五八年、中国では毛沢東が無謀な大増産政策を発動したが、当然のことながら惨憺たる失敗に終わった。一九五九年六月から一九六一年秋まで、毛沢東と共産党政府のもたらした人災としての〝三年自然災害〟が中国全土で猛威をふるい、どんなに少なく見積っても二〇〇〇万人、実際には四〇〇〇万人以上と見られる餓死者が発生する。現在でも、六〇代以上の香港の人々の間では、この時期に大陸の親族・知人に食糧を送った記憶が生々しく残っているという。

〝三年自然災害〟の余波は、一九六二年四月以降、〝難民潮〟として香港にも押し寄せる。共産中国の建国当初の一九四九年から一九五〇年にかけて、ピーク時には毎週二万人もの難民が中国から香港へ押し寄せた。その後、英中双方の話し合いの結果、中国から香港にわたるためには中国の出境許可証が必要となり、許可証のない者は不法越境者として中国に送還されることになっていた。

大躍進の失敗に伴い、疲弊した農村から都市部への流民が急増したため、中国政府は彼

◆5　香港で発行された飢餓救済のキャンペーン切手

らを強制的に農村に送還しようとした。しかし、農村に帰っても生活ができない農民たちは、故郷には帰らず、香港へ向かいはじめた。農民たちの窮状に同情的であった中国の国境警備隊は六週間にわたって不法越境者の取締りを放棄し、難民潮が発生する。

この時期、広東省の深圳から新界の羅湖《ローウー》にかけての国境地帯には難民が殺到し、ピーク時には一日一万人近くが越境した。難民潮はおよそ二ヵ月続いたが、その間の越境者は少なく見積もっても一一～一二万人、一説によれば二六万人にも達したという。

当時の香港では工業化が進み、安価な労働力が必要とされてはいたものの、さすがにこれだけの難民を吸収するだけの余力は香港社会にはなかった。このため、香港政庁は捕らえた難民のうちのおよそ六万人を列車で中国へ強制送還したが、難民潮は彼らにとって、香港社会を根本的に破壊しかねない深刻な脅威として受け止められた。

難民潮翌年の一九六三年、香港郵政は飢餓救済キャンペーンの切手（図5）を発行した。飢餓救済運動は国連の専門機関である食糧農業機関（FAO：Food and Agriculture Organization）が一九六〇年から一九六五年にかけて展開したもの。その運動期間の中間にあたる一九六三年の春分の日を中心に、各国で啓蒙のためのさまざまなイベントを展開することとなっており、多くの国ではこのタイミングでキャンペーン切手を発行している。

香港郵政が発行した図5の切手もそうした国際的な流れに沿って発行されたものではあるが、大陸の〝三年自然災害〟とそれに続く難民潮の記憶が生々しい時期であっただけに、飢餓救済という言葉は香港の人々にとってはきわめて切実なものとして受け止められていたに違いない。

◆6　陶鋳

左派騒乱

さて、大陸では、大躍進失敗の責任を取って毛沢東は国家主席を退き、劉少奇・鄧小平らによって経済再建が図られていた。しかし、これを社会主義建設の後退として巻き返しを狙う毛は、一九六六年五月、プロレタリアート文化大革命（以下、文革）を発動し、中国全土は悲劇的な〝動乱の一〇年〟に突入していく。

一九六六年九月、文革指導部は華僑への宣伝を担当する〝文化宣伝隊〟を設立。香港もその工作対象とされた。はたして、翌一〇月に北京で開かれた国慶節祝賀会には、香港の代表が招待され、他地域の華僑の代表者とともに熱烈な歓迎を受けた。さらに、一一月には香港左派の代表が「孫中山誕生一〇〇周年記念式典」に参加し、帰国後、紅衛兵運動を盛んに賞賛している。

現在の視点から見れば、文革の本質は権力闘争でしかなく、その主張も荒唐無稽なものだが、当時の香港には、大陸から渡ってきた左派の煽動を受け入れるだけの素地があった。すなわち、香港経済が目覚しい高度成長を遂げている一方で、それを支えてきた難民労働者は極端な低賃金・長時間労働を強いられているという現実があった。そうした彼らには、既存の秩序を根本的に否定し、社会の極端な平準化を要求する文革派の主張は、一定の説得力を持って受け止められる面もあったのだ。

こうした状況の下で一九六七年一月四日、香港における左派系市民の後ろ盾となっていた中国共産党広東省委員会第一書記の陶鋳《とうちゅう》（図6）が失脚する。

陶鋳は一九二六年に中国共産党に入党した古参の党員で、中華人民共和国の成立後は広東省委第一書記、中央政治局常務委員、書記常務所書記、国務院副総理、中央宣伝部長な

◆7　ホンコンフラワーの部品を求めて殺到する労働者たち（1963年の絵葉書より）

どを歴任。中央政治局内では、毛沢東、林彪《りんぴょう》、周恩来に次ぐ序列第四位の大物であった。文革が発動されると、陶鋳は失脚した陸定一《りくていいっ》に代わって中央宣伝部部長に就任したが、江青ら文革四人組に対して批判的で、文革の行き過ぎにブレーキをかけようとしていた。このため、紅衛兵によって〝中国最大の保皇派〟と宣告され、陳伯達《ちんはくたつ》、康生《こうせい》、江青等からの批判を受けて事実上失脚する。

〝広東王〟とも呼ばれ、広東省から香港・マカオにいたるまで強い影響力を持っていた陶鋳が失脚したことで、香港の左派系市民は、陶鋳の目指していた穏健路線を放棄し、急進路線をとらざるを得なくなった。もちろん、極左路線の信奉者は、この事態を歓迎する。

かくして、一九六七年早々から、海運会社やタクシー会社、繊維工場やセメント工場などで労働争議が多発し、社会的な緊張が高まる。そして、四月に入ると、啓徳空港の北側、新蒲崗《サンポウゴン》のホンコンフラワーの工場でも文革派の煽動によってストライキが発生した。

図7は、ホンコンフラワーの工場のトラックに群がる労働者たちの写真を取り上げた絵葉書である。この写真が撮影されたのは一九六三年のことであったが、当時の香港の労働市場は圧倒的に買い手市場であった。それゆえ、パートタイム労働者を求めるトラックには、毎朝、子供を含めて多くの労働者が殺到した。こういう状況であったから、劣悪な労働条件であっても、働けるだけまだましという空気が労使双方にあり、そこに、文革派が付け入る隙は大いにあったといってよい。

さて、ストライキに突入したホンコンフラワーの工場では、文革派の煽動もあって、労働者たちが毛沢東語録を振りかざして工場を取り囲み、工場は操業停止に追い込まれた。そこで、五月六日、商品を運び出そうとする経営側が労働側と衝突すると、警官隊が労働側を強制排除。労働側に多数の負傷者が出たほか、二四名が逮捕される騒ぎとなった。

この事件に対して、親中国系の左派市民は労働者を支持し、大規模な反英デモを行った。デモ隊は、これまた毛沢東語録を振りかざし、香港総督官邸の周囲には抗議の大字報（壁新聞）が貼りだされた。まさに、大陸の紅衛兵運動と全く同じパターンであり、背後にいかなる勢力があるのか、誰の目にも明らかである。

五月一二日には、〝香港・九龍各業種労働者迫害反対闘争委員会〟が成立し、香港政庁に弾圧停止・逮捕者釈放・当局の謝罪などの四項目の要求を突きつけた。一五日にはイギリスを非難し、闘争委員会とほぼ同内容の五項目を要求する中国外交部の声明も発表された。

これに対して、イギリス当局は五月二二日に反撃に出、香港政庁によるデモ隊鎮圧によって一六六名が逮捕され、多くの死傷者が出た。さらに、翌二三日、香港政庁はデモの許可制・総督への請願の郵送制・大字報の禁止などを定めた緊急法令を発し、断固として暴動を鎮圧する姿勢を示した。さらに、二六日にはシンガポールからイギリス海軍の空母が来航し、大規模な軍事演習も行われ、暴動に参加していた左派市民を威嚇した。

もっとも、共産党系労組の幹部や一部の極左教員（教員の中に極端な左翼思想に走る者が一定の割合で発生するのはどこの国でも一緒らしい）こそイギリスの香港支配を転覆しようと本気で考えていたようだが、暴動に参加していた左派市民たちの多くは、あまりにも拡大した社会的な不平等への不満をぶつけているだけで、体制そのものを転覆しようとは考えていなかった。

じっさい、暴動で一番激しい攻撃を受けたのは、華人の警察官であった。彼らは「お前たちも中国人じゃないのか」と罵声を浴びせられ、塩酸や尿の入ったガラス瓶または火炎瓶を投げつけられた。警官隊に向けられたアジ演説のスピーカーは「イギリス人はそう長くはここに留まっていられないだろう。彼らが本国に帰るとき、お前たちを連れて帰ってくれるとでも思っているのか」とがなっていた。こうしたことからも、多くの市民がイギリス支配に直接の敵意を向けていたわけではないことは明らかであった。

一方、北京政府は「イギリス帝国主義の挑発に断固反対する」との声明を発していたが、本音では、香港の〝現状維持〟を放棄するメリットは何もないことを十分に承知していた。もちろん、江青らは香港奪還を主張したものの、それが毛沢東の支持を得ることはなく、中国はイギリスが中国に敵対する政策を取らず、軍事的に利用しない（中国は米軍が香港に寄港することを恐れていた）方針を堅持していることを確認すると、それ以上、香港に対して干渉することはなくなった。

かくして、香港の左派系市民は中国からも見捨てられ、〝左派騒乱〟と呼ばれた暴動は八月には実質的に終息する。裏切られた革命の後遺症として、香港左派の地下党員の士気は沈滞し、中国系の国貨公司や中国系商店の売り上げも激減した。

この時代を象徴するようなカバーを一点、ご紹介しておこう（図8）。

これは、一九七二年一一月七日、江蘇省海門市の中国人民銀行の支店から香港の銀行宛に差し出された書留便である。このカバーが差し出された一九七二年の時点では、すでに、紅衛兵らが跋扈する狭義の文革の混乱は終息していたが（ちなみに、香港の中国銀行ビルから毛語録のスローガンの垂れ幕が撤去されたのは、前年の一九七一年のことである）、毛沢東に対する異常な個人崇拝や極端な社会主義政策による人権抑圧の常態化という文革時代の本質は変わらないままであった。

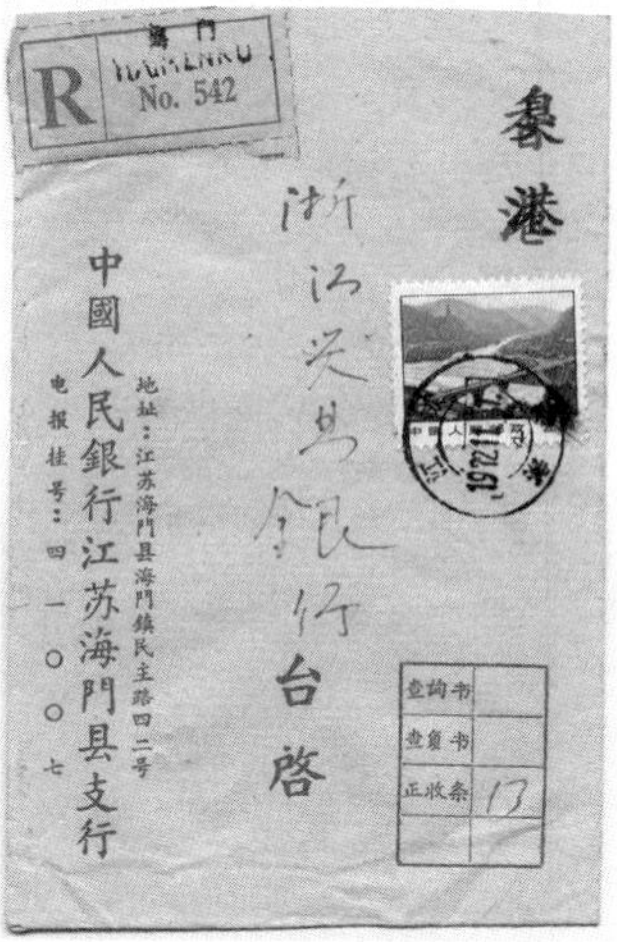

◆8　香港の宛名を“臭港”と表示したカバー

さて、このカバーの宛名は、香港ではなく〝臭港〟となっている。

文革時代、香港は腐敗・堕落した資本主義の腐臭が漂う唾棄すべき都市とみなされ、郵便物の宛名もそのことを反映する表記に改められたのである。なお、同様の文脈として、香港のことを〝駆帝城〟(打倒すべき帝国主義者たちの拠点)と表示した郵便物もある。

もっとも、そうした表面上の香港非難とは裏腹に、中国から香港宛の郵便物が途絶えることはなかった。それどころか、文革の混乱の中で、他の外国宛郵便物がほとんど取り扱われなくなっている中では、この時期の外国宛郵便物の相当部分は、香港の銀行宛のものが占めているというのが実情であった。じっさい、文革期の外国宛郵便物で香港の銀行宛ではないものを探すのは、ちょっと骨が折れる。

このことは、資本主義を否定し、資本主義の走狗・走資派を弾圧していた文革時代の中国でさえ、香港が英領であり、自由港であるがゆえに、彼らにとって必要な外貨や資材を確保する拠点となっていたことを何よりも雄弁に物語っている。

ちなみに、このカバーが差し出された一九七二年、中国は悲願の国連代表権を獲得したが、その結果、彼らは国連非植民地委員会で香港問題についての見解を表明せざるを得なくなった。その際、中国側は「香港問題は国内問題であり、香港は暫定的にイギリスが支配しているが、中国の領土である。この問題は国連の議題から外すべきである」と主張し、香港問題を非植民地委員会の議題から外させている。

〝毛沢東の認めた植民地〟という香港の性格を極めて象徴的に示しているエピソードといえよう。

一九七一年のドラゴン

ブルース・リー（図1）こと李小龍の映画が日本で初めて公開されて、一大ブームになったのは一九七三年末のことだ。一九七三年といえば僕が小学校に入学した年。その当時の記憶はほとんどない。むしろ、当時三四歳だった僕の父親の方が、ブルース・リーを見て興奮してたんじゃないかと思う。

その後、一九七八年に『死亡遊戯』が公開され、第二次（？）ブームが到来したときには小学五年生だったから、こちらについては多少の記憶はある。

もっとも、格闘技の類には全く興味のない僕のことだから、『死亡遊戯』公開時のリアルタイムの記憶も、周りの友人が親に買ってもらったヌンチャクを振り回して肘にぶつけて痛がっていたとか、あの「アチョー」という雄たけび（それが〝怪鳥音〟と呼ばれるものであることを知ったのは随分後のことだ）を真似しているのを何となく見ていただけという程度でのものしかない。そもそも、ブルース・リーをブルー・スリーと思い込んでいて、「〝青い三〟なんて変な名前だな」と言って友人たちから散々バカにされたくらいで、功《カン》夫《フー》映画にはほとんど興味がなかったというのが正直なところだ。

当時の僕は、おなじ香港映画でも、許《ホイ》三兄弟の「Mr.Boo!」シリーズ（余談だが、「Mr.

◆1　ブルース・リーを描いた映画100年の切手

Boo!」というタイトルは日本での配給会社、東宝東和が勝手につけたもので原題とは無関係。また、日本ではシリーズとされた作品群も、実は独立した別個の作品で相互に関連性はない）の方にはるかに親近感を持っていた。特に、独特の雰囲気を持った主題歌「半斤八両」はお気に入りで、歌詞の意味もわからず「ウォーテイニーパンダーゴンジャイ　ウー」と口ずさんでいたことがある。ちなみに、この冒頭の部分は広東語で「我哋呢班打工仔」となっていて、「僕らは労働者」という程度の意味で、シブチン社長の下で生活のために働く労働者の悲哀が歌詞全体のモチーフになっている。同じ頃、僕は、スウェーデンのポップグループ、アバの「マネー・マネー・マネー」も好きだったが、これは、単なる偶然だし、そんなことは当時の僕にはどうでも良かった。ただ、いかにも香港らしい（と僕が思い込んでいた）猥雑な雰囲気――それは、ブルース・リーから連想される緊張感の対極にあるものといっても良いかもしれない――が好きだっただけだ。

だから、「Mr.Boo!」の主役、許冠文《マイケル・ホイ》がインタビューに答えて「ブルース・リーはアメリカ人だよ」と語っていたというエピソードには、なんとなく共感できる。

ところで、一九九五年一一月、映画一〇〇年を記念して香港郵政が発行した〝香港影星〟と題する四種セットの記念切手の一枚には李小龍《ブルース・リー》が取り上げられた。

もちろん、彼の世界的な知名度や映画史的な意義（彼に関してはおびただしい数の書籍が刊行されている）を考えれば、そして、一枚でも多くの切手を売りたいという郵政サイドの思惑からすれば、当然の選択だろう。映画についてはずぶの素人の僕でさえそう思う。

ただ、香港の映画人から〝アメリカ人〟と認定されたブルース・リーこと李小龍を、香港映画を象徴する人物として香港切手に取り上げるのであれば、同時に発行された他の三

◆2　1974年の香港芸術節の記念切手。香港郵政は切手の図案が京劇の臉譜であると説明している。
◆3（次頁）　1992年の中国戯劇の切手。取り上げられている役者は、80セントが小生、1ドル80セントが武生、2ドル30セントが花旦、5ドルが丑生である。

人とあわせて、香港郵政が表現しようとした〝香港映画（の歴史）〟のイメージはどんなものなのか、気にならないといえば嘘になる。

香港映画の誕生と粤劇・京劇

フランスのリュミエール兄弟が映画の原型、シネマトグラフを考案して公開したのは一八九五年のことだったが、香港への映画の伝来は、一八九六年に中国大陸からオペラ劇の映画が持ち込まれたのが最初と言われている。

香港で最初に作られた映画は、一九〇九年の梁小《リャンシウ》波《ボ》によるサイレント作品、『偸焼鴨』だった。その後、一九二二年に黎民偉《レイマンワイ》が香港初の映画制作会社〝民新製造影畫公司〟を設立し、『聊斎志異』に題材をとった香港最初の長編映画『胭脂』を制作したのを皮切りに、一〇あまりの映画会社が作られ、香港でも本格的な映画制作時代が開幕する。

一九二五年の省港大罷工の際には、映画の製作も一時中断したが、一九三〇年代に入ると復活し、一九三三年の『白金龍』を皮切りにトーキーの制作も始まった。『白金龍』は、同名の粤劇《えつげき》を下敷きにした中国初の広東語映画で、観客動員数十数万人、興行収入一〇万香港ドル以上という記録的なヒットとなり、これをきっかけに、粤語片（広東語映画）の時代が開幕する。

粤劇というのは広東・広西地方に伝わる伝統的な広東語による歌舞劇のことで、そのルーツは南宋時代の一二世紀にまでさかのぼるという。

北京を中心に発達した京劇とは共通点も多く、京劇の広東語バージョンが粤劇と紹介されていることもあるが、おそらく、ネイティブにとっては、両者の差はそれだけではない

だろう。すくなくとも、僕が写真などで見た限りでは、京劇と粤劇とではメイクの感じが違うように思う。特に、勇士や英雄などを演じる武生という役回りに関していうと、京劇では役者の元の顔がほとんど識別できないほどにきつい臉譜（隈取）をするが、粤劇では武生のメイクも基本的に役者の顔が塗りつぶされるという感じはしない。もっとも、小生（姿の良い若者）や花旦（姿の良い女性）、丑生（道化）などに関しては、京劇でも臉譜をせずに役者の顔立ちを活かしたメイクだから、粤劇との差異は僕にはよくわからない。

　こうしたことから、純粋にデザイン的な見地から見ると、同じ武生を取り上げるのなら、粤劇よりも京劇の臉譜を取り上げたほうが、より見る者に強い印象を与えることになるだろう。一九七四年二月一日に発行された〝香港芸術節〟の記念切手（図2）に、粤劇ではなく京劇の臉譜が取り上げられているのも、そうした事情があったのだろう。

　また、香港で開催されるイベントのシンボルとして、あえて、北京を象徴する京劇の臉譜を取り上げることは、香港と北京、言い換えるなら、香港と大陸の同質性を強調し、あえて両者の区別を曖昧にするという効果をもたらすことにもなる。このことは、香港の現状維持のため、イギリス側が中国に配慮して、香港の主権が中国にあることをイギリス側が十分に認識していることの意思表示を行ったものと見ることもできよう。

　これに対して、香港の中国返還が決まった後の一九九二年に発行された〝中国戯劇〟の切手（図3）では、〝京劇〟という表現は用いられていない。実際、今回の切手では、あきらかに粤劇ではなく京劇の役者であることが一目瞭然なのは武生を取り上げた一ドル八〇セント切手のみで、残りの三種については、切手のデザインだけでは、京劇の役者なのか粤劇の役者なのか、一般人が判別することは困難である。おそらく、香港という環境

◆4　梁醒波

を考えれば、これら三種の切手を見て、粤劇の俳優と答える人の方が多いであろう。したがって、明らかに京劇風の武生の切手さえなければ、〝中国戯劇〟という曖昧な表現でなく、今回の切手の題名には〝粤劇〟という表現が使われていてもおかしくはない。すくなくとも、イギリス当局としては、もはや、香港の現状維持が不可能であることが確定している以上、〝香港芸術節〟の時のように、北京政府に配慮して、京劇のみによって香港の舞台芸術を代表させる必要はないと判断した見ることは可能なはずである。

一九五〇年代の香港影星

さて、一九三〇年代というのは中国にとっては、〝九一八〟（満洲事変）にはじまる抗日戦争の時代だ。その余波は、当然、香港にも及び、一九三五年以降は抗日映画が作られるようになった。日本の占領中、日本軍への協力を潔しとしない香港映画人たちは映画制作を拒絶し、香港映画は省港大罷工時代に続き、二度目の中断期を迎えるが、戦後すぐに香港映画は復活する。

戦後まもなくの香港映画は上海系の資本によって大陸への輸出を目的とした官話片（北京語映画）の制作から始まったが、じきに粤語片も巻き返し、一九五〇年代には両者入り乱れての香港映画のひとつのピークを迎える。

一九九五年に発行された〝香港影星〟（映画スター）の切手に登場する李小龍以外の三人は、いずれも、こうした一九五〇年代を中心に活躍した名優たちである。以下、順にその略歴を見てみよう。

二ドル一〇セント切手に取り上げられた梁醒波《リョンセンポー》（図4）は、香港を代表するコメディ

◆5　任劍輝

俳優である。一九〇八年、シンガポールの粤劇の俳優一家に生まれ、九歳で初舞台を踏んだ。シンガポールで俳優としての成功を収めた後、香港に渡り、舞台俳優を経て一九五〇年から粤語片の名脇役として四〇〇本以上の映画に出演しているほか、草創期のテレビ番組『觀樂今宵』の常連として人気を集めた。

その実績が認められて、一九七六年には香港の芸人としては初めてイギリスのMBE勲章を受賞しており、英領香港の切手の題材としては、まさにうってつけの人物である。

次に、二ドル六〇セント切手の任劍輝《ヤムキムファイ》（図5）は、男装の麗人として知られる粤劇出身の女優。一九一一年に広州で生まれ、幼少時からの粤劇好きが昂じて、小学校卒業後から女優としての修業を積んだ。広州で初舞台を踏み、男役として活躍し、一九三五年からはマカオを拠点に活動していたが、戦後、香港に移って白雪仙《バクシュッシン》とともに粤劇劇団の「仙鳳鳴劇團」を結成し、一世を風靡した。映画は一九三四年の『神秘之夜』が最初だが、彼女の舞台が本格的に映画化されるようになったのは一九五一年からで、一九五〇年代の粤劇映画全盛時代をリードした。

日本映画が、当初、伝統的な歌舞伎の大きな影響を受けて発達したのと同様に、粤語片の発達において粤劇が果たした役割も大きなものがあったから、粤劇映画最大のスターである彼女が切手に取り上げられたのも、当然の選択といえよう。

最後に五ドル切手の林黛《リントイ》（次頁図6）だが、彼女もまた、一九五〇年代を代表する伝説的な女優である。林は、一九三四年、広西省賓陽県の出身で、国共内戦中の一九四八年、大陸の混乱を逃れて、離婚した母親と共に大陸から香港に渡ってきた。その後、華やかな美貌が映画人の目にとまって女優契約を結び、一九五二年、映画スターで監督だった嚴《イエン》

◆6　林黛

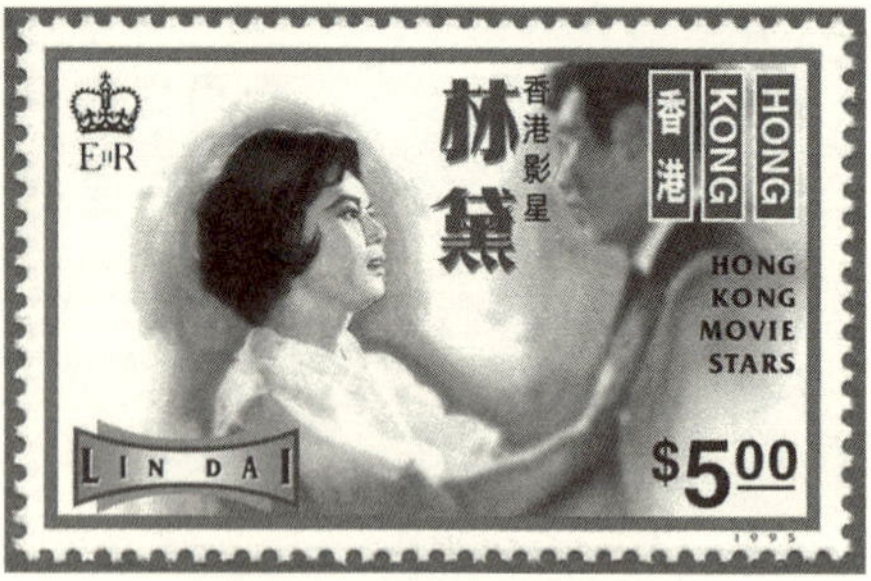

俊《ジュン》に見出されて『翠翠』に主演。一躍トップ女優にのし上がった。目鼻立ちのはっきりした派手な美貌に加えて、歌も歌え、演技力も確かなものがあり、『金蓮花』『貂蟬』『千嬌百媚』『不了情』でアジア太平洋映画祭の主演女優賞を四度獲得するという記録的快挙も果たし、結婚、出産後も活躍を続けて名声をほしいままにしたが、一九六四年、睡眠薬を過剰に服用して自殺した。

シリーズに取り上げられた他の三人が粤語片の俳優であったのに対して、林黛は官話片のスターである。

一九五〇年代半ばまで、香港映画界では官話片と粤語片が勢力拮抗していたが、一九五六年に陸運濤ひきいる國泰機構《キャセイ・オーガナイゼーション》を母体とする國際電影懋業公司《MP&GI》が設立され、一九五九年に邵逸夫の邵氏兄弟香港有限公司《ショウ・ブラザーズこんすー》が設立されると、状況は次第に変わっていく。すなわち、この両者は、従来の香港映画界には例のない大規模な撮影所を建設し、官話片を中心とした娯楽映画を制作。弱小の粤語片勢力を追い込んでいった。この結果、一時的に粤語片は絶滅寸前にまで追い込まれることになるが、二大映画会社の熾烈な競争の結果、映画の製作本数も急増し、香港は東南アジア最大の映画市場としての地位を確立する。

林はまさにそうした時代の官話片を象徴する大スターであって、他とのバランスという点から考えても、切手に取り上げられて然るべき人物である。

〝香港影星〟は、この三人に、サンフランシスコのチャイナ・タウンで生れた李小龍が加わって四種セットとなるわけだが、この四人の共通点として、いずれも、香港出身ではないという点が興味深い。

◆7　2001年に発行された"香港影星Ⅱ"の切手。切手に取り上げられているのは、呉楚帆と白燕（1ドル30セント）、新馬司曾と鄧碧雲（2ドル50セント）、張活游と黄曼梨（3ドル10セント）、麥柄榮と鳳凰女（5ドル）である。

童星・李小龍

さて、その李小龍についても簡単にまとめておこう。

李小龍（本名：李振藩）は一九四〇年一一月二七日、サンフランシスコで粤劇の名優として知られた李海泉の息子として生まれた。生後三ヵ月のとき、父親の縁で映画『金門女』に赤ん坊役で出演し、映画デビューを果たしている。

一家は一九四一年七月に香港に移り彌敦道《ネイザン・ロード》に居を構えるが、同年末には香港は日本軍に占領されてしまい、香港では映画制作そのものがストップしてしまう。

第二次大戦後、香港での映画制作が復活すると、李は童星（子役スター）として映画に出演するようになる。実質的なデビュー作は一九四八年の『富貴浮雲』で、以後、一九六〇年までに二二本の粤語片（余談だが、李は英語と広東語は不自由なく操れたが、北京語はほとんどできなかった）に子役として出演することになる。

当時の李は天才子役として高い評価を得ており、一九五〇年代の名優の多くと共演を果たしている。

この時代の名優としては、返還後の二〇〇一年に中国香港として発行された〝香港影星Ⅱ〟の切手（図7）を見ると良い。この切手には、呉《ン》楚帆《チョーファン》と白燕《バイヤン》（一ドル三〇セント切手）、新馬司曾と鄧碧雲（二ドル五〇セント切手）、張活游《チョンウッヤウ》と黄曼梨《ウォンマンレイ》（三ドル一〇セント切手）、麥柄榮と鳳凰女（五ドル切手）の八人（男女四人ずつ）が取り上げられている。

このうち、当時の香港映画界のトップに君臨していたのは呉楚帆と白燕の二人だが、本人たちの思想信条とは別に、現在の中国政府にとっては使い勝手の良い人物であるという点は注目してよい。

すなわち、呉は一九一一年生まれ。上海での舞台活動と映画出演を経て、一九三五年、香港最初の抗日映画『生命線』で主役を演じて脚光を浴び、以後、粤語片を代表する俳優として地歩を固めることになった。また、白は一九二〇年生まれで、一九四〇年の『蝶々夫人』で映画デビューを果たし、二八年間の女優生活で二五〇本の映画に出演。封建的な慣習に悩み、我が子の行く末を案じる妻・母親の役をやらせたら右に出る者がないという名優である。

いずれも、共産党が好きそうなキャラクターだ。少なくとも、イギリスの勲章をもらった梁醒波や共産党支配を嫌って香港に逃げ込んだ林黛などよりは、はるかに北京政府にとって好ましい人物であることは間違いない。

いささか話がそれたが、二人の名優は、当時、呉が李小龍の父親役、白が母親役という設定で映画に出演することが少なくなかった。具体的にいうと、呉は『人之初』、『千萬人家』、『苦界明燈』、『危樓春暁』、『孤星血涙』、『人海孤鴻』の六本で、白も『雷雨』、『苦界明燈』、『人海孤鴻』などで李と共演した。

この他にも、〝香港影星Ⅱ〟に取り上げられた俳優のうち、粤劇から現代劇まで幅広くこなした喜劇役者の新馬司曾は『詐癲納福』で李の演じる高校生に成りすまして騒動を起こす仕立て屋を演じ、張活游は『苦界明燈』や『孤星血涙』などで李の成長後の姿を演じている。

当然のことながら、〝香港影星Ⅱ〟の人選に際しては李との関係が考慮されたわけではないが、結果的に、一九五〇年代の李が子役として香港映画界の重要な位置を占めていたことが浮かび上がってくるといってよい。

『唐山大兄』の時代

一九五九年、『人海孤鴻』への出演後、李小龍は子役を〝卒業〟し、アメリカに渡る。これは、この年の誕生日までにアメリカに戻っていないとアメリカの市民権を失うからというのが建前であったが、実際には、学業をおろそかにし、喧嘩に明け暮れていた息子に手を焼いた両親が勘当同然で彼を追い出したという面が強い。

渡米後の彼は、ブルース・リーとして、高校卒業資格を得てワシントン大学で勉学に励むかたわら、生活費及び学費を稼ぐために自らの道場を開き武術の指導を始める。その後、大学を中退し、道場経営に専念した彼は、截拳道《ジークンドー》を創始。一九六四年にロングビーチの国際空手選手権大会の公開演武などで注目を集め、一九六六年、TVシリーズ『グリーン・ホーネット』で準主役の日系人のカトー役に抜擢された。これをきっかけに、ハリウッドの俳優やプロデューサーを顧客に武術の個人指導をするようになった。

『グリーン・ホーネット』の後、ブルース・リーは、連続テレビドラマ『燃えよ！ カンフー』の企画を作成し、自ら主演する予定であったが、東洋人であることなどが理由で主演することができなかったため、一九七一年、香港の映画会社ゴールデンハーベスト社の鄒文懐《レイモンド・チョウ》と契約し、『唐山大兄』(邦題：『ドラゴン危機一髪』)を制作した。

これが三週間で三〇〇万香港ドルを稼ぎ出す記録的なヒットとなり、ブルース・リーないしは李小龍の名は一躍、香港映画界にとどろくことになる。

『唐山大兄』とは〝中国からやってきた兄貴〟といった程度の意味。このことからもわかるように、物語の舞台は中国大陸ではなく、タイの片田舎の出稼ぎ労働者が働く製氷工場である。この工場が麻薬の密輸に関与していたことから、秘密を知った労働者が口封じ

◆8　香港隧道開通の記念切手

に殺され、怒ったブルース・リーが悪徳経営者らを成敗するというのが基本的な筋立てだ。

映画が公開された一九七一年という時期は、多少は収まったとはいえ、中国大陸は文化大革命の時代である。現在と違って、一般的な中国の農民が正規の手続きに則って海外に出稼ぎに行くということは、まず不可能であった。したがって、物語に登場する華人労働者たちは、中国大陸からダイレクトにかの地へ渡ったのではなく、基本的には、おそらく難民としていったん香港に密入国し、その後、香港でも生活が立ち行かなくてタイに渡ったものと考えるのが妥当であろう。

実際、一九六〇年代後半から一九七〇年代初めにかけて大陸から命からがら香港まで六〜七時間も泳いで脱出した難民は多い月で四〇〇人近くもいた。その成功率は三％前後といわれ、何回かのチャレンジでようやく成功した者が多かったという。当然、彼らは香港当局から見れば不法移民だから、香港社会でも最底辺の生活を強いられるのが常であった。

これに対して、『唐山大兄』の労働者たちが渡っていったタイは、当時、空前の好景気に沸いていた。

すなわち、一九六五年にアメリカが北ベトナムへの空爆（北爆）を開始し、ベトナム戦争への本格的な介入を開始すると、タイはアメリカ側に立ってラオスおよびベトナムへの派兵を行ったほか、北爆のための空軍基地の開設も許可した。また、タイは米軍の補給・休養のための後方基地でもあったため、特需景気はタイ経済を大きく潤し、バンコクではインフラ整備も急速に進み、パタヤなどのリゾート開発も進んだ。それゆえ、タイでは安価な労働力が大量に求められており、香港から職を求めて華人がタイに渡るという物語の設定も、一定のリアリティを持って受け止められたのであろう。

◆9　ベトナムを脱出するボート・ピープル（南ベトナムの切手）

もっとも、ベトナム戦争とそこから派生した一九七〇年以降のカンボジア内戦、さらに翌一九七一年の南ベトナム軍と米軍によるラオス侵攻など、インドシナの戦乱は、香港にも特需景気をもたらした。一九六九年九月一日から三年弱の年月と三億二〇〇〇万ドルの資金を投じて、香港島の銅鑼灣《コーズウェイ・ベイ》と九龍の紅磡《ホンハム》とを結ぶ全長一・八六キロの海底トンネル、香港隧道（図8）が一九七二年八月一日に開通したのも、やはり、この時代の香港経済が非常に活況を呈していたからこそ可能であったとみるべきであろう。

その一方で、インドシナの戦乱は、大量のボート・ピープル（図9）も香港にもたらした。いわゆるベトナム難民の場合だと、ベトナム中部のフエを脱出した後、公海上を通って海南島を目指し、その後、中国大陸南部の海岸線に沿って北上して香港にたどり着くというルートが一般的だったという。

次頁図10のカバーは、一九七一年にカンボジアのプノンペン（漢字で金邊という差出地の表示がある）から香港宛に差し出されたもので、裏面には、〝CENSURE/ REPUBLIQUE KHMERE AGRESSEE PAR IMPERIALISTES VIETCONG ET NORD-VIETNAMIENS〟（検閲済　クメール共和国はベトコンと北ベトナムの帝国主義者たちによって侵略を受けている）との標語の入った印が押されている。

アメリカが北爆を開始した後、シハヌーク国王のカンボジアはこれに抗議して対米断交に踏み切り、カンボジアはベトコン（南ベトナム解放戦線）の拠点となっていた。このため、カンボジアに親米的な政権を樹立する必要に迫られたアメリカは、一九七〇年三月一八日、シハヌークの外遊中という機会をとらえ、アメリカの支援を受けた国防相のロン・ノルはクーデターを起こし、シハヌークを追放してクメール共和国の樹立を宣言す

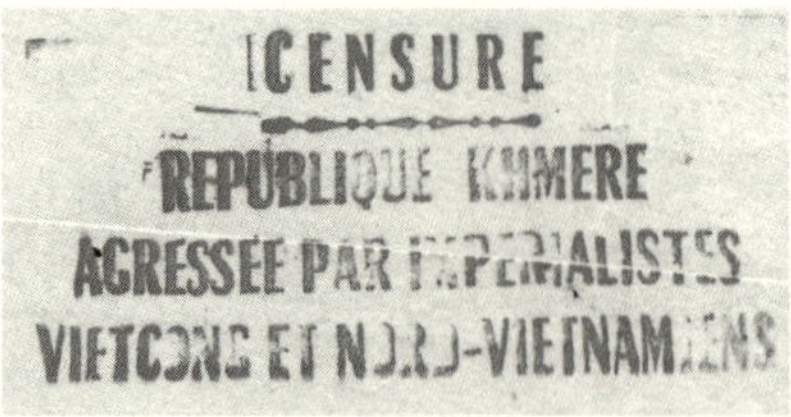

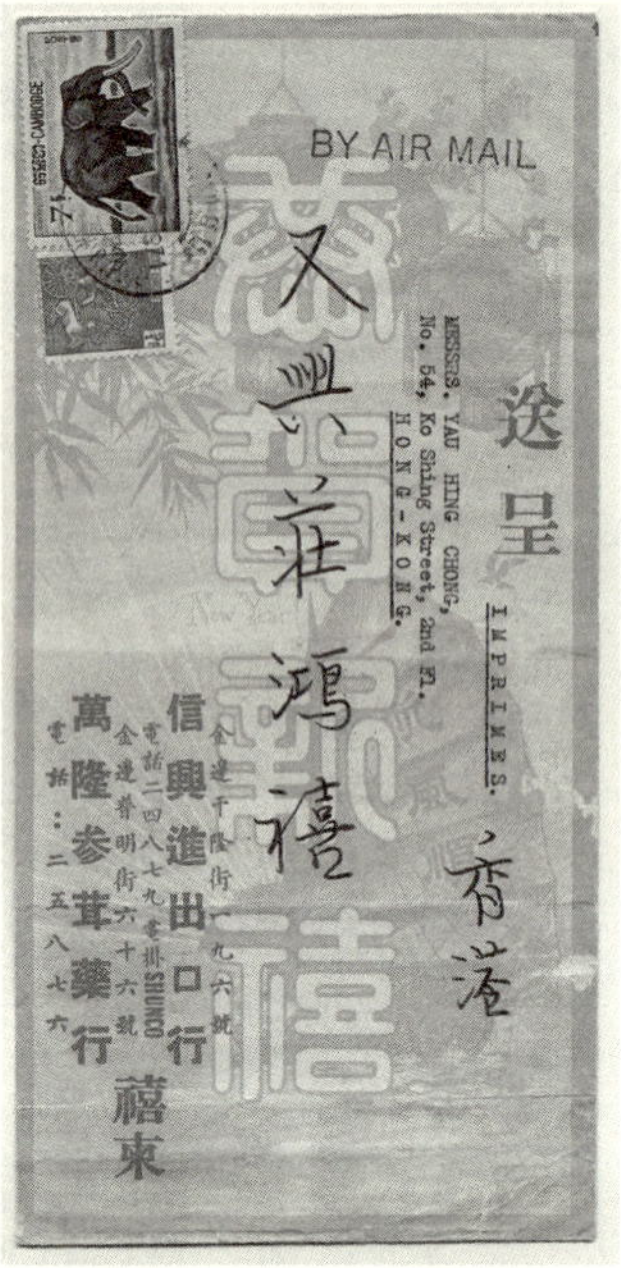

◆10　共産主義者によるカンボジア侵略を非難する印の押された香港宛のカバーと裏面の印

る。ロン・ノルは翌四月、ベトコン勢力を一掃するため、アメリカ軍に自国への侵攻を許可したが、当然、これは国民に不評で、同年一〇月、共産主義勢力のクメール・ルージュ（いわゆるポルポト派のことである）がシハヌークを奉じてカンボジアに侵入し、ロン・ノル政権との間で内戦が勃発した。

図10のカバーに押されているスローガンは、こうした背景の下でロン・ノル側が北ベトナム（とその支援を受けているとロン・ノル側が主張しているクメール・ルージュ）を非難したものだが、こうした郵便物を手にすることによって、香港の人々は、ベトナム特需やボート・ピープルの流入とは別に、より生活に密着したかたちでインドシナの混乱を肌で感じたことであろう。

このように、『唐山大兄』に登場する華人労働者も、香港隧道をもたらした香港の好景気も、いずれも、その根底には、当時の世界を揺るがしていたインドシナ情勢が色濃く影を落としている。換言するなら、そういう時代性が、ブルース・リーの作品に、単なるアクション映画ないしはカンフー映画の枠に留まらない奥行きを与えていると見ることも可能なのかもしれない。

ちなみに、『唐山大兄』の後、ブルース・リーの主演映画は、翌一九七二年には、清末の上海を舞台に悪徳日本人との戦いを描いた『精武門』(邦題『ドラゴン怒りの鉄拳』)が、さらに、一九七三年には、ローマの中華街で用心棒として活躍する『猛龍過江』(邦題『ドラゴンへの道』)とハリウッドとのコラボレーションによる『龍争虎門』(邦題『燃えよドラゴン』）が、あいついで公開され、いずれも、空前の大ヒットを記録した。この間、『龍争虎門』がアメリカで公開される直前の一九七三年七月二〇日、リー本人は三二才の若さでなくなるが、その人気は一向に衰えることなく、同年末にはこの作品は日本でも正月映画として公開され、大ヒットとなった。この辺りのことは、いまさら僕がくどくどと説明するよりも、おそらく読者諸兄の方がずっと詳しいはずだ。

英中合意への道

東京の池袋だったか上野だったか、ふらふらと街を歩いていたら、「禁止拉客」という看板が目に入ってきた。

小麦粉をこねて引っ張って作った麺が拉麺《ラーメン》と呼ばれているように、〝拉〟という文字は、もともとは〝引っ張る〟という意味だから、拉客というのは直訳すれば〝客引き〟のこと。何のことはない、「客引き禁止」の中国語バージョンというわけだ。

日本語の新聞では〝拉〟の字なんて〝拉致〟くらいしか目にしないから、たかが客引きぐらいで〝拉客〟とは大げさな、と言いたくなるのだが、紅磡《ホンハム》から九広鉄路に小一時間ほど乗って深圳に入ると、この表現が決して誇張ではないことを僕は体験的に知っている。

香港と中国の〝国境〟の駅、羅湖《ローウー》で電車を降りて出国手続きを済ませた後、連絡橋を渡って中国側の入国審査を済ませると、すぐに羅湖商業城《ローウー・ショッピング・シティ》というショッピングセンターにたどり着く。目玉らしい目玉のない深圳では、最大の観光（買い物）スポットとなっているところだが、城内には客引きが沢山うろうろしていて、チラシを持った連中にしつこく追いかけられる、腕をひっぱられて店に連れ込まされそうになるで、エライ目に遭った。僕は香港からの一日観光のツアーだったから、城内でしか〝拉客〟に遭わなかったが、フリーで駅周辺を歩いていたら、危ない店に連れ込まれていたかもしれない。

僕が体験した拉客の主は、マッサージ（いかがわしい店ではない）とレストラン、それにジャーダーの店。ジャーダーというのはニセモノ、インチキの意味。要するに、偽ブランド商品や違法コピーのソフトなどのことだ。

かつては、ジャーダーといえば香港の代名詞だった。実際、僕自身も、初めて返還前の香港に行った時には、偽ロレックスやルイ・ヴィトンとグッチがリバーシブルになっているベルトを香港で買ってきた経験がある。もちろん、現在でも、いかにも観光客然として彌敦道《ネイザン・ロード》を歩いていれば「ニセモノ時計あるよ」と声をかけてくる奴はいるし、男人街《テンプル・ストリート》や女人街《トンチョイ・ストリート》などの屋台村へ行けば偽ブランド商品も簡単に手に入る。また、深水埗《シャムシュイポー》や旺角《モンコク》の電気街へ行けば違法コピーのソフトもいくらでも手に入る。

しかし、深圳のジャーダーは香港よりもはるかに深刻だ。なにせ、駅前一等地のビルのテナントの多くが堂々とジャーダーの専門店として商売を行っているくらいだから。また、服飾雑貨やＣＤなどの定番商品に留まらず、レストランなどでは、高級酒の瓶に安物の酒を詰めて（あるいは、高級酒を安物の酒で薄めて）客に出すということさえあるのだとか。実際、深圳のレストランでメチル・アルコールの入った酒を飲まされて入院した中国人男性の写真というのをニュースで見たことがあるが、何ともひどい話だ。

当然、街の治安も良いはずはなく、犯罪率は高い。さすがの中国当局も、観光客や香港からの日帰りの買物客が集まる羅湖商業城の周辺でトラブルが頻発するのはまずいと思ったのか、最近では、その周囲に私服の公安が配置されるようになり、多少は事態が改善されているというのだが……。

◆1　1990年当時の深圳の遠景

深圳経済特区

もともと、ほとんど何もない国境の漁村だった深圳が急激な経済発展を遂げるようになったのは、一九七九年七月、毛沢東亡き後の権力闘争を制した鄧小平が改革開放路線の一環として広東省の深圳、珠海、汕頭《スワトウ》ならびに福建省の厦門の華南四都市を〝輸出特別区〟に指定したことが発端だ。その後、一九八〇年八月二六日、広東省経済特区条例が公布され、深圳は珠海、汕頭とともに経済特区になった。

これらの経済特区では、外国との合弁事業を誘致するため、関税の免除をはじめ、外国企業に対して各種の優遇措置が講じられたほか、それまでの中国では認められていなかった一〇〇％の外資企業設立も認められた。

特に、深圳に関しては、対岸の香港のように繁栄した商工業のセンターを国内に作るという大目標の下、当初は深圳を香港に依存させつつも、最終的には深圳が一本立ちし、香港が深圳に依存せざるをえないという状況を作ることが目指された。しかし、実際には、現在にいたるまで、深圳のみならず、他の経済特区までもが香港経済の強い影響下におかれるようになった。

かくして、一九八〇年代はじめに二万人程度だった深圳の人口は、一九八〇年代末には六〇万人を越えるほどに急成長を遂げた。

図1は、一九九〇年に広東省の風景を題材に中国郵政が発行した絵葉書で、当時の深圳の遠景が取り上げられている。画面の手前には花が配されているので少しわかりにくいのだが、高層ビル群の手前には〝空き地〟のように見える広大な土地が広がっており、この時点では、急速に進んだ開発は深圳市内でもごく一部の限られた地域にしか及んでいなか

った様子がよくわかる。

一方、急激に外国資本が流入したことによる成長のひずみは、深圳にさまざまな弊害をもたらした。たとえば、二〇〇五年八月の時点で、深圳には一年以上の居住者が七〇〇万人、短期滞在者が一〇七一万人住んでいると推定されていたが、深圳に戸籍を持つのは一六五万人しかおらず、圧倒的多数は出稼ぎ労働者（民工）などの〝外地人〟だった。中国政府は、農村から都市への人口の流入を統制するため、戸籍の移動を厳しく制限しているが、住民は、深圳の戸籍がないと、〝深圳市民〟として税負担に見合った社会福祉を受けられない。彼らがこうした境遇に不満を持ち、社会的にドロップアウトしていく者が少なからず現れるのも自然な流れといえよう。こうして深圳では凶悪犯罪が多発するようになり、環境汚染や交通渋滞、劣悪な住環境、官僚の腐敗などとともに深刻な問題となっている。

じっさい、中国の国務院研究室、公安部、中国社会科学院、労働・社会保障部、監察部などが二〇〇四年末に行った調査では、中国の都市のうち、「行政の腐敗」、「治安」、「コピー商品の氾濫」、「貧富の差」という四項目で深圳市が最悪との調査結果が出だそうだ。

ちなみに、二〇〇五年四月に深圳で発生した大規模な反日デモは、共産党の一党独裁体制の下で、自由な体制批判が許されていない深圳市民が、〝愛国〟と表裏一体になった〝反日〟という形式をとって、現状に対する市民の不満が爆発したものと考えられている。

サッチャーの強硬姿勢

ところで、深圳経済特区がスタートするのと前後して、香港では、一九九七年六月三〇日の新界租借期限が現実の問題として重くのしかかっていた。

その発端は、住宅ローン問題である。

当時の香港では、住宅ローンの最長貸付期間は一五年間であった。このため、一九八二年七月以降の住宅ローンは返還後にまたがった契約となる可能性があったが、返還後の具体的な見通しが立たない状況では、新規の契約は成立しにくい。

こうしたなかで、一九七九年三月、イギリスの香港総督マクルホースは北京を公式訪問して鄧小平と会談し、新界租借期限の延長を申し出た。これに対して、鄧は一九九七年を越える契約についてはは何も言わず、今後の方向について「中国は新界だけでなく香港全体を必ず取り返すが、香港の現状は維持する」と述べた。また、鄧は「香港の投資家は安心しても良い」と発言したものの、〃返還〃についての具体的な提案はなにもしなかった。

マクルホースと鄧の会談を受けて、イギリスは香港からの撤退に向けていくつかの重要な布石を打つ。

そのひとつが、一九八一年の「イギリス国籍法」の公布である。この新国籍法により、イギリスのパスポートを持つ香港市民は、イギリスでの居住権を持たない〃イギリス属領市民〃に分類されることになった。香港が中国に返還された場合、香港市民はイギリスの市民権を失う、つまり、イギリスは香港市民を見捨てると公言したのである。

さらに、一九八二年には香港区議会選挙が実施された。

香港の〃区議会〃は実質的な権限を持たず、独自の予算もないことから、権力機構とは言いがたい。このため、中国側はこれに反対できなかったが、区議会の設置は結果として住民の政治への関心を高め、将来の選挙制度の普及のためのステップとなった。後の香港民主化運動のタネはこの時に蒔かれたといってよい。

◆2　1983年3月に発行された“聯邦日紀念”の切手より、英領香港旗（1ドル30セント）、エリザベス女王と香港の街並（5ドル）

こうした前段を経て、一九八二年九月、いよいよイギリス首相のマーガレット・サッチャーが中国を訪問し、香港返還に関する英中両国政府の具体的な話し合いが始まった。サッチャーの『回顧録』によれば、当初、イギリス外務省は、一九九七年以降、イギリスの香港支配を続けることは事実上不可能で、香港の主権を中国に返還せざるを得ないと彼女に進言したという。

共産中国の成立以来、中国は香港の現状維持を追認しており、そのことは結果として英中両国に利益をもたらしてきた。ただし、その大前提として、中国側の面子の問題として、香港の主権が中国側にあるという建前は最大限尊重されなければならなかった。一九九七年以降、（実態はともかく建前としては）香港の主権を中国に返還すべきというイギリス外務省の判断も、こうした過去の経緯を踏まえたものであった。

ところが、サッチャーはこうした経緯を全く理解しようとしなかった。当時の彼女は、フォークランド戦争に勝利を収め、〝鉄の女〟としてイギリス経済を立て直しつつあるという自信に満ちていた。このため、彼女は、香港問題でも強硬姿勢を貫けば中国は譲歩するはずだと思い込んでおり、香港島と九龍市街地はイギリス領であると声高に主張し続けた。

こうした本国政府の方針を受けて、一九八三年三月一四日、香港郵政は〝（英）聯邦日紀念〟と題する四種セットの記念切手（図2）を発行している。このうち、一ドル三〇セント切手には英領香港旗が、また、五ドル切手にはエリザベス女王の肖像が、それぞれ描かれており、〝英領香港〟の存在をことさらにアピールしている。

また、同年八月には、香港の経済発展の象徴であるヴィクトリア・ピークからの〝一〇〇万ドルの夜景〟をはじめ、香港の夜景を題材とした四種セットの切手（次頁図3）も発

◆3　1983年8月に発行された“香港之夜”の1枚

行されている。上述の〝(英)聯邦日紀念〟と組み合わせてみれば、「イギリスが支配していたからこそ、香港は発展したのであり、現在の繁栄はイギリスの支配下でなければ維持できない」とのイギリス側の主張を読み取ることも困難ではあるまい。

返還協定の調印

しかし、サッチャーの強硬姿勢は中国側の態度を硬化させただけで、鄧小平も「もし中国が一九八四年末までに香港の主権問題で合意しなければ、中国政府は独自の解決を宣言する」と応じることになった。

もっとも、中国にしても、建国以来の基本方針として、香港を〝外国〟として維持したいというのが本音であった。それゆえ、仮にイギリスが、外務省の方針通り、香港の一括返還を中国に申し入れていたら、植民地の解放を国是とする中国はそれを受け入れざるを得ず、かえって苦しい立場に追い込まれたであろう。その意味でも、サッチャーの強硬姿勢は鄧小平にとって好都合であった。中国は、あくまでもイギリスの要求に配慮するという建前の下に、香港の〝現状維持〟という果実を勝ち取ることが可能になったからである。

じっさい、中国は〝収回主権　設立特区　港人治港　制度不変　保持繁栄〟(主権を回収し、特別行政区を設立し、香港人による統治を行い、制度を変えず、繁栄を維持する)との二〇字方針に基づき、「場合によっては、一〇〇年でも二〇〇年でも制度を変えないでよい」(国務院香港マカオ弁公室主任・廖《りょう》承《しょう》志《し》。図4)といった柔軟姿勢を示していた。

さらに、一九八二年一二月の全国人民代表大会で採択された新憲法には、社会主義を実施する必要のない〝特別行政区〟設置に関する条文が含まれていた。この条文の適用され

◆4　廖承志

る対象は、台湾・香港・マカオである。

こうした柔軟路線の演出と併行して、中国側は江蘇省党第一書記の許家屯《きょかとん》を事実上の香港駐留大使である新華社通信香港分社長に任じ、多数の工作員を送り込んで、着々と体制を固めていった。

追い詰められたイギリスは、結局、一九八三年三月、サッチャーは趙紫陽《ちょうしよう》（中国首相）宛の書簡で「妥当な解決策が見出せれば、香港の主権の委譲を議会に提案する」と表明せざるを得なくなる。それでも、サッチャーのイギリスは、主権の放棄こそ認めたものの、行政権には固執するなどの抵抗を続け、中英交渉は難航した。

しかし、こうした一連の中英交渉の過程で、肝心の当事者である香港の住民の意向が顧みられることはほとんどなく、香港社会の不安は募る一方であった。そして、それは一九八三年九月、ブラック・サタデーと呼ばれる株式・金融市場の大暴落というかたちで爆発。事態を収拾する必要に迫られた香港政庁は、ニクソンショック以来の変動相場制を放棄し、香港ドルを米ドルにリンクさせるペッグ制を導入せざるを得なくなる。一方、中国側もこのときの香港ドルの暴落で一一億米ドルもの外貨を一瞬にして失ったといわれている。

もはや、返還交渉がこれ以上長引くことは、香港の安定と繁栄を損ない、英中両国のどちらにとっても利益とはならないことは誰の目にも明らかであった。

結局、ブラック・サタデー後の一九八三年一〇月、サッチャーもついに香港の行政権返還に事実上同意し、以後、交渉は中国ペースで急速に進展して行くことになった。

慌しく進められていく英中交渉に対して、一九八四年三月、香港の立法評議会は「英中交渉で香港の将来に関する提案が合意される場合、事前に、必ず香港議会で討議されるべ

◆5　英中合意文書（左が英文版、右が中文版）

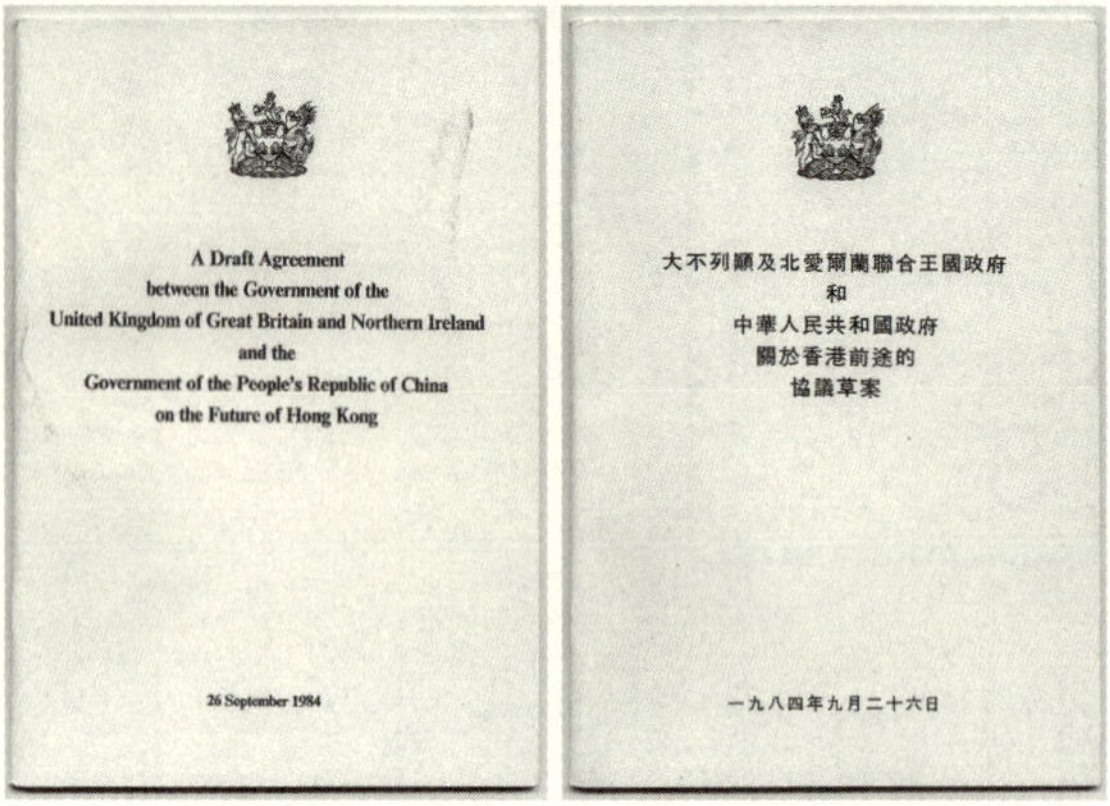

きである」との動議を全会一致で採択する。北京で開かれている英中交渉にはイギリスの香港総督は参加するものの、香港の住民代表には一切の発言権もなく、交渉の経緯も明らかにされていなかった。この動議は、自分たちの頭越しに自分たちの将来が勝手に決められていくことに対して、立法議会が見せたせめてもの抵抗だったのである。

しかし、その後も英中交渉は香港の住民を無視して進められ、一九八四年四月、イギリスは香港の行政権も中国に返還することに同意した。また、翌五月には、鄧小平の鶴の一声で、一九九七年以降、中国が主権を回収したことの象徴として、中国人民解放軍が香港に駐留することが明らかにされた。

かくして、一九八四年九月二六日、北京で「香港の将来に関する大ブリテン及び北アイルランド連合王国政府と中華人民共和国政府の協定草案」（香港問題に関する英中合意文書。図5）の仮調印が行われた。この合意文書は、全国人民代表大会とイギリス上下院での審議を経て、同年一二月一九日、正式に英中共同宣言として調印された（図6）。

その骨子は以下の通りである。

① 中国は一九九七年七月一日をもって香港の主権を回復し、香港を特別行政区とする。主権移行後五〇年間は現行の資本主義経済、社会体制を維持する。

② 主権移行後、中国中央政府は外交と防衛を除き、香港に高度の自治を認める。特別行政区政府は香港住民で構成される。また、行政長官は選挙もしくは協議で選

◆6　共同宣言の正式調印を記念して中国側が発行した葉書

び、中央政府が任命する。

③　一九九七年以降、〝中国香港（Hong Kong China）〟の名称で世界各国との経済関係、文化関係を維持・発展させる。国際金融センターとして市場を開放し、資金の出入りを自由化する。

④　両国合同連絡小委員会を設置し、二〇〇〇年まで共同宣言の実施についての協議、政権の円滑な引き継ぎを討議する。中国の主権回復まではイギリスが香港の繁栄と安定に責任を持ち、中国がこれに協力する。

共同宣言によって、英領香港は一九九七年七月一日をもって中国に一括返還されることが決定。以後、香港は〝中国香港〟となり、中華人民共和国の特別行政区として、五〇年間（二〇四七年六月三〇日まで）、英領時代の社会・経済制度が維持されることとされた。

もっとも、共同宣言の実効性という点では、香港の住民の間には拭いがたい不安が残っていた。実際、英中合意文書の仮調印直前の一九八四年六月、危機感に駆られた香港の行政評議会と立法評議会の代表三名が北京を訪問し、鄧小平と会談した際、中国側は彼らを〝香港代表〟として扱うことを拒絶した。会談に際して、鄧は「君たちに言いたいことがあれば何でも言えば良い。しかし、中華人民共和国の中央政府が決定した立場、方針ならびに政策を変えることは絶対にできない」し、「交渉はあくまでも中国とイギリスの間で決着させる」と言い放った。

思えば、新界の租借は、列強諸国が主権者である清朝の頭越しにその領土を切り刻み、彼らが主権国家としての資格を失いつつある過程で生じた事件であったといってもよいだろう。じっさい、現在の中国政府が語る彼らの近代史は、そうした彼らの苦難を強調し、自分たちは列強による侵略の被害者であったと声高に主張し続けている。それが、ある面で事実であったことを僕も否定するわけではない。

しかし、そうした彼らの語る近代史には、弱肉強食だけが唯一の掟である国際社会の中で、列強から圧迫されてきたはずの彼ら自身が、チベットやモンゴルなど、より弱い立場の国家と民族を抑圧し続けてきたという厳然たる事実が意図的に隠蔽されている。

香港返還をめぐる英中交渉の過程で、中国政府が香港の住民に対して取り続けた姿勢は、まさしく、より弱い者がより大きな犠牲を強いられるという、古典的な国際関係の構図を再現したものでしかない。さらに、今回の交渉に際しては、中国はもはやイギリスに対しても〝弱者〟の立場にはなく、強者として振る舞うことに成功した。

かくして、〝苦難の中国近代史〟という物語は、香港返還交渉の妥結とともに、もはや完全に終わりを告げたといえるのである。

英領香港の終焉

僕とさほど年の違わない友人夫妻と尖沙咀《チムサチョイ》の名店、竹園海鮮《チュッユン・シーフード》飯店へロブスター・チーズを食べに行った帰りのことだ。

店を出てフェリー乗り場の方へ歩いていくと、否が応でも、対岸の高層ビル群のネオンが瞬くさまが目に飛び込んでくる。海岸沿いの遊歩道は、そのロマンティックな雰囲気に浸ろうというカップルが大勢いて、ふと、友人の方を振り返ると、彼らも仲良く手をつないでいる。友人は、さっきまで自分でエビを剝かずに奥さんに剝かせていたような亭主関白タイプだっただけに、ちょっと意外な感じがしたが、「まぁ、勝手にすればいいや」と思い、武士の情けで見て見ぬふりをしてフェリーに乗り込むしかなかった。

フェリーが動き出した後、見るとはなしに遊歩道の方に目をやると、あいかわらず、酔っ払いの中年男が入りにくい空気が蔓延している。ついつい、中銀タワーの刃は、総督府や香港上海銀行の方向ではなく、九龍に向いていても良かったんじゃないかと思ってしまう自分が情けない。

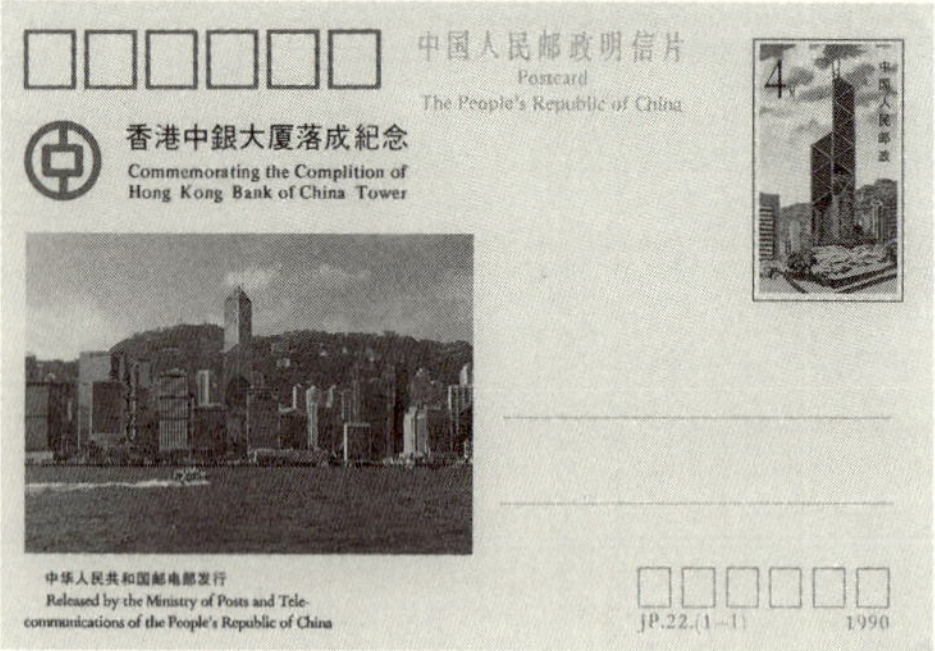

◆1　中銀タワー落成記念に中国郵政が発行しようとした葉書

香港中銀タワー

香港島のウォーターフロント、中環《セントラル》から金鐘《アドミラリティ》にかけての高層ビル群の王者として君臨する中銀タワー(中銀大廈：中国銀行香港本店ビル)は、一九八五年から建設が始まり、一九九〇年に完成した。香港上海銀行の本店ビルの真横に残る中国銀行の旧社屋(一九五〇年完成)からは徒歩二〜三分といった場所にある。

設計は、中国系アメリカ人の貝聿銘《イオ・ミン・ペイ》。地上七二階建で高さは三六七・四メートル。アジア初の三〇〇メートルを越える超高層ビルだが、一九九二年に灣仔《ワンチャイ》に地上七八階建で高さ三七四メートルの中環広場《セントラル・プラザ》が完成し、アジア最高の座からは二年で滑り降りてしまった。

しかし、成長の早い植物の竹に見立てて発展する香港の街を表現したという、鋼鉄製のトラスの枠組みと青いハーフミラーガラスの壁面を組み合わせた特異なデザインは、中国香港のシンボルともいうべき強烈な存在感を発して、他の超高層ビルを圧倒している。

このビルが完成したとき、香港の人々は度肝を抜かれたという。「そりゃそうだろう、斬新なビルだもの」と思っていたら、彼らが仰天した理由は別のところにあった。なんでも、風水の観点からすると、中銀タワーにはとんでもない意図が込められているのだという。すなわち、彼らに言わせると、中銀タワーの姿は、公式発表のような竹ではなく、包丁なのだそうだ。そして、その刃の面が、一方はイギリスの総督府の方向に、他方は英領香港の経済を牛耳ってきた香港上海銀行香港本店の方向に、それぞれ、向けて建てられており、中国側の悪意が感じられるのだそうだ。

中銀タワーが完成した当時の香港のウォーターフロントの景観は、タワーの落成にあわせて中国郵政が発行しようとしていた葉書(図1)を見てみよう。

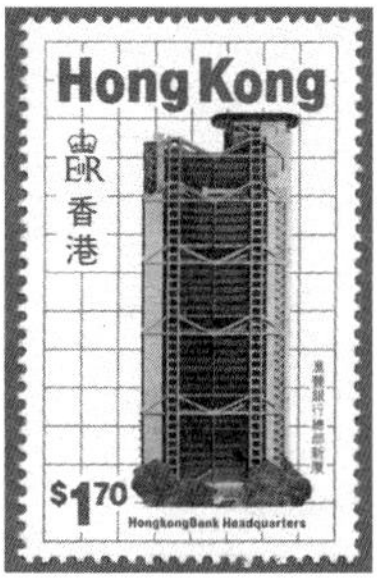

◆2　香港上海銀行香港支店の新社屋

葉書の左側に印刷されている九龍側からの写真で、タワーの右側に懸かるように立っている四角形のビルが香港上海銀行の一九八五年に完成した本店新社屋（図2）である。印面には、これと逆側、すなわち、山側、香港公園の方向から見たタワーの図が描かれている。画面の中央下部、タワーの右下のあたりには立法院大楼の屋根が小さく描かれているから、方角的に、香港上海銀行はタワーのほぼ真後ろに位置し、香港総督府は画面の左側方向に位置する格好になる。たしかに、タワーの〝刃〟の部分が香港上海銀行と総督府の方向に向けられているという指摘は嘘ではない。

　はたして、風水師たちの不安は的中し、中銀タワーができてから総督府の敷地内の大木が枯れ、当時のウィルソン総督も怪我をしてしまう。このため、香港社会は、中国政府が返還前にイギリスの香港支配の拠点に殺気を送るためにこのようなビルを建設したと大騒ぎになり、ついに総督府側もこれを放置できなくなった。その結果、総督府構内の中庭の池は四角形から円形に改められ、その側に柳の木を三本植えるという風水上の対抗手段が取られて、ようやく騒ぎは収まった。

　一方、総督府同様、中銀タワーから刃先を向けられた香港上海銀行の新社屋は、中銀タワーに先立ち一九八六年に完成していたが、こちらは、一階部分が四本の柱に支えられて空洞になっており、地に足がついていないことから、返還後、銀行の金をイギリスへ持ち出すには最高の風水といわれていた。じっさい、香港上海銀行は一九九〇年にロンドンにグループの持株会社、HSBCホールディングスを設立し、その傘下に入っている。

　こうした〝風水戦争〟は、その後も続けられ、中銀タワーの殺気をそぐため、灣仔の中環廣場は刃物に対抗するためにヤスリの形を意識して造られているという（口絵7）。も

中銀タワー周辺

ちろん、年々、新しい超高層ビルが次々と建てられていくウォーターフロントでは、そのたびに、風水を意識した一種の暗闘が繰り広げられているにちがいない。

僕の感覚では、風水なんてのは所詮は占いの一種としか思えないのだが、彼らにとっては、町の景観を一変させるだけのコストを払っても惜しくないほど重要なものなんだろう。もっとも、こういう現象はそれ自体、香港返還に関する英中共同宣言の調印から実際の返還までの〝過渡期〟の香港社会が抱えていた不安を象徴していたものにほかならない。

ちなみに、図1の葉書は、実際には発行されずに終わっているが、これは、香港市民の不安を考慮するなどの政治的な理由ではなくて、単純に、英文表示で〝完成〟を意味するcompletion を complition と誤植したことによる。僕も校正は苦手で、ちょくちょく、変換ミスを指摘されるのであまりえらそうなことはいえないけれど、〝風水戦争〟に力を注ぐ余裕があるのなら、誤植のチェックをちゃんとすればいいのに、とついつい思ってしまう。

港人治港から商人治港へ

さて、話を英中共同宣言が調印された一九八〇年代半ばに戻そう。

一九九七年七月一日の香港返還というスケジュールが正式に確定すると、当事者たちは、共同宣言に規定されていたように、〝香港の繁栄と安定の維持〟をはかりつつ、〝主権のスムースな移行〟をめざして動き始めた。

共同宣言の調印から返還が完了するまでの時期は、香港の歴史では〝過渡期〟と呼ばれるが、この時期の最も重要な作業は、返還後の香港の小憲法とも呼ばれる「香港特別行政区基本法」（以下、基本法）の制定である。このため、一九八五年七月には、起草委員会の

◆3　大亜湾原発の記念葉書。印面は発電所の礎石

第一回全体会議が開かれ、翌一九八六年四月には〝一国両制〟をうたった骨格草案が採択されて、協議が重ねられることになった。

ところで、中国は、共同宣言で〝香港の現状〟を維持すると約束していたが、これは、共同宣言調印時の状態、つまり、植民地・香港の権威主義的な基本構造を最大限残しておくという意味である。それゆえ、中国は大資本家の不安を取り除き、彼らを味方として取り込むことで、共同宣言に盛り込まれた〝港人治港〟(香港人が香港を治める)の原則を、実質的には〝商人治港〟(香港の資本家が香港を治める)へと変質させることに腐心した。

ここで、力を発揮したのが、新華社香港分社長の許家屯《きょかとん》である。許家屯は、「イギリス資本を引き留め、華人資本を逃さず、華僑資本・台湾資本を取り込み、欧米外貨を誘い込み、中国系資本を増大させる」との基本方針の下、各種の工作を開始する。

まず、〝イギリス資本を引き留める〟工作の代表例としては、広東省・大亜湾原子力発電所(図3)の建設を挙げることができる。

フランス製の原子炉とイギリス製の発電設備を持つ広東の大亜湾原発の建設は、中国水利電力省とイギリス系の中華電力公司《チャイナ・ライト・アンド・カンパニー》を事業主体とする合弁事業で、一九八六年三月に両者の間で主な契約が調印されたものの、その後の調整は難航していた。そこで、当時副首相だった李鵬の意を受けた許家屯は、中華電力公司のオーナー、カドゥーリーを説得し、原発の稼動後、同社が大亜湾原発から電力を購入することを約束させた。これにより、中国は融資返済に必要な外貨を確実に得られる見通しが立った。

また、一九八六年という年はチェルノブイリ原発の事故があった年で、世界的に反原発の世論が強まっていた。大亜湾原発から五〇キロの風下にある香港でも、原発建設の中止

◆4　“海南省建設”の切手より、五指山と万泉川

や立地の変更を求める大規模な市民運動が起こったが、許家屯は香港政庁とも協力の上、各方面に手を回して反対運動の沈静化に成功している。

ついで、華人資本化対策として、許家屯はみずから包玉剛《ほうぎょくごう》（〝造船王〟と呼ばれていた大資本家）や李嘉誠《りかせい》（ホンコンフラワーから始まって、この頃には〝不動産王〟となっていた）らと接触し、彼らとの個人的なパイプを作ることに成功した。特に、李嘉誠は許家屯と親交を結んだ後、大規模な大陸投資に乗り出したほか、大陸の教育機関への寄付も活発に行うようになった。

一九八八年、海南島が省に格上げされ、同時に、島全体が五番目の経済特区とされた（図４）が、これは、海南島への投資に関心を持っていた李のプランに賛同した許が、鄧小平に具申したことで実現されたものだという。

天安門事件から基本法へ

一方、イギリスは返還後をにらんで香港の〝民主化〟を急ぎ始めた。

そもそも、香港では総督が絶大な権力を持っており、住民には基本的自由はあっても政治参加はほとんど認められておらず、イギリス支配下の香港の政治制度も決して民主的なものではなかった。しかし、返還が間近に迫ったことで、イギリスは方針を転換。返還後の香港でイギリスの〝代理人〟となりうる民主派を育成すべく、急遽、上からの民主化に着手したのである。

一九八五年九月、イギリスは香港の立法評議会に間接選挙を導入。これにより、香港では一挙に直接選挙導入の機運が高まった。

◆5　1989年発行の香港社会の多様性をアピールした切手は、1996年の小型シートにも登場した。

当然のことながら、中国政府は香港の民主化が一党独裁体制にとっての〝蟻の一穴〟となることを警戒。基本法の起草作業が完了するまでは直接選挙を実施すべきではないとしてイギリス当局に圧力をかけ、英中関係は緊張する。

こうした中で、一九八九年六月四日、大陸でいわゆる天安門事件が発生する。

一九八九年四月、胡耀邦《こようほう》元総書記の死を悼むかたちで、民主化を求める学生運動が北京を中心に発生した。運動の背景には、政府・党幹部の腐敗と汚職、鄧小平による人治（超法規的な君臨）への不満があった。

中国本土の民主化を求めるという点では、返還を間近に控えた香港も無関心ではいられなかった。北京の運動に刺激を受けた香港の学生たちも、中国革命の一大モニュメントである〝五四運動〟の七〇周年の記念日にあたる一九一九年五月四日、民主化運動を開始。同月一九日に北京で戒厳令が布告されると、翌二〇日には、台風による暴風雨警報・外出抑制勧告にもかかわらず、市民も加わった四万人の大集会が開かれた。さらに、二一日と二八日の日曜日には、主催者発表で一〇〇万人を超える市民がデモ行進を行い、維多利亞《ヴィクトリア》公園《パーク》では大規模な集会が開かれた。運動は香港史上最大の規模に膨れ上がり、左派系の労働組合から財界人にいたるまで、民主化運動を支持した。

しかし、大陸では、民主化運動の高揚に危機感を抱いた中国政府が、ついに、運動の弾圧に乗り出す。六月三日深夜から四日未明にかけて、北京の天安門広場前に集まっていた学生・市民に対して人民解放軍が無差別に発砲し、民主化運動は力ずくで鎮圧された。

時代に逆行するかのような中国政府の所業に、許家屯は涙ながらに「慚愧に堪えない。悲憤を感じている」と語り、香港では六月七日を期して抗議のゼネストに突入することも

◆6　香港の未来のための建設の切手のうち、中銀タワーを描いた１ドル40セント切手と、コンベンションセンターを描いた１ドル80セント切手

計画された。

ところが、興奮した市民の中には暴徒と化す者が現れ、警察車輌への投石・放火という事件が起こると、香港政庁も事態の収拾に乗り出さざるを得なくなった。結局、〝黄色い鳥作戦〟によって、大陸を追われた天安門事件の指導者たちが香港経由で欧米に脱出したものの、ゼネストは中止に追い込まれ、香港の民主化運動は急速にしぼんでいく。

それでも、香港の住民が中国の社会主義にノーの意思表示を行い、反政府活動家を支援するための募金を公然と行ったこと、特に、中国系の新華社、華潤公司（経済貿易省の下部機関）、招商局（交通部の出先機関、海運業を中心とする企業集団）の職員までもがデモに参加し中国政府を公然と批判していたことなどは、北京政府に大きな衝撃を与えた。

結局、事件の責任をとるというかたちで、大陸では党総書記の趙紫陽が解任され、許家屯も新華社香港分社長を更迭された。その後、許は一九九〇年四月、アメリカに脱出する。

このような社会の空気を反映していると見られるのが、〝港人生活剪影〟の切手である。これは、天安門事件から三ヵ月後の一九八九年九月六日に四種セットで発行されたもので、このうちの五ドル切手には華人のみならず、白人（イギリス人か）やインド人などが共存する〝香港の多様性〟が表現されている。この切手からは、英領香港の体制が多様な文化・価値観の共存を認めていることをアピールしようという意図が一目瞭然である。実際、返還前年の一九九六年には、この五ドル切手を入れた小型シート（前頁図5）があらためて発行されており、一九九七年七月以降、香港の主権者となる中国が、社会の多様性を認めたがらない共産党の一党独裁体制であることへの疑念と不安が暗に示唆されているといってよい。

◆7　完成直後の青馬橋

一方、天安門事件を契機に、香港内のみならず国際社会からも「イギリスは香港の住民を独裁政権の手に売り渡すのか」という批判が噴出。事件後、香港の景気が冷え込んでいたこともあって、香港政庁は新たな対応を迫られることになった。

その一つとして、一九八九年一〇月に発表されたのが、総額一二七〇億香港ドルに達する総合的な社会資本整備計画（ＰＡＤＳ）であった。その具体的な事業内容は、新空港ならびに中心部から空港までアクセスのための道路・鉄道、地下鉄新路線、大規模コンテナターミナルなどで、香港の将来に向けた投資計画を前面に押し出すことで、景気を回復させ、香港経済に対する信任を回復しようとしたのである。

これとタイミングをあわせるかのように、一九八九年一〇月五日、香港郵政は〝香港の未来のための建設〟と題する六種セットの切手（図6）を発行した。

先述の中銀タワーをはじめ、これらの切手に取り上げられている建物等はいずれもＰＡＤＳ計画とは無関係であるが、返還後の香港の〝将来〟を強調することで、少しでも香港社会の明るさを取り戻したいという香港政庁側の意気込みを感じることはできるだろう。

しかし、中国側はＰＡＤＳに対して、資金の負担が大きすぎ、返還後の香港の財政を悪化させると反発。事前に香港政庁からの説明がなかったことへの感情的な反発もあいまって、以後、この問題は財源問題で大きくもめることになる。結局、英中間の最終的な合意は一九九四年一一月に成立するのだが、それまでの間、ＰＡＤＳは過渡期の主権問題の象徴としてくすぶり続けた。

なお、ＰＡＤＳの目玉の大嶼《ランタオ》島沖の新国際空港だが、大嶼島へ渡る青馬《チンマ》大橋は返還直前に開通（図7）したものの、肝心の空港開港は返還後の一九九八年にずれ込んでいる（次

◆8　返還後の新空港開港記念の切手

頁図８）。

ＰＡＤＳ問題が英中間の懸案として持ち上がる中で、さらに、一九八九年一一月、サッチャー政権は、一九八一年の新国籍法を一部変更し、最大五万世帯の香港住民にイギリスの居住権を認めるパスポートを発給する方針を明らかにした。天安門事件後の危機感から、香港では海外への移住熱が高まっていた。それゆえ、サッチャーは「香港で必要なポストにある人たちに充分な安心を与え、当面、香港に留まってもらう」ための〝保険〟として、一定のエリート住民を選別し、新たなパスポートを与えることになったのである。

これに対して、香港からの頭脳流出を警戒する中国は猛反発し、イギリスの決定を共同宣言の精神に反するものとして激しく抗議した。

このように、天安門事件をきっかけにして、イギリスが対中外交で攻勢に転じるなかで、最後の駄目押しとして企画されたのが、一九八九年一一月のチャールズ皇太子夫妻の香港訪問であった。

当時、世界的な人気を誇っていたチャールズ皇太子とダイアナ妃の来訪は、中国への不満と不安を感じていた香港市民から熱烈な歓迎を受け、香港郵政の発行した記念切手（図9）は歓迎ムードを盛り上げ、住民の親英感情を増幅させる上で一定の役割を果たした。イギリスによる〝上からの民主化〟の真意が香港での親英勢力の育成・扶植にあることを考えれば、このときの皇太子夫妻の訪問もその文脈から切り離して考えることはできない。

こうして、イギリスが積極的な香港政策を展開していく中で、一九九〇年四月、中国の全国人民代表大会が基本法を採択した。

基本法の採択を受けて早くも四月一〇日には次々頁図10のような記念葉書が発行され

◆9　チャールズ皇太子夫妻の香港訪問記念の切手

た。常識的に考えれば、どんな法案であれ、否決や廃案の可能性は否定できないし、重要法案であれば討議の末に修正がなされるのが常だから、法案が原案通り、また、政府の予定通りの日程で議会を通過するということは極めて稀である。したがって、法案の採択にあわせて記念の切手や葉書の準備を進めるのは、郵政サイドからすると、かなりリスクのあることのはずなのだが、そこに何の疑問も感じずに記念の葉書を発行する（できる）ところに、国民の直接選挙を経ず、共産党・国家・人民解放軍・各分野の代表によって構成される全国人民代表会議の本質を垣間見るように思うのは僕だけではあるまい。

一方、基本法の採択に先立ち、一九九〇年三月、香港政庁は一九九一年の立法評議会選挙で、六〇議席のうち一八議席について直接選挙を行うことを発表する。

一九八五年九月の間接選挙導入以来、直接選挙の実施をめぐっては、導入に前向きなイギリスとこれを阻止したい中国との間で対立があったが、最終的に、基本法の公布を待って、翌一九九一年に直接選挙で一〇名の議員を選出することで両者の妥協が成立していた。

今回の香港政庁の発表はそれを踏まえたものだったが、一九九一年九月一五日に行われた投票では、香港民主同盟を中心とする民主派が圧勝している。

返還を前に中国は〝香港〟を題材とした切手を発行

一九九二年七月、〝最後の総督〟としてクリストファー・パッテンが着任した。

保守党の前幹事長であったパッテンは、同年の選挙で保守党を勝利に導いたものの、自身は落選していた。国会議員の身分を失った彼は、香港の民主化のために戦った闘士ないしは英雄として帰国し、その成果を引っさげてダウニング街一〇番地（首相官邸）を目指

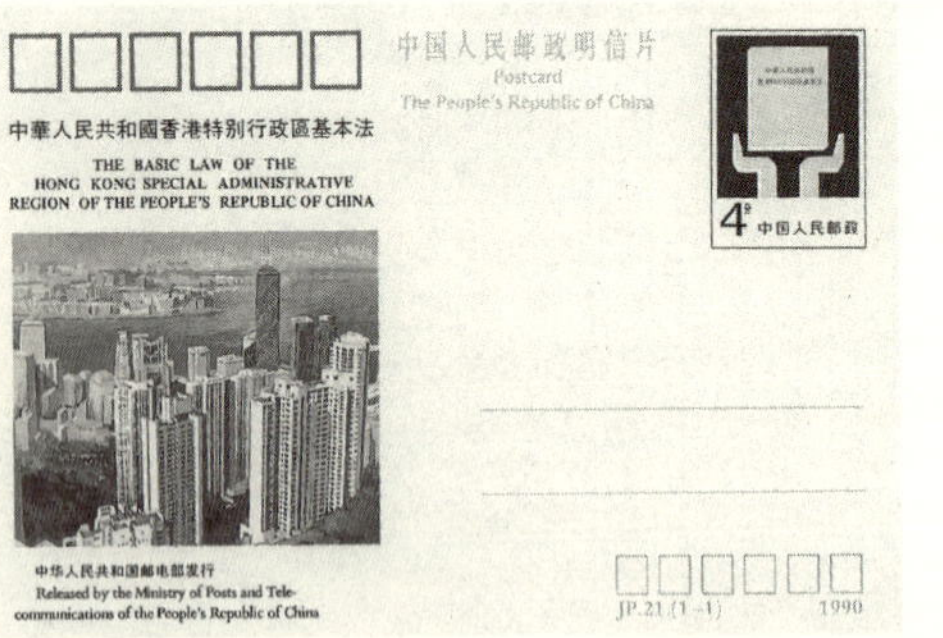

◆10　香港特別行政区基本法の記念葉書。印面のデザインは“基本法を支える手”

そうとしていたといわれている。

着任早々の一九九二年一〇月、パッテンがまず手をつけたのは立法評議会の選挙方式を大幅に変更することだった。このときの変更で、パッテンは全議席を実質的に直接選挙とする民主化案をいきなり提示し、中国側を激怒させている。

この問題をめぐっては、英中間で一七回にもわたって交渉が持たれたが、なんら合意の得られぬまま、パッテンの提案は一九九四年六月末の立法評議会で原案通り可決され、一九九五年九月に英領香港最後の立法評議会選挙が行われた。結果はまたしても民主派の圧勝である。しかし、その直後、中国は一九九七年七月一日の時点で選挙の結果はすべて無効とし、新たに選挙をやり直して〝臨時立法会〟を組織することを宣言。一九九五年の選挙で選ばれた立法評議会議員が、そのまま、香港特別行政区立法会議員になるという基本法の規定を破棄してしまった。

とはいえ、パッテン提案以来の一連のプロセスは、パッテンの真意がどこにあろうと、「香港の住民は民主化を支持している」とのメッセージを国際社会に対して明確に発することになったことも事実である。

ちなみに、基本法では、二〇〇七年以降（実際には二〇〇八年実施予定の第四回選挙から）全議席を直接選挙枠（普通選挙）に移行できるとしていたが、中国側は、二〇〇四年四月になって〝解釈権〟を行使し、「〝二〇〇七年以降〟なのだから、二〇〇七年ではなくとも良い」として、二〇〇八年の選挙を〝普通選挙〟とする可能性を否定している。

その後、二〇〇五年一二月には、香港政庁が現在よりは直接選挙枠を増やした案を提示したものの、民主派は完全な民主化を求めてこれに反対。このため、選挙法の改正は廃案

◆11（上）　1995年に中国が発行した“香港風光名勝”の切手のうち、文化芸術センターを取りあげた60分切手
◆12（下）　京九鉄道の切手。発行の名目は“鉄道建設”となっているが、切手の発行日は鉄道の開通であり、実質的な開通の記念切手と見てよい。

となり、二〇〇八年の次、二〇一二年の選挙で〝普通選挙〟を実施できるか否かが最大の課題となっている。

一方、一九九五年九月の選挙では民主派が圧勝したが、同時に、この頃から中国は香港の〝中国化〟に向けた本格的な攻勢を開始する。

国家のメディアとしての切手という観点からすると、一九九五年一一月、中国は「香港風光名勝」と題する四種セットの切手（図11）を発行し、〝中国香港〟を内外にアピールしているのが目を引く。この切手を見る限り、返還前からすでに、中国が香港を自国の領土として扱おうとしている姿勢が強烈に伝わってくる。

返還前年の一九九六年になると、早々に香港特別行政区準備委員会が設立され、返還へ向けての作業は急ピッチで進められるようになった。

九月一日には、香港返還のシンボルともいうべき京九鉄道が北京西＝深圳間（九龍までの乗り入れは返還後のことである）で開通し、記念切手（図12）も発行され、人々に返還の日が着々と迫っていることを実感させた。

さらに、年末の一二月一一日には、返還後の香港特別行政区のトップとなる初代行政長官に董建華《とうけんか》が就任した。

董は一九三七年、上海生まれ。父親は一代で船会社の東方海外貨櫃《オリエンタル・オーバーシーズ・コンテナ》航運公司《ライン》（以下ＯＯＣＬ）を興した董浩雲《とうこううん》で、国共内戦を逃れて一家で香港に移住。欧米留学を経て一九六九年に香港に帰国してＯＯＣＬに入社し、一九八二年の父親の死後、事業を継承した。

父親の浩雲は国民党とのつながりが強く、董本人も共産党との関係は薄か

◆13　1996年末に中国が発行した香港経済建設の切手のうち、連合取引所を取りあげた290分

ったが、一九八五年の世界的な海運不況の際、OOCLが、親中派の企業家、霍英東《かくえいとう》（賭博場経営や中国産石油の売買で利益を得た政商。中国の全国政治協商会議副主席も務めた）の仲介により、中国銀行からの融資や招商局の支援を得て、危機を脱したことから、親中派に鞍替えした。なお、董はパッテン総督の下では香港行政局議員も務めており、中国・台湾・イギリスの三者とパイプのある親中派という点が、中国政府（形式的には、中国政府が指名した選挙委員会）による初代行政長官選出の決め手となったと考えられている。

その後、一九九七年七月一日の特別行政区発足とともに董は初代行政長官に就任し、二〇〇二年二月には無投票で再選されたが、二〇〇五年三月、中国人民政治協商会議の副主席に選出されたのを機に、健康問題を理由に任期満了を待たずに辞任。後任には、特別区政府ナンバー2である政務長官（政務司長）の曽蔭権《そういんけん》が就任した。（二〇〇七年三月二五日の長官選挙でも再選されたため、任期は二〇一二年まで。）

董の長官選出は、〝商人治港〟を目指す中国のシナリオに沿ったものだったが、そのことを象徴するかのように、彼が長官に選出されてから間もなくの一九九七年一二月九日、中国は〝香港経済建設〟と題する切手（図13）を発行。あらためて、〝商人治港〟の〝中国香港〟が現実のものとなりつつあることを、切手の面でも見せ付けている。

英領香港から中国香港へ

このように、香港の〝中国化〟が進む中で、一九九六年夏に開催されたアトランタ・オリンピックで、香港のヨットチームが金メダルを獲得した。香港の住民は狂喜し、地下鉄には奥運《オリンピック》駅が作られるとともに、急遽、記念の小型シート（図14）も発行された。

◆14　アトランタ五輪での金メダルを記念して急遽発行された小型シート

香港は歴史的な経緯から中国とは別にオリンピック委員会を組織しており、それゆえ、返還後も中国香港の選手がオリンピックでメダルを取ることは不可能ではない。しかし、中国とは無関係に、純粋に香港の選手としてのメダル獲得は、これが最初で最後のことであったから、住民の間にもさぞや特別の感興があったものと思われる。

返還の年の一九九七年になると、年明け早々の一月二五日限りでイギリス支配の象徴でもあった、エリザベス女王の肖像が入った切手の発売が郵便局の窓口で停止された。その日、中環の香港中央郵便局には、女王の切手を買い、発売最終日の消印を記念に押してもらおうとする人々が長蛇の列をなしていた。

返還が秒読みとなった香港では、イギリス統治時代の名残を示すものが〝返還グッズ〟としてもてはやされ、英領時代の歴史をつづった写真集や女王の肖像が入ったコインなどとともに、切手も人気を集めていた。もっとも、〝返還グッズ〟の流行は、返還後にそうしたグッズが値上がりすることを期待して、利殖の一手段としてにわかコレクターになる人が増えたというのが実情であったから、ブームは一過性のものとして終わってしまった。

女王の切手が発売停止となった翌日の一月二六日からは、女王の肖像のない〝中性切手〟として、香港の風景を描いた虹色の切手（口絵8）が新たな通常切手として発行され、返還後もしばらくは使用された。

英領香港の最後の日にあたる一九九七年六月三〇日、香港郵政は一枚の小型シート（中扉）を発行した。

その余白には、香港中央郵便局の局舎の移り変わりとともに、ヴィクトリア女王以来の歴代のイギリス国王の肖像が入った英領香港の通常切手の写真も入れられており、一五〇

◆15(上)　英領香港の切手が貼られた最終便の郵便物
◆16(下)　中国香港郵政が発足後最初に発行した“中華人民共和国・香港特別行政区成立記念”の切手

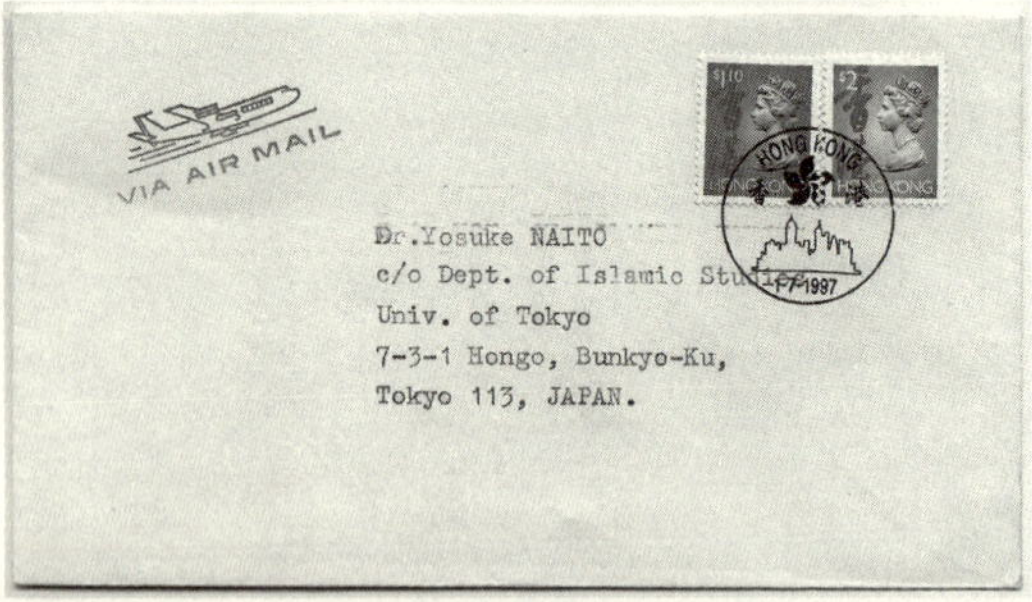

年以上にも及んだ英領香港の歴史を郵便という視点から振り返ることができるようなデザインとなっている。

七月一日午前〇時をもって、香港の主権は中国に返還され、新たに中国香港郵政が発足した。当然、女王の肖像が入った切手は前日の六月三〇日限りで使用禁止となったが、ポストの最終取り集め時間以降、二三時五九分までにポストに投函された郵便物に関しては、女王の肖像が入った切手が貼られていても無効とはできないことから、女王の切手に香港郵政発足当日の七月一日の消印が押された郵便物（図15）も存在する。英領香港の切手が貼られた正規の郵便物としては、これが本当の最終便となった。

新たに発足した中国香港郵政は、当然、発足当日の七月一日、「中華人民共和国・香港特別行政区成立記念」の切手（図16）を発行した。そのうちの一枚には未来への扉の向こう側に中国伝統の双喜の文字が記されたものもあった。中国香港の輝ける未来を象徴したデザインだが、返還に伴う各種の祭りが過ぎた後、中国の支配下で香港の未来が輝けるものとなりうるのかどうか、誰も断言はできなかった。

ちなみに、中国本土でも香港返還の当日、香港の〝祖国復帰〟を祝う記念切手が発行されたが、そのうちの一枚は、〝一国両制〟の文字と鄧小平を描くもの（図17）だった。

毛沢東が亡くなった後の一九七八年末、彼に対する異常な個人崇拝がもたらした文化大

◆17　中国が発行した香港の“祖国復帰”の記念切手

革命の反省を踏まえて、中国共産党第一一期中央委員会第三次全体会議は〝個人の宣伝は控える〞ことを決定。個人の顕彰のための記念館や記念碑、伝記や文集などは可能な限り控えることとされた。この結果、生前の毛沢東がさかんに切手に登場していたのに対して、最高権力者としての鄧小平は、生前、一度も切手に取り上げられなかったが、ここで初めて中国の切手に登場した。

香港返還のために心血を注ぎ、香港返還が実現したら、京九鉄道で北京から九龍まで行くのが夢だと語っていた鄧小平は、すでに一三一日前の一九九七年二月一九日に、返還の日を見届けることなく亡くなっており、この切手に鄧を追悼するニュアンスが込められていたことは明白である。

一九九七年という年は、英領香港の終焉であると同時に、中国にとっても一つの時代の終わりを象徴する年であったといってよい。

◆1　2006年末から使われている香港の“鳥”切手

エピローグ

旅先にいるとどうして朝早く目が覚めるんだろう。

普段は放っておくと九時前にはまず起きることのない僕だが、香港にいると、六時前には目が覚める。そうすると、シャワーを浴びて、テレビで天気予報をチェックしながらゆっくり着替えても七時前だ。朝飯を食いに行くにはちょっと早い。だから、ちょっと散歩に出かける気分になる。

明日は東京へ戻るという日の朝、七時前に散歩に出た僕は、彌敦道《ネイザン・ロード》を北上して市街地のはずれ、界限街《バウンダリー・ストリート》まで来たところで右に曲がり、雀鳥花園《バード・ガーデン》に向かって歩いていった。

雀鳥花園には、毎朝七時になると、愛鳥家のオジサンたちが鳥籠を手に集まってくる場所だ。彼らは、園内の木々の枝に籠をつるし、自慢の鳥の声を愛でつつ、小鳥や鳥かごの店を冷やかしたり、仲間と鳥談義に花を咲かせたりしている。鳥を切手に置き換えれば、切手展の会場での元切手小僧たちの姿とそっくりだ。

〝祖国復帰一〇周年〟を前に、二〇〇六年一二月三一日、中国香港郵政は日常的に郵便局で販売している通常切手のデザインを一新した。新しい切手（図1）のお題は鳥。絶滅危惧種のシロハラウミワシからおなじみのツバメやカササギまで、一六種類の香港を代

◆2　2002年に導入された新通常切手の低額12額面分を収めた小型シート

表する鳥が切手に取り上げられている。切手に取り上げられた鳥の実物を見るのは限られた日数では無理だが、せめて、帰国前に香港の鳥の姿と鳴き声を体感できる場所に身を置くくらいのことはしてみたかった。

雀鳥花園に着いたのは七時半少し前。それからぷらぷら歩いて時計の針が八時を少し回った頃、ようやく腹が空いてきた僕は、公園の反対側の出口から太子《プリンス・エドワード》道《・ロード》に出て、彌敦道方向へ戻り、途中の路地を一本入ったところで朝粥を食うことにした。

香港の〝食〟と切手

今回の鳥の切手が発行されるまで、二〇〇二年一〇月に発行された〝中西文化〟と題する通常切手のシリーズが日常的に使われていた。

このシリーズは、東西文化の結節点という視点から、香港社会の諸相を切手上で表現しようとしたもので、一枚の切手の画面を左右に分割して、一方に西洋起源のもの、他方に中国の伝統的なものを配したデザインとなっている。

注文した鳥粥が来るまでの間、そのうちの〝食〟を題材とした切手のことを思い浮かべていた。つまり、饅頭とフランスパンを並べた一ドル四〇セント切手、フォーク・ナイフと蓮華・箸を並べた一ドル八〇セント切手、缶ジュースと中国茶の缶を並べた一ドル九〇セント切手、ケーキと中華菓子を並べた二ドル切手の四種類である。そうそう、新通常切手の導入にあわせて、この四種類を含む一二種類の切手を収めた小型シート（図2）も発行されたけど、その余白には東西の茶器も並べて描かれていたっけ。

◆3　香港が1990年に発行した「世界の料理」切手

こうしたデザインが、〝伝統を維持しながら新時代に向けて邁進する香港〟というイメージをアピールしようとしていることは明らかだ。ただ、そこで対比されているのは、あくまでも中華世界の伝統的な文化と欧米式の文化でしかない。

〝食〟を題材とした切手といえば、英領時代の一九九〇年、香港では「世界の料理(International Cuisine)」と題する六種セット（図3）の切手が発行されている。その内訳は、中華料理（蒸したイセエビ、冷菜の二種）に加え、インド料理（カバブ：串焼き）、タイ料理（プラー・プリアオワーン：魚の丸揚げに甘酢ソースをかけたもの）、日本料理（寿司）、フランス料理（アスパラガスと生ハム）という次第だ。

「世界の料理」切手は、香港では世界のあらゆる料理が味わえることをアピールすることで、〝グルメ天国〟香港への外国人観光客を誘致する目的から発行されたものである。

地元の広東料理のみならず、世界各地の料理を取り上げたのは、香港における〝食〟の多様性を表現するためであろう。そして、そのことは、当然、見る者に香港社会そのものの多様性を印象づける効果をもたらす。

香港社会は中国系が九八パーセントと圧倒的多数を占めているとはいえ、イギリス人をはじめとする欧米人、インド系、主としてメイドとして働いているフィリピン人などのエスニック・グループも社会的に無視できない存在となっている。当然、これらの少数派と中国系との融和は香港社会にとって重要な課題である。

その真意はどうあれ、香港に〝民主化〟の置き土産を残していこうとしたイギリスの香港政庁は、民主主義の前提である多様な価値観の共存を、理念ではなく、よりリアルなかたちで人々に実感させるため、たとえば、三〇五頁の図5のように、香港にもマイノリティのエスニック集団がいて、彼らの権利を十分に尊重する必要があることを切手を通じて訴えていた。「世界の料理切手」もまた、こうした文脈にそって、香港社会の多様性を〝食〟という側面から表現しようとしたものに他ならない。

これに対して、一九九七年七月以降の中国香港の切手においては、西洋の文化を取り込むことで香港の文化や社会に奥行きができていることを強調しつつも、英領時代のように、さまざまなマイノリティ集団を含むという意味での多様性が強調されることはなくなった。〝中西文化〟という通常切手の企画そのものが、あくまでも中華世界の伝統的な文化と欧米式の文化のみを対比しており、英領時代の切手に取り上げられていたインドやタイ、日本などのマイノリティ集団の文化を示す要素を完全に排除したものであるのは、そうした中国香港当局の姿勢をはからずも露呈させたもののように僕には感じられる。

なお、〝中西文化〟の通常切手を導入するにあたって、中国香港郵政は、新切手のコンセプトを表現する例として、茶を取り上げて以下のように説明している。

> 香港の人々は中国茶とイタリアのカプチーノを同じように飲んでいます。実際、古今東西の最良のものを吸収する、こうした能力は、コーヒーと茶をブレンドした「鴛《えん》鴦《おう》」という名の香港式の飲物が人気を集めていることに典型的に見て取れます。

ここで紹介されている鴛鴦（鴛鴦茶といわれることもある）とは、コーヒーとミルクティーをブレンドした香港独特の飲料のことである。いうまでもないことだが、鴛鴦は本来オシドリのことだ。相性が良いとの意味から転じて、二つのものをブレンドした飲食物に

◆4　中国香港の発行した「茶」の切手の１枚。なお、この切手には茶の香料が用いられており、利用者がその香りを楽しむことができるような工夫が施されている。

つける形容詞としても用いられる単語だが、現在では上記の鴛鴦茶を指すのが最もポピュラーな用例のひとつとなっている。

この鴛鴦茶がどのような経緯で生まれたのかは必ずしも定かではないが、おそらく、スターバックスの香港への出店が相次いだ一九九二年以降のことであろう。当時、本格的なコーヒーと西洋式の喫茶店文化が定着する機が熟したと判断したアメリカ資本だったが、コーヒーや紅茶をそのまま飲むと身体に悪いとの固定観念が根強かった香港では、〝普洱《プーアル》茶とコーヒーのブレンド〟などの注文が店頭で相次いだという。鴛鴦（茶）も、こうした中から生まれ、定着したものと考えられる。

このような鴛鴦（茶）は、まさに、中国香港当局にとって、欧米の要素を貪欲に吸収しつつ独自の文化を作り上げる、中国人のバイタリティや懐の深さといったものを象徴するものとして、高く評価されるべきものなのであろう。そして、そうした視点の下に作られた切手が、多様性を確保するためのマイノリティの尊重よりも、圧倒的多数を占める中国系のもつ力量を誇示することに主眼を置いているのも、いわば、自然な成り行きであろう。

同様の文脈で位置付けられるのが、二〇〇一年に発行された「茶」の切手（図4）である。切手は四種セットで発行され、それぞれ、香港の代表的な喫茶風景が描かれている。

切手上には現代の喫茶風景が取り上げられており、登場人物の大半は洋服姿だが、四種のうちの三種までが伝統的な中国茶を取り上げている。そして、伝統的な中国茶とともに描かれている茶器や、登場人物の用いている椅子やテーブルなども中国式のものとして描かれている。

こうした題材の取り扱い方が、現代の彼らの日常においても（登場人物が洋服を着ている

◆5　モナコが発行したアンデルセン童話「ナイチンゲール」の切手

のは、それが現代の風景であることを示すうえで絶対に必要な装置である）中国文化の伝統が根強く生き残っていることを示すためのものであるのはいうまでもない。そして、そうしたことが国家のメディアである切手上において語られているというところに、中国香港の置かれている立場が如実に現れているような気がする。

切り絵のアンデルセン

朝粥を食べながら、雀鳥花園の様子を反芻していた僕は、ふと、アンデルセンに「ナイチンゲール」という童話があったことを思い出した。

物語は、中国の皇帝のもとに「皇帝陛下の宮殿は世界一すばらしい。でも、本当にすばらしいのは、そのお庭のナイチンゲールの声」という主旨の手紙が届けられるところから始まる。

ナイチンゲールを探しあてた皇帝はその声を聞くとあまりの素晴らしさに涙を流して感動し、ナイチンゲールを飼うことにする。しかし、ある日、遠い国からダイヤモンドとルビーで飾られた美しい金のウグイスが届けられると皇帝は変心。「金のウグイスがいれば、わしは、なにもいらぬ」との皇帝の言葉をきいたナイチンゲールは森へ帰っていった。

その後、金のウグイスは壊れて動かなくなり、皇帝も病の床に伏せってしまう。誰もが皇帝は長くないと思っていたとき、かつて皇帝の元を離れたナイチンゲールが再び森から現れて、皇帝の傍で鳴く。その歌声を聴いた皇帝は見る見る病状が回復。皇帝が崩御したものと思って集まってきた家臣たちは皇帝を見て驚くが、皇帝は彼らに「おはよう、みなの者」と言って物語は終わる。

◆6　中国が発行した「アンデルセン生誕200年」の記念切手

この物語は、欧米では、アンデルセン童話の中の代表的なものの一つとされており、一九八〇年にはアンデルセン生誕一七五周年にあわせてモナコが発行した記念切手（図5）にも取り上げられている。

もっとも、欧米人の頭の中にある〝フジヤマ・ゲイシャ〟の日本イメージに僕たちが顔をしかめるのと同じように、アンデルセンの空想の中で作られた中国の物語は中国人には歓迎されないみたいで、二〇〇五年に中国がアンデルセン生誕二〇〇年の記念切手（図6）を発行した際、中国を舞台にしたはずの「ナイチンゲール」は取り上げられていない。

この切手は、絵本画家として活躍する熊亮（代表作はカフカ原作の『変身』）がデザインしたもので、六月一日から五日まで、浙江省・杭州市で開かれた第一回中国国際アニメ・マンガフィスティバルの初日に発行された。

このイベントは、中国としては初の国家レベルのアニメ・マンガのイベントで、イメージとしては東京国際アニメフェアの中国版と考えてもらえば良い。ただ、主催は中国放送メディアの元締めにあたる中国国家広播電影電視総局で、スポンサーには中国国内の大手メディアが名を連ねており、国家的行事という空気が非常に濃厚だ。もっとも、現在の中国で、〝国家〟を無視して全国規模のイベントを開催できるはずはないのだが……。

中国国際アニメ・マンガフィスティバルについては、日本では、日本製アニメを中国に売り込むための営業の機会としてとらえる報道が多かったが、中国側が、自国のアニメ産業を海外市場に売り込むためにこのイベントを主催したことはいうまでもない。

近年、中国のアニメは、量的には急激な拡大を続け、国際市場でも一定のプレゼンスを獲得しているが、質の面では先行する日米とはまだまだ大きな隔たりがあるというのが、

◆7　中国香港が発行したアンデルセン生誕200年の記念切手

◆8（次頁）　返還後の2000年3月にエリザベス女王の切手を貼って差し出されたカバー。無効の切手を使わないよう指示する印が押されている。

専門家の一致した見方である。もっとも、アニメに限らず、文化的作品の質的な向上には〝表現の自由〟が不可欠で、この点で、共産党の一党独裁体制は決定的に不利な状況にある。それでも、ともかくも産業としてのアニメを育成し、国際的に競争力をつけていこうとするのであれば、中国アニメが目指す方向は、当面、子供向けの〝健全〟路線に特化すると以外に選択肢はないといえる。

その場合、アンデルセンの童話は中国アニメにとって非常に魅力的であることは疑いがなく、そのことが、アニメ・フェスティバルの開会初日にあたる六月一日にアンデルセンの切手を発行したことにつながったのだろう。言い換えるなら、中国の発行したアンデルセンの切手は、中国アニメ、あるいは中国産のアニメ（風）キャラクターの商品見本を国際市場にばらまくための一種のカタログなのかもしれない。

ところで、〝アンデルセン生誕二〇〇年〟に関しては、中国本土のみならず、中国香港でも記念切手（図7）が発行されている。ただし、こちらの切手は、中国切手とは趣が大分異なり、アニメ調ではなく、中国の伝統的な切り絵を意識した、思いっきり中国テイストあふれるデザインだ。こうした切手が発行されるということは、それじたい、香港の〝中国化〟が着々と進展していることの証に他ならない。

もちろん、歴史的に見て香港の住民の圧倒的多数は華人であったし、イギリス人による植民地支配は中国からすれば屈辱でしかなかったことは、僕とて、重々承知している。だから、植民地支配の軛から逃れれば、程度はどうあれ、香港も次第に〝中国化〟していくであろうとことは頭の中では理解しているつもりだ。

とはいえ、英領時代のホンコンという言葉と密接に結びついていたコロニアルな独特の

雰囲気は、少なくとも僕にとっては、抗いがたい魅力を持っていた。その残り香が現在なお消えていないからこそ、簡体字の看板とセンスの悪い建物が林立する深圳から香港に戻ってくると、西側世界に戻ってきた安堵感をおぼえるのだと、僕は思っている。

それだけに、以前は市内の食堂では受取を拒否された人民元が、あたりまえのように使えるようになった香港の現状、そして、香港における〝中国〟の濃度が強まり、香港が中国香港に変わっていくという時代の流れには、なんだかんだいっても英領香港が好きだった僕は言いようのない寂しさを感じてしまうのだが……。

日本に帰る前の晩、早めの夕飯を済ませた僕は宿への帰り道、コンビニで缶ビールと簡単なつまみを買った。

ノースウェストの格安チケットは朝八時一五分のフライトだから、飲みすぎて寝坊でもしたらエライことだ。宿でビールを少し飲んで早寝するのが良い。

宿に帰ってから、ズボンのポケットからお釣にもらったコインを取り出してテーブルに並べてみたら、その中には、英領時代のエリザベス女王の肖像が刻まれた五〇セント硬貨が一枚入っていた。

本来であれば、英領香港時代の切手やコインは、返還と同時に使用禁止となるはずである。実際、返還後にエリザベス女王の切手を貼って差し出された郵便物には、図8に示すように、「一九九七年七月一日から、英国女王の肖像もしくは王室の徽章の印刷された切手は有効ではなくなりました。今後、このような切手を使わないよう、差出人にご注意ください」という意味の中英二ヵ国語での印が押されて、場合によっては、料金不足として受取人からペナルティが徴収されることもあった。

しかし、現実にはコンビニの店員は、僕にエリザベス女王のコインをお釣として寄越した。それなりに混雑している店だったから、彼がわざわざ、女王のコインを選って僕に渡したとは考えにくい。やはり、日常的には、少ないながらも、目立たないところで女王のコインは香港社会で依然として流通しているのだろう。

女王のコインを手の平にのせてみたら、ふと、英領香港の霊が「大丈夫だよ。俺たちはそう簡単に潰されやしないさ」と語りかけてくれるような錯覚にとらわれた。

華人の世界では、国家というものは基本的に信用されていないといわれているが、〝上に政策あれば下に対策あり〟という逞しさは、おそらく、香港社会にも抜きがたく染み付いているのだろう。僕が心配するまでもなく、これから先も、案外、英領香港の残像はしぶとく生き残ってくれるような気がする。

主要参考文献

・紙幅の関係から、特に重要な引用・参照を行った論文と単行本のみを挙げている。
・なお、引用にあたっては、読みやすさを考えて字体や仮名遣いを改めたり、句読点を付したりした場合がある。

ウィルソン、D．（辻田堅次郎訳）『香港物語：繁栄の軌跡と将来像』　時事通信社　一九九四年
植田捷雄『在支列国権益概説』　巌松堂　一九三九年
――『支那における租界の研究』　巌松堂　一九四一年
大村真紀『香港セピア物語』　大和書房　一九九七年
岡田晃『香港：過去・未来・現在』　岩波新書　一九八五年
岡部一明「香港における自治と市民社会」『東邦学誌』第三五巻第一号（二〇〇六年）
可児弘明（編）『香港および香港問題の研究』　東方書店　一九九一年
――『もっと知りたい香港【第2版】』　弘文堂　一九九九年
許家屯（青木まさこ・趙宏偉・小須田秀幸訳）『香港回収工作』　筑摩書房　一九九六年
小柳淳（編）『新香港一〇〇〇事典』　メイプルプレス　二〇〇〇年
沢本郁馬「商務印書館と夏瑞芳」『清末小説研究』第四号（一九八〇年）
高木健一・小林英夫・石田甚太郎・大久保青志・仙谷由人・和仁廉夫（編）『香港軍票と戦後補償』　明石書店　一九九三年
田中茂雄「香港占領下の郵便」（一）～（七）『全日本郵趣』　一九八三年七月号～一九八四年一月号
――「香港開港50周年記念切手」『中国郵便史研究』第五二号（一九九六年）
立脇和夫『ＨＳＢＣの挑戦』　蒼天社出版　二〇〇六年
中国書信館研究会「上海書信館大龍切手の研究（３）」『中国郵便史研究』第五一号（一九九六年）

張愛玲・楊絳（藤井省三監修・桜庭ゆみ子・上田志津子・清水賢一郎訳）『浪漫都市物語　上海・香港'40S』　ＪＩＣＣ出版局　一九九一年

陳舜臣『（世界の都市の物語16）香港』文芸春秋　一九九七年

土屋理義『南方占領地切手のすべて（上・下）』日本郵趣協会　一九九九年

とつくに会「各国一番切手列伝（106）英領・香港 Hong Kong, 1862 December 8」『全日本郵趣』一九九九年三月号

内藤陽介『切手が語る香港の歴史：スタンプ・メディアと植民地』社会評論社　一九九七年

――「食と流通：国家メディアとしての切手にあらわれたイメージ」青木保ほか編『アジア新世紀8　構想：アジア新世紀へ』岩波書店　二〇〇三年

――「日本陸軍の経済謀略作戦：中国通貨を偽造せよ！」『歴史群像』第六九号（二〇〇五年）

――「軍用手票：占領地に流通した明日なき紙幣」『歴史群像』第七二号（二〇〇五年）

――「A History of Hong Kong――オープン・クラス展示の実際」『切手の博物館研究紀要』第二号（二〇〇六年）

中嶋嶺雄『香港　移りゆく都市国家』時事通信社　一九八五年

――『香港回帰　アジア新世紀の命運』中公新書　一九九七年

中瀬安清「北里柴三郎によるペスト菌発見とその周辺―ペスト菌発見百年に因んで―」『日本細菌学雑誌』第五〇巻（一九九五年）

中園和仁『香港をめぐる英中関係』アジア政経学会　一九八四年

西田達昭「現代中国経済の光と影」『富山国際大学紀要（国際教養学部）』第二巻（二〇〇六年）

（財）日本郵趣協会『中国切手図鑑　Ｉ　旧中国　１８７８―１９４９　一九九一年版』日本郵趣協会　一九九〇年

――『ＪＰＳ外国切手カタログ　台湾切手　１９９８―９９』（財）日本郵趣協会　一九九八年

――『日本切手関連地域切手カタログ　２００４』（財）日本郵趣協会　二〇〇四年

（財）日本郵趣協会カタログ委員会（企画監修）『日専　日本切手専門カタログ２００６』日本郵趣協会　二〇〇五年

――『JPS外国切手カタログ　新中国切手2006』　日本郵趣協会　二〇〇五年
浜下武志　『香港：アジアのネットワーク都市』　ちくま新書　一九九六年
播谷則子（編）『発展途上国の都市住民組織：その社会開発における役割』　アジア経済研究所　一九九九年
ホークス、F（土屋喬・玉城肇訳）『ペルリ提督日本遠征記』　臨川書店　一九八八年
防衛庁防衛研修所戦史室　『(戦史叢書47）香港・長沙作戦』　朝雲新聞社　一九七一年
前島密　『郵便創業談（復刻）』　日本郵趣出版　一九七九年
松本純一　『横浜にあったフランスの郵便局：幕末・維新史の知られざる一断面』　原書房　一九九四年
水原明窗　「〈IPO〉割印とその背景」『日本郵趣百科年鑑　1983』　日本郵趣出版　一九八三年
――『中国切手論文選集 旧中国』　日本郵趣協会　一九九六年
モリス、J（飯島渉・伊藤泉美・西条美紀訳）『香港』　講談社　一九九五年
矢野仁一　『アヘン戦争と香港』　中公文庫　一九九〇年
――『アロー戦争と円明園』　中公文庫　一九九〇年
横山英（編訳）『ドキュメンタリー　中国近代史』　亜紀書房　一九七三年
吉原直樹　『アジアの地域住民組織：町内会・街坊会・RT/RW』　御茶の水書房　二〇〇〇年
四方田犬彦　『ブルース・リー：李小龍の栄光と孤独』　晶文社　二〇〇五年
劉蜀永編　『簡明香港史』　三聯書店有限公司　一九九八年
和仁廉夫　『(旅行ガイドにないアジアを歩く）香港』　梨の木舎　一九九六年
『香港街道地方指南2007年1月版』通用図書有限公司　二〇〇七年

Choa, G. H., *The Life and Times of Sir Kai Ho Kai: A Prominent Figure in Nineteenth-Century Hong Kong*, Chinese Univ Pr; Revised, 2000
Chiu, S., *Postage Due and the Handling of Underpaid Mail of Hong Kong*, Sunburst Stamps, 1996
Crewe, D., *Hong Kong airmails 1924-1941*, Hong Kong Study Circle, 2000
Jacobs, N., *A Collector's Manual of the Stationary and Collateral Material of Allied and Japanese*

Prisoners of War and Civilian Internees during the Great Pacific War 1942-1946, Santa Monica, 2000

Lan Shu-chen(ed), *Postage Stamp Catalogue of the Republic of China 1878-1996*, Directorate General of Posts, Republic of China, 1996

Munn, C. *Anglo-China: Chinese People and British Rule in Hong Kong, 1841-1880*, Curzon Press, 2001

Proud, E. B., *The Postal History of Hong Kong*, Proud-Bailey Co. Ltd., 1989, 1994

Sinn, E. Y. Y., *Power and Charity: A Chinese Merchant Elite in Colonial Hong Kong*, Hong Kong University Press, 2003.

Stich, H. F. and W, *Prisoners of War and Internees in the Pacific Theatre of World War II: Postal History*, Vancouver, 1991

Webb, F.W. / Pearson, Patrick C., *The philatelic and postal history of Hong Kong and the Treaty Ports of China and Japan*, James Bendon, 1991

Yang, N. C., *Yang‑s Postage Stamp and Postal History Catalogue of Hong Kong(21st edition)*, Yang‑s Stamp Service, 2004

The Hong Kong Police Homepage http://www.info.gov.hk/police/hkp-home/english/index.htm

Hongkong Tramways Limited（香港電車有限公司） www.hktramways.com/b5/home.html

香港大學圖書館 『孫中山在香港』 http://xml.lib.hku.hk/syshk/index.jsp

Blog 版香港澳門写真百科事典 http://blogs.yahoo.co.jp/mori2hk

あとがき

ずいぶん前の話だが、田口ランディのエッセイで、「人間は二九歳が一つの転機になる。二九歳のときになれなかった／できなかったら、一生、できない／なれない。」というようなことを書いているのを読んだ記憶がある。

僕が最初の本『それは終戦からはじまった』を出したのは一九九六年の年明け早々。二九歳になる直前のことだ。それからしばらくは、この本を抱えてあちこち歩き回っていたが、その過程で降ってきた企画が僕の二冊目の本になる『切手が語る香港の歴史』だった。

当時は、翌年七月一日の香港返還を控えて世間は一大香港ブームだったから、一種の〝便乗本〟として企画が通ったんだろう。こうして、二九歳の後半は香港三昧の日々となり、三〇歳になってすぐの一九九七年三月、『切手が語る～』は無事、出版された。売れ行きはともかく、『切手が語る～』は新聞や雑誌の書評欄でもいろいろと取り上げられたし、また、それをきっかけにポツポツと切手がらみの原稿の依頼が来るようにもなったので、その意味ではあの本は僕にとっての転機だったのかもしれない。

さて、二九歳の僕は、とりあえず、〝香港〟という与えられたお題をこなすことしか考えていなかったし、本が出てしまえば、香港とのつきあいもそれでお終いと思っていた。

しかし、皮肉なことに、『切手が語る～』を出した後になって、急に、僕のところに「本が出る前に手に入っていれば……」という切手やカバーが集まりだした。こうなると、いつか、腰を落ち着けて香港の本をじっくり作り直してみたくなるのが人情というもの。

その後も、なんとなく香港の切手やカバーを集めていたのだが、思い切って、二〇〇四年一月三〇日から二月四日まで香港で開かれたアジア国際切手展〈HONG KONG STAMP EXPO 2004〉に *A History of Hong Kong* と題するコレクションを出品した。

このときはそれまで勤めていた大学を辞める直前で、大学を離れて〝郵便学者〟の看板で生きていけるんだろうかとナーバスになっていたから、「下手な作品はつくれないぞ」という相当なプレッシャーがあった。結果的に、僕の作品は、オープンクラス部門（切手や郵便物など切手の世界のマテリアルだけではなく、写真や版画などそれ以外のモノも組み合わせてコレクションを構成する部門）で部門最高賞の Excellent を受賞した。受賞結果を聞いた時は、嬉しいというより、まずはホッとしたというのが、偽らざる心境だった。

展覧会が終わってしばらく経ち、だんだん落ち着いてくると、曲がりなりにもアジアで一番となった自分の作品をベースに、一〇年前の本を全面的にリニューアルしなければいけないような気になってきた。そこで、いくつかの出版社に企画を持ち込んでみたのだが、「いまさら香港ねぇ……」というつれない返事が返ってくることが多く、いつしか香港の本をもう一度作るというプランは有耶無耶になっていた。

ところで、香港での展覧会の直後、僕が連載を担当していた雑誌『しにか』が休刊になった。連載の強制終了にあたって、担当編集者の円満字二郎さんからは「二年後くらいに連載に手を加えて単行本を作りませんか？」とオファーを頂戴したのだが、日々の雑事に追われて、まったく手つかずの状態がずっと続いていた。とうとう去年（二〇〇六年）の暮、痺れを切らした円満字さんから「一体どうするつもりですか？」と詰問のメールが来たので、つい苦し紛れに「香港の本ならすぐに書けます」と返事を出した。これが、二〇〇四年以来の宿願が実現するきっかけになったという次第。

もっとも、質量ともにマテリアルがかなり充実し、年齢相応にモノの見方も変わった（たとえば、二〇代の頃のように、単純素朴に〝苦難の中国近代史〟に同情することはなくなった）とは言え、『切手が語る〜』と同じ構成では〝二番煎じ〟だ。そこで、かなり迷ったのだが、いままでの仕事とはかなりテイストを変えて、今回は、これまで何度か香港を訪れた時の体験記なんかも交えた切手版・歴史紀行にチャレンジしてみることにした。

〝漫郵記〟というタイトルは僕が勝手に作った言葉で、郵便学者が切手を見ながら、香港の歴史をたどった珍道中の記録、という意味のつもりだ。水戸黄門なんかの漫遊記の〝遊〟の字を郵便の〝郵〟に置き換えたわけだが、僕にとって切手は黄門様の印籠のようなものだから、こういう当て字も許してもらいたい。

なお、本書で記した僕の体験には、およそ一五年のタイム・スパンがあって、中にはデータとして古くなってしまったものも少なくない。読者諸賢が御自身で香港を歩かれる時は、最新のガイドブックなどで情報を確認していただきたい。

ともかくも、こういう具合で、本書は世に出ることになった。結果的に、刊行のタイミングが香港返還一〇周年と重なったのも、何かのめぐり合わせだろう。

最後になったが、今回の仕事では、担当編集者の円満字二郎さんや装丁の山崎登さんをはじめ、実に多くの方々にお世話になった。この場を借りて、お礼申し上げたい。

二〇〇七年五月

著者しるす

[著者略歴]
内藤　陽介（ないとう　ようすけ）
1967年，東京都生まれ。東京大学文学部卒業。郵便学者。切手の博物館・副館長。日本文藝家協会会員。切手などの郵便資料から，国家や地域のあり方を読み解く「郵便学」を提唱し，活発な研究・著作活動を続けている。『北朝鮮事典』（竹内書店新社），『外国切手に描かれた日本』（光文社新書），『切手と戦争』（新潮新書），『反米の世界史』（講談社現代新書），『皇室切手』（平凡社），『これが戦争だ！』（ちくま新書），『満洲切手』（角川選書）ほか著書多数。

香港歴史《ほんこんれきし》漫郵記《まんゆうき》

NDC222/iv, 333p/21cm

初版第1刷——2007年7月1日

著者——内藤陽介《ないとうようすけ》
発行者——鈴木一行
発行所——株式会社大修館書店
〒101-8466　東京都千代田区神田錦町3-24
電話 03-3295-6231（販売部）03-3294-2352（編集部）
振替 00190-7-40504
[出版情報] http://www.taishukan.co.jp

装丁者——山崎　登
印刷所——広研印刷
製本所——関山製本社

ISBN978-4-469-23244-8　　Printed in Japan